财政史研究

（第十五辑）

中央财经大学中国财政史研究所 编

中国财经出版传媒集团
中国财政经济出版社

图书在版编目（CIP）数据

财政史研究．第十五辑 ／中央财经大学中国财政史研究所编．--北京：中国财政经济出版社，2022.10

ISBN 978-7-5223-1757-1

Ⅰ.①财… Ⅱ.①中… Ⅲ.①财政史-研究-中国 Ⅳ.①F812.9

中国版本图书馆 CIP 数据核字（2022）第 207563 号

责任编辑：洪 钢　　　　责任校对：徐艳丽

财政史研究（第十五辑）

CAIZHENG SHI YANJIU（DI-SHIWU JI）

中国财政经济出版社 出版

URL：http：//www.cfeph.cn

E-mail：cfeph@cfeph.cn

社址：北京市海淀区阜成路甲 28 号 邮政编码：100142

营销中心电话：010-88191522

天猫网店：中国财政经济出版社旗舰店

网址：https：//zgczjjcbs.tmall.com

北京财经印刷厂印刷 各地新华书店经销

成品尺寸：185mm×260mm 16 开 12 印张 216 000 字

2022 年 10 月第 1 版 2022 年 10 月北京第 1 次印刷

定价：58.00 元

ISBN 978-7-5223-1757-1

（图书出现印装问题，本社负责调换，电话：010-88190548）

本社质量投诉电话：010-88190744

打击盗版举报热线：010-88191661 QQ：2242791300

前　　言

中国财政历史，源远流长。我们的祖先在为民族昌盛、国家富强的奋斗实践中积累了丰富的财政思想和精深的安邦智慧，是我们取之不尽的文明宝藏。

财政虽然属于经济范畴，但又是一个历史范畴。当社会发展到一定阶段，人类创造的劳动成果日趋丰富，私人占有财产形成一定规模，凌驾于普通百姓群体之上的权力集团随之出现，所需公共事务开支就必然对私人经济部门的产品进行再分配——早期的财政产生了！我国舜禹时期，正是人类历史上如此重要的年代。当黄河、淮河流域的水患基本治理平复，两岸居民有了安居和生产的条件后，大禹划地居民，在组织生产、生活的同时，通过对版图内自然环境的调查研究，制定了居民赋税贡纳制度（见《尚书·禹贡》）。规定每个社会成员必须承担纳赋（土地税）、进贡（山林出产税）的义务，根据地质、地势和产出品种确定不同的税率及贡物，体现了区别对待、公平负担的财政原则。所以司马迁肯定地说："自虞、夏时，贡赋备矣"（见《史记·夏本纪》）。进入西周时期，相传周公制定了集夏、商以来国家机构设置（包括财政经济管理机构）及其职责、职权的制度大全《周礼》；西汉中，司马迁作《平准书》《货殖列传》专篇，前者为西汉前期的财税制度，后者为秦汉时期的经济地理。自此，各朝代国史均设《食货志》为财经专章，沿袭至清朝。

中国立国数千年，"以史为鉴"始终是各代政治家、思想家治国平天下，史学工作者治史的金科玉律。近代历史学家吕思勉说："历史果何等学问？治之果有何用耶？自浅者言之，则曰：史也者，前车之鉴也。""史也者，所以求明乎社会之所以然者也。""历史者，研究人类社会之沿革，而认识其变迁进化之因果关系者也。"司马迁所著《史记》，人称"事覈词简，是称实录"。财政史的研究，亦是对财政思想、发展规律和实践经验的记述及科学总结。我们不仅要运用现代财政学理论对人类社会历史上的各种财政现象作定量和定性的分析、研究，从中提炼出财政制度变迁史研究的理论框架，还要进而揭示财政发展的客观规律，对现代财政学理论的研究做出贡献，为未来国家财政政策、制度的设计提供发展趋势的建议。

我们确定的财政史研究范围是中国古代至近现代的财政史实；研究对象主要是中国物质资料的生产方式及在此基础上产生的财政制度、财政政策、财政思想；研究内容是以中国财政制度和财政思想为核心，并将关系密切的货币金融、会计、审计、贸易等部门经济史融合一体，构成独具特色的中国财政体系；重点研究中国古代与近代社会中居支配地位或起决定性作用的政治、经济、制度等因素对中国财政制度和理财思想的形成、发展所产生的影响，并从中西方的社会性质、经济制度以及政治、文化、宗教、地理环境的差异中，探寻中国财政制度、财政思想发展演变的规律及其在世界经济史和经济思想史中的地位与价值。

财政史展示的是一个宏大而久远的课题，为了把对她的研究推向更高的阶段，对国家和社会做出更大的贡献，中央财经大学各届相关领导和教师对此倾注了大量心血。我校曾经编著并公开出版了第一部《中国财政史》教材，举办了第一届全国财政史助教进修班，成立了中国财政史研究所，并创建了第一个“中国财政史”研究网站，承办了第一届全国财政史专业委员会年会，举办了第一届财政史教学国际研讨会。我们一直在努力奋斗，力争使中央财经大学财政史学科发展成为国内领先的、特色鲜明的成熟学科，成为实质性的全国财政史教学科研基地和人才培养基地。我们也清醒地认识到：社会在向前发展，新的事物不断涌现，财税历史的教学和研究，必须紧跟时代的步伐，迎接新的使命和挑战。为此，在中央财经大学各级领导的支持下创办《财政史研究》刊物，以期为全国广大财政工作者，理论研究者、教授、专家提供一个探究财政历史发展理论和史实的平台。为此，我们希望各位专家、教授和广大读者热心参与、勤奋耕耘、精心呵护、精诚合作，共创财政历史研究的繁荣局面！

目　　录

怀念与追思

——追悼叶振鹏先生专栏

永远的怀念——悼念叶振鹏先生

赵 云 旗

叶振鹏先生是新中国培育的第一代著名的财政学专家，新中国财政学科建设的重要创始者和开拓者，我国财政学科奠基人之一，同时又是我国著名的财政史专家。有缘结识他，是我一生最大的荣幸。几十年的交往凝结了坚固的友情，深沉的感情，对他的逝世深感悲痛，谨以此文表示深深的怀念。

一、高山仰止

记得1994年夏天，当时我还在厦大读博士，面临毕业的紧张时机。一天，师兄陈明光突然找我，说是财政部财政科学研究所的副所长叶振鹏来到厦大，主持《中国农民负担史》第二卷的通稿工作，想招收一个学财政史的博士去他那里研究财政史，我推荐给了你，他要你见一面。我听后高兴异常，这是求之不得的好事，可遇不可求的机遇。

约好的那天晚上，我到厦大招待所去拜见他。一路上忐忑不安，心想财政部的领导一定很霸气，要多加小心，恭敬从命，多听少说。但完全出乎意料，他的学者风范给我印象太深刻了。温文尔雅，和蔼可亲，气度稳重，话语平和，完全不是政府部门官员的形象。

相互问好之后，就进入了正题。他首先问我学术界历史研究的流派问题。这等于一场面试，所问全不在我准备的范围之内，我不免有点紧张。只好把平时看

作者简介：赵云旗，中国财政科学研究院研究员，博士生导师。

到的一些说法略微整理一下就作了回答：最早的学派应该是乾嘉学派，主要是清末民初时期的历史学先辈，他们以考据为主，以书证书，对历史进行考辨和释疑解难，回答史书中那些地方对与不对；第二种学派是20世纪二三十年代的前辈，如陈寅恪、吕思勉等大师，主要是以史证史，还原历史的真实面目，回答历史是什么；第三种是以马克思主义的理论研究历史，如宁可、胡如雷、韩国磐等先生，他们以马列主义理论为指导，为是非标准，分析历史，探讨历史发展规律，为现实提供借鉴。他不像别的先生那样随时纠正不足和错误，而是微笑着一直听我在讲。这让我心里好不踏实，不知是否能得到他的认可。我赶紧表示所说不一定对，请所长指正。

听完后，他对第三种学派表示感兴趣，话语权由此传给了叶老师，我不由地轻松起来。

他接下来说，我学的是经济学，从事的是财政学研究，但我出生在书香之家，父亲对我的教育非常严格，从小读四书五经，每天都有任务，背不下来就要挨父亲的板子。所以，我也看过不少历史方面的书，包括二十四史中的史记、汉书、三国志等，不过没有你们读得认真，比起你的导师韩国磐先生那我还是个学生。文史知识是每个人都应该具有的，包括学理工科的人，这是一个人成长的基础和基本素质。我很同意你说的第三种历史研究的方法，因为人不仅是自然人，人的一生都生活在一定的社会环境中，他的思想和行为无一不受到政治、社会、经济、军事和文化的影响和塑造，影响的不同造成人与人的不同。每个人说话做事都代表他的政治立场，显示着他的社会地位。统治集团和农民说的截然不同，为什么，就是政治立场的问题，这就要从政治方面去分析。而且历史上的人与事都是政治、经济、军事发展的结果，不是自然现象。中国封建社会有不少皇帝是政治斗争的产物，还有的是军事斗争的产物，如秦始皇、汉高祖、唐高祖、宋太祖等。要研究这些人就要从军事斗争入手。况且，量东西要有一把尺子，没有标准你怎么样说话，怎么样评论。研究历史用什么衡量，封建社会的伦理道德观当然不行，就事说事等于没有标准，一个好人也会做坏事，一个坏人也会做点好事，你如何判断。正确标准就是马列主义的历史唯物主义和辩证唯物主义，用这把尺子事情就能说清楚了。我认真地听他讲完，不由肃然起敬，高山仰止。

那晚谈了很久，我怕他累，或者说礼貌起见，两三次说：“所长，我不打扰了，您早点休息”。都被他拒绝了，说不急、不急，时间还有。大约谈了一个多小时，他才说就到这里吧，如果我们有缘分，再接着讨论，财政史上也有许多问题需要讨论。我离开的时候，他竟然站起来送我，也是我没有料到的。第一次见面，叶老师就在我心目中竖立起高大完美的形象，他是我一直以来向往、追求的上司和师长，能遇上一位这样的上级也是一生的造化。他的亲和力深深地吸引着我，由此结下不解之缘，注定了我后半生的去处和营生。

二、名符其实的主编

我是1995年进入财政部科研所的，第一个任务就是参加叶老师主编的《中国历代财政改革研究》的撰写。他当主编可不像其他人一样只是担个名，而是名副其实的主编。

在撰写这本书之前，他就深思熟虑，创意和构思早已胸有成竹。不仅在宏观上出思路、定观点、选方法，方方面面都有自己的考虑和安排，而且亲自策划和组织此书的编写。1991年7月主持召开小型座谈会，阐明撰写此书的动机、创意和构思、研究方法及结构框架，得到与会者的赞同和支持。为了打好基础，他提出首先着手这方面的专题研究。1992年初，选择《中国古代财政改革研究》和《财政政策在中国历代财政改革中的地位与作用》两个专题，至1994年完成这两个研究报告。在此基础上，1995年正式开始中国历代财政改革研究一书的撰写。他对导论非常重视，全面阐述了研究目的、主导思想、主要观点、框架结构、研究方法，史料安排等方面的设想和意见，可以说导论是全书写作的依据，方向要领的指南，此书是他财政改革史研究思想方法的具体实践。

由于此书的写作要求与以往所有的财政史截然不同，写起来难度很大。如把财政改革放在当时的政治、经济、军事和文化大背景下进行分析研究，揭示出财政改革与这些方面的内在原因，就不是件容易的事。有的作者先从其人写起，有的直接从其事写起，硬是与政治、经济、军事等大背景挂不上钩。对这种情况，叶老师从不让步，在讲解指导后打回另写，毫不姑息，有的数易其稿，实在不行就另外找人重写。至1996年基本完成初稿，在江西召开审稿会，听取各方面的意见，最后成立修改小组，留在江西吉安进行修改工作。在他的主持下对各种意见和建议进行了梳理讨论，按照他的决定逐一修改，并对每章的结构作了调整。修改实行流水作业，修改人员在前面修改，叶老师在后面审阅，他的担子很重。但非常仔细，一字一句地过，有疑问就记下来，白天我们都在各自的房间修改，晚上就集中讨论那些有疑问的地方。夏天的江西非常炎热，而且蚊虫也多，叮的人受不了，可他毫不在乎，说他们南方人习惯了。

1997年开始通稿，集中到怀柔县北京市财政局培训中心，时间长达半个月，每天都是两点一线，从客房到餐厅，再从餐厅到客房。记得那时也是热天，时间也赶得非常紧，每章最后都由他定稿，工作量非常大。叶老师当时刚60多岁，精力也旺盛，和年轻人一样，白天伏案，夜晚张灯，汗流浃背，从不停顿，礼拜天也不休息，也不回家，吃苦耐劳，严谨认真的精神胜过我们年轻人。前后历时数年，中间反复调整、改写，四易其稿，他为此书付出了大量的精力和心血，1999年此书在中国财政经济出版社出版，他的思想和辛苦终于变成了一朵盛开的鲜花。

此书出版后，在学术界和社会上产生了良好的反响，受到财政系统领导的重视，荣获中国财政学会特别奖。同时也得到国外学者的关注，2010年有位日本学者来财政部科研讲学，特地要求送一本叶振鹏先生主编的《中国历代财政改革研究》。但时隔多年，已经难以找到了，只好把别人收藏的一本奉献了。2012年，又有一位西欧的学者来所学术交流，也希望得到这本书，但找不到了，未能如愿，深感遗憾。叶老师决定再版此书。组织财政史研究室人员进行修改。他明确提出修改的原则：主要思想不变，主要结论不变、框架结构不变。强调这是我们的特色，也是我们有价值的地方。所以，再版基本保持了原貌，只是对史料进行了一些补订，增加了一些考古资料，有选择地吸收了一些相关方面的研究成果。修改后的全稿仍然由叶老师审阅，拍板定论，交付出版社。这样亲力亲为的主编实属罕见，不能不令人敬佩。

三、求古今通变

从2003年起，我跟随他又参加了他主编的《中国财政通史》的撰写，他仍然保持以往当主编的责任心和责任感，而且比主编《中国历代财政改革研究》还要严肃认真。他说历代财政改革一书规模相比还是小一些，侧重改革一个方面，财政通史规模大，内容庞杂，不由感到压力大。为此，他对有关财政通史的一些问题加紧了研究思考。

什么是通史？通史的要求是什么？通史的特点有哪些。为了搞清这些问题，他潜心在“古今通变”上做文章。他让我给他找几种版本通史来阅读，如范文澜的《中国通史》，朱伯康、施正康合著的《中国经济史》，项怀诚主编的《中国财政史》等，从中吸取经验和发现问题。当时，他身体已经不如以前了，因冠心病做了心脏搭桥手术，心脏跳动主要依靠起搏器，可他为了指导中国财政通史的编撰全然把健康抛在脑后。通过研究，他认为中国财政通史与一般财政史有很大的区别，最大的不同在于一个“通”字上，所谓“通”，表现在三个方面：一是纵向的通，搞清楚中国几千年财政是怎样发展过来的，也即从原始社会到社会主义新中国财政的发展脉络，主要反映在各朝代财政继承和发展的关系；二是横向的通，主要探寻财政发展变化的原因，即财政发展与政治、经济、社会、军事、文化之间的关系，它们之间是如何相互促进和相互制约的；三是财政发展趋势，如通过财政改革，除旧鼎新，随着生产关系和生产力的发展而变化，由初级阶段发展到高级阶段，由实物财政发展到货币财政，由原始财政发展到现代财政。它的发展是动态的，不能静态地去看待，不能割断财政与各方面的联系，不能孤立的就事论事，一定要揭示出财政收支背后波澜壮阔的主线，也即发展规律。这是目前对"通史"最新的解释，也是古今通变的新版。

对于财政通史的本质，他也有与众不同的看法。他说财政的本质是一种分配关系，其产生、发展和变化必须兼备分配对象、分配主体和分配目的这三个要素。由于学者对这三种要素给予的权重不同，对财政本质有不同的定位。按照"国家分配论"财政是国家运用其政治的和财政的权力取得部分社会产品，为实现其职能进行的资源配置的行为。作为中国历史范畴的财政本质也是一种分配关系，其本质是以国家为主体的分配关系，财政通史也要以国家财政为主线。要认识和理解历史上的财政，就首先要理解财政的本质，用现代财政学理论分析历史上的财政，只有这样才能把握好历史上财政的定位。这在财政通史的撰写上是一条新途径，是以往财政史未曾尝试的，提高财政通史的品味和境界。

财政通史涉及的主要对象是什么，他认为主要是财政体制、财政预算、财政收支、财政管理、财政政策、财政改革、财政思想等，但其中主要的是财政改革，财政改革是上层建筑与经济基础、生产力和生产关系矛盾统一运动的产物，是不同社会共有的主要矛盾，社会主要矛盾引发财政改革，财政改革推进财政体制、制度、政策、收支、管理方面的变化。所以，财政改革是财政史发展变化的推动器，要把财政改革作为历史长河中各时期的重点，观察其前后财政体制、财政制度的发展变化。他要求突出各时期的财政改革，以财政改革为中国财政通史的主旋律。

这些问题的研究，使他对《中国财政通史》的撰写有了明确的指导思想，并在湖南长沙会议上表述的非常完整、清晰，要求每卷的作者尽最大努力做到。所以《中国财政通史》完全不同于以往的财政通史，其特点是内容具有全面性，逻辑具有连贯性，系统具有完整性，从不同方面体现了叶振鹏先生古今通变的思想。他能像司马迁那样做到通古今之变，与他虚怀若谷、勤奋好学的精神分不开。他身为财政学大家，从不故步自封，居家"活到老学到老"，出外"三人行必有吾师"，主编《中国财政通史》也是他学习的过程，这对他来说已经习以为常。

四、君子之交

与叶老师相处不觉28年过去了，逐渐地从他的部下变为学生、朋友，忘年之交，结下了深厚的友谊和情感。

与他交往算起来在所里的机会最多。叶老是终身制博导，虽然退休但经常上班，我平均每礼拜都要见他一面，大多时间是我下楼去看他，有时他上楼来找我，坐在一起聊天。大多聊财政史方面的事，如他和许老许毅、杭州大学金老金普森、厦门大学孔老孔永松、中国社会科学院陈老（陈宝森），在20世纪70年代为了搜集整理中央革命根据地财政经济史料，曾在江西瑞金住了小半年的时间，编写《中央革命根据地财政经济史料长编》，其中有不少感人、有趣的故事。由此我了解到财政科研所是从研究财政史起家的，由此扩大发展，成为中国财政系统的“黄埔军校”。还有他主编《中国农民负担史》第二卷的逸闻趣事，讲述他带领写作组转战南北，到好几个地方通稿的情景。特别是在青海那次，财政厅安排他们返京的路线从青海湖往西一直到了甘肃的敦煌莫高窟。说到高兴时眉飞色舞，不停地对各地的支持致谢。

有时候聊财政学方面的问题。如关于财政本质的各种流派，即国家财政论、剩余价值论、生产力论等，讲述这些观点是怎么样形成的，理论依据是什么，主要代表有哪些人。又如财政学科如何从苏联的教科书发展到社会主义的教材，其中讲述了他编写新中国第一本《中华人民共和国财政》教材和全国第一本统编《国家预算》教材的过程中。如何到财政部与预算司打交道，并得到预算司司长王丙乾的指导和支持，还有参加财政部开展的财政大检查和调研活动，使他了解到许多现实问题。强调要善于和政府部门打交道，其中的奥秘就是放下架子给他们当学生，交朋友，知识分子的臭架子害死人。当然，谈得多的还是他的双元结构财政论。他说在市场经济体制下国家具有了双重身份和双重职能，这就决定了国家财政由公共财政和国有资产财政两个部分构成，国家预算也要从单一预算转向复式预算。国家预算的转变必然导致国家财政的转变，即从原来的“单元结构”转向“双元结构”。自从他和厦大张馨教授合作的《公共财政论》出版后，我们之间聊天的主要内容转到公共财政问题。他解释公共财政就是为市场经济提供公共服务的政府分配行为，是市场经济下的一种类型。公共财政的分配主体是政权组织和社会管理者的政府，分配目的是为了满足公共需要即解决市场机制失灵下社会公共需要的财力，分配的方式是凭借政治权力由市场渠道进行分配，分配的对象主要是安排各项公共需要性质的支出。与此同时，还谈到了公共财政在我国的提出、研究过程，学术界对公共财政观点的辩论和争论。说到激动处他颇有几分伤感，表情也不由地严肃起来，眼角都湿润了。他对学术的执着，在学术道路上锐意创新的精神深深感动着我。我国的公共财政应该是从他的“双元结构财政”起因的，或者说受到启发，因为“双元结构财政”中的一元就是公共财政。特别是他始终坚持公共财政论不屈不挠的精神，犹如西方小说中描写的斗士一般，让人肃然起敬。他应该是我国最早全面系统研究公共财政的学者，最少是我国公共财政的宣传、倡导人之一，我国公共财政体系构建实施的推动者之一。在与他的聊天中，我学到了大量的财政学知识、财政理论和政策、财政学研究方法，他的办公室就是我进修的课堂，叶老就是我诲人不倦的导师。

另外一种交往是一起搞调研、参加会议、研究课题。我与叶老在一起出差的机会也非常多，除了每次财政史年会相伴而去，相伴而归，还是其他会议的同路人，期间有不少值得回忆的情节。记得那年在无锡参加《中国农民负担史》第五卷通稿，他是顾问之一，这次规定专家可以携夫人前往。期间我特别关注叶老与夫人的起居行程，饭前五分钟到房间叫他，因为饭厅离客房有一定的距离，园子里花木森森，曲径通幽，往往会走岔道，饭后陪他们散步。有一次在太湖边我帮助给他和夫人照相，老人们较传统，并肩站着，为了调节他们的情绪，取得最好的镜头，我就大声说亲密一点，茄子镰刀布，大家一起为他们鼓掌叫好。当时还发生一件事，我负责撰写的部分是中国农民负担发展进程，在最后一章对中国农民负担发展阶段、特点、脉络、趋势进行全面总结。会上有个专家提出这部分不属于当代的内容，建议删掉。我当时很伤心，有几天闷闷不乐。叶老看在眼里，记在心中，专门到房间安慰我，最后还是保留了，我想一定与他的努力有关。还有一次在内蒙古锡林郭勒盟开会，我是提前到达的，草原上的人们特别真诚、热情，晚饭在他们的感动下我喝醉了，睡了一晚上。第二天叶老来后第一个到房间去看我，严肃地说今后要少喝酒，草原上人们的真情厚意要用心去领会，不是凭喝酒多来表示的。告诫我身体是一切一切的本钱，否则什么也是零。从那以后我酒量就越来越小了，至今已经基本不喝酒。这些年，随叶老行走南北，正如《淮南子》里面说的，“行同趋同，千里相从”。我想这主要是志同道合的缘故吧，不光是他的学问、人品令我敬佩，就连他的性格、言行我也很喜欢，能合得来，能说到一块，真有心有灵犀一点通的时候。人的缘分还真应了晋葛洪“志合者不以山海为远，道乖者不以咫尺为近”这句话。

还有一些交往是登门拜访。由于所里车改没有车接送叶老上下班了，在北京上下班叫出租车很难，他到所里的机会就少了，不能像以前那样常见了，所以每逢过年过节，我都要去看望二老。因为他不喝酒、不抽烟，血糖高、血压高不能吃糖分高的食品如水果、点心之类，去时很轻松，不带什么礼物。有时候实在过意不去，偶尔拿一点山西老家带来的小米、老陈醋、粗粮一类的东西。尽管如此，还被他拒绝，并挨批评。有一次他认真地对我讲："我已经把你当成家人了，以后来不必带东西。"我听后感到莫大的荣幸，更加地珍惜这份深厚的感情。每次拜访没有什么议题，但有说不完的话。有时候交流博士生毕业论文，选哪方面题目好，怎样提高论文质量。特别是近几年国家对博士毕业论文要求特别严，外审一票否决，导师压力很大。但他的学生几乎没有外审通不过的，对此我感觉非常神秘，就向他请教。他对我说：很简单，一句话，就是从严把关，即使有丁点儿问题也不让外送，这就是我的经验。其实，哪有如此简单，他耗费的心血才是博士生毕业论文顺利过关的真谛。

还有一种话题是泼冷水。每次逢年过节去他家，他都在聚精会神地给学生看论文。一个 80 多岁的老人，满头白发，戴着眼镜，弯着腰，低着头，一字一句地修改论文，老骥伏枥的样子，让人看了真有些心疼。我就大胆地说，不要带博士生了，不要再给他们看论文了，身体要紧还是论文要紧。他说能干的时候就再干点，干不动的时候就算了。他对多年写不完论文的博士生深表担忧，唯恐像有些大学里的个别博士生那样被清理掉，那就太可惜了。我说这样的学生就随其自然，你急死了他不急有什么用。在他身体逐渐虚弱的时期，我去看望他，他还在看博士生的论文。我实在不忍心了，就劝他把没有毕业的学生分配到其他导师名下。并将博士终身制的弊端说给他听，甚至认为导师退休后就不应该再带学生了。他看着我笑了笑，表示赞同。附和着说人到晚年精力衰竭了，知识老化了，会耽误学生的。等我再次去看望他时，他第一句话告诉我，他的学生分配给别人了，他不带学生了。我知道后才放心了。

最近两三年，到他家去时我们交谈的主要是健康的话题，因为他的身体越来越衰弱了。探讨如何保重身体。吃什么东西好，搞些什么运动好等。我建议他多到外面散步，走路是健身的一种好方式。他说腿不太听话了，走起路来很费劲，而且住的楼没有电梯，上下一趟不容易。我就建议他在家里走，围着客厅转，但要适可而止，尽力而为。他说睡眠不好，夜里要起来好几次。我说我现在也是这样了，建议他晚上多看会儿电视，不可睡得太早，这样睡眠质量会提高一些。以前他住院我去看望他，都没有太大的问题。2022 年春节时，我去给他拜年，他突然说得了肺癌，医生说已经到了晚期，不能动手术了，采取保守治疗。我心里一震，感到事情不好，但也无可奈何，为了减轻他的压力，劝他不要紧张，介绍现在医疗水平提高了，治癌症的药也多了，靶向药效果就很好，建议他服用，而且还例举了几个肺癌转好的实证。叶老很坦然，也看不出有什么压力和痛苦。他若无其事地说生死是自然现象，每个人都逃脱不了，不想死不是唯物主义者。长生不老药是没有的，历史上好多皇帝也没有求到。要唯物地看问题，活着要珍惜，死而后已。临走时他嘱咐我，尽量少抽烟，最好戒了。我看他没有压力，深深地出了一口气。听说今年夏天他住了医院，我一直在担心，但因疫情医院不准探视，一直见不上他，只好发短信安慰，盼望他早日康复。中秋节来临之时，我正要给他发条祝福的短信，但看到的却是他逝世的消息。我顿时脑子一片空白，不知道应该做些什么好，打电话安慰他夫人，表示万分的悲痛。我想最后为他尽点力，问需要做什么，说是院里有治丧委员会来安排，我也就没有机会了，总觉得袖手旁观像外人一样，有些对不住他。

2022 年 9 月 13 日，是安排亲友为他送行的一天，也是我与叶老最后的一次交往。为了表示对他的尊重，我找出来一身黑色的衣服，很早就到了八宝山，希望多看他几眼。由于疫情，悼念仪式极其简单，没有悼词，也没有哀乐，财政系统领导也没有露面，只有经批准的三十名亲朋好友来告别。我深深地向他三鞠躬，总觉得还不够，他静静地躺着，我不能再和他对话了，凝望着他消瘦的面容，我有点认不出来了。此时此刻，我才理解了“春蚕到死丝方尽”的真正含义。

叶老师此次远行，没有还期，生前没能见他最后一面，是我一生最大的遗憾，没想到八宝山送行成为我们最后的诀别。我们的交往就在这里结束了，《庄子·山木》中说“君子之交淡如水”，我和叶老师的交往就属君子之交。

悼念敬爱的叶振鹏老师

王 文 素

摘　要：叶振鹏先生于2022年9月8日永远离开了我们这些尊敬、热爱他的学生，但他的音容笑貌和他的谆谆教导将永远保存在我们的记忆中，他严谨的学术研究态度和对财政理论执着探究的精神将鼓励我们继续前行。本文记述叶振鹏老师对我教导、支持和帮助的一些点滴片段，以表达我沉痛悼念老师之情。

关键词：叶振鹏　师生　悼念

我与叶振鹏老师相识已经40多年了，他是我非常尊敬和爱戴的老师。回顾与叶老师在一起的情景，他的音容笑貌犹在眼前。

一、叶老师与中央财经大学

叶老师是1955年从中国人民大学硕士毕业后就被分配到我的母校中央财金学院任教，成为当时学校中最年轻的财政学教师（只有22岁）①。他到学校后就开始讲授财政学课程，但讲授的是苏联财政学，不是中国的财政学——因为上学的时候，他的财政学是苏联老师讲授。虽然基本原理相同，但中国和苏联的财政现实还是有很大不同，在教学过程中，他没有局限于把从苏联老师那里学到的知识，囫囵吞枣地教给学生，而是创造性地请具有实践经验的学生（财税局长们）

作者简介：王文素，经济学博士，中央财经大学教授，中国财政史研究所所长。

① 有一个阶段，学院提出要我负责撰写“财政学院院史”，我曾经专门采访过叶老师，也曾经向与叶老师同时代的其他老教师了解过叶老师的相关情况。

给学生解答财税实务问题，使学生和自己都尽快了解、掌握尽可能多的中国财税实务状况。在经过两年多的授课后，他提出，要讲中国的财政学。1957年他运用已经掌握的苏联财政学原理与中国财政现状相结合，写出了构建在中国计划经济体制上的《中华人民共和国财政》讲义，使财政学科完成了从《苏联财政学》到《中国财政学》的转变。到1960年，学校又安排他讲授国家预算课程，这是财政学科最重要的骨干课程，既需要深厚的财政学理论，又需要财政工作实操经验。他大胆迎接了这个挑战，不懂就问，不会就学，不辞辛苦，不畏困难，在当时财政部预算司王丙乾司长的支持和帮助下，与同事一起编写了中华人民共和国第一本《国家预算》教材和实操工作习题题库（于1963年出版），不仅使每位学生能够清晰地了解国家预算收支的基本状况、收支对应和平衡关系，预算编制程序，预算执行规范，如何进行预算分析和年度预决算说明书的编写，也为其他教师讲授预算课程提供了范本，推动了财政学科的建设。

《中华人民共和国财政》讲义和《国家预算》这两本书构建了新中国财政学、国家预算的教学和科研体系，是新中国财政和预算教学及科研的奠基之作。因为后来在全国财经类高校中影响比较大的教材，比如：厦门大学的《社会主义财政理论》和六院校《社会主义财政学》及国家预算教材中的基本范畴和体系均以此作为蓝本。

当年他立志要做教师，不做教书匠。他积极参与财政实际工作调研，掌握了大量案例，所以他讲授的课程生动、风趣，比如：把财政分配说成“分蛋糕”，把预算执行到重要时点称为“八月十五放光明”，这些经典的句子在他的课堂中不断地涌现，也成为学生记忆最深刻的“金句”。特别是他对学生充满了爱，不断帮助学生排忧解难。所以每一届的学生都喜欢上他的课，很多学生都与他建立了深厚的友谊。当他从厦门大学调回中央财经大学的时候，他授过课的那个班学生集体停课，与当时财政金融教研室的老师一起，把他送到火车站。当时就有老师说：这是学校前所未有的事。这也正是他作为一名教师，人格魅力的充分体现①。

二、我与叶老师在中央财经大学

我与叶老师接触时间最长、最多的是两个时期：

---

① 十年浩劫，中央财经大学（当时称中央财金学院）撤校，叶老师和很多老师一起去农场劳动改造。后被厦门大学聘请为老师。

1957 年叶老师在中财四合院的喷水池边

第一个时期是20世纪80年代。我是中央财金学院（现在的中央财经大学）1982届本科毕业生，留校任教就和叶老师在一个教研室工作（相当于现在的财政系），他是我们的教研室主任。我上学的时候，学院为我们安排上财政学课程时，叶老师还没有从厦门大学回到我们学校。所以，我们的财政学课程是由数位老师共同讲授。而我毕业后的这一年，正好叶老师为财政79级本科生讲授财政学，我就与79级学生一起听叶老师讲授财政学课程，也因此成为财政78级唯一听叶老师讲授财政学课程的学生。

我们教研室每周都要开会，我也多次到叶老师家请教。每次见到叶老师，他都会给我传授怎么当好一名老师。他不仅回答我提出的各种财政学疑难问题，还指导我怎么备课、上课。至今我都记得叶老师说："老师课前一定要备课充分，课上才不慌；上课要穿正装，为人师表，要注意自己在课堂上的精神面貌；声音要洪亮，使声音传到最后一排；要在讲台上稍微走动，可以做些手势，不要太死板。"这些教导使我一生受益。20世纪八九十年代，中央财经大学的财政学专业学生都是读着叶老师《国家预算》《社会主义财政学》毕业的。

后来叶老师被财政部调任财政部科研所副所长，财政学研究视野更加开阔。不仅被财政学理论和实务界称为"南邓、北叶"[①]的著名财政学专家，后来还开始对中国财政历史展开研究，主编了《中国财政通史》《中国农民负担史》和《中国历代财政改革研究》等史学著作，在社会上得到极高评价。

① "南邓"指厦门大学邓子基先生；"北叶"即指叶振鹏老师。后来他告诉我，他认为：做人要低调。当年他联系了首次提出这一说法的先生，告诉他，自己不能接受这个提法，并请他以后不要再提。而且只要他听到有人再提，就会在能力范围内，出面阻止。后来这一提法才慢慢在社会上被隐没了。

1985 年春叶老师在中央财金学院门前

第二个阶段是从 2004 年开始，叶振鹏老师担任中国财政史研究专业委员会的主任，我是副主任之一，我们曾经共同参与中国财政史研究专业委员会的每一次会议，我也曾多次到财科院向他请教。

中国财政史研究专业委员会成立大会期间，与会代表
到大连海洋馆参观，我与叶老师合影

叶老师非常支持中央财经大学的财政史科研和教学事业的发展。我作为中央财经大学中国财政史研究所的所长，在我们学校承办过两次全国财政史学界的大会，第一次是2005年中国财政史研究专业委员会成立后的第一次学术研讨会，第二次是2007年承办财政史教学国际研讨会。尤其是第二次会议，当时叶老师已经74岁了，我担心他年龄大了，不能来参加，但当我邀请叶老师的时候，他很高兴的说："一定去。"两次会议他都做了主题发言。

2005年叶老师在我校召开的中国财政史研究专委会学术研讨会上发言

2007年叶老师在我校召开的财政史教学国际研讨会上发言

也是在这一年，当我的博士毕业论文撰写完成之后，送请叶老师指导，他很高兴地说："真不容易啊，祝贺你！"他不仅提出很多有建设性的修改意见，还做了我的毕业答辩委员会主席。

在2014年之前的一个阶段，我对财政学科的性质产生迷茫，与很多老师和学

2007 年叶老师参加我的毕业论文答辩会

者进行探讨。我想向叶老师讨教，他约我到办公室，我们谈论两个多小时，他从中外财政历史发展的两个方面，给我讲授他对财政学科性质的判断，使我有醍醐灌顶之感。2014 年在首都经济贸易大学召开的中国财政史研究专委会第七次学术研讨会上，就这个议题，叶老师委托我代表他做了主题发言。①

2014 年叶老师在中国财政史研究专委会第七次学术研讨会上

① 当我写完论文“财政学科之辩”后，叶老师却说，他不需要科研成果，也不要在论文上署名。该文后来发表在《财政史研究》第 13 辑。

我深深感到，叶老师的一生，是勇于创新的一生。他一直是敢于做第一个吃螃蟹的人：

首先，他丰富与创新财政理论。作为一名教师，多数人都是把自己从老师那里学到的知识，再传授给学生，尤其是20世纪50年代末，60年代初期，对苏联“老大哥”的理论，谁敢提出质疑？更不要说反驳！苏联专家讲授财政学时，说财政是货币关系体系或者货币基金。叶老师通过学习马克思的《资本论》和不断思考，提出：财政是分配关系。为此，他与全教研室的老师展开大讨论，虽然被扣上“苏联专家培养的学生反对苏联观点，人大培养出来的学生反对人大观点”的帽子，但财政发展的规律证明：他的观点比苏联专家的观点更接近科学，更体现财政的实质。

其次，20世纪90年代，在财政和国有企业改革过程中，国有企业在财政中的地位和作用发生了很大变化。如何给国有企业在财政体系中定位？是新中国面临的一大难题。叶老师提出了双元结构论——在财政中形成了国有企业利润和税收双结构。这也在当时财政学界掀起轩然大波，不少人提出质疑和公开反对，但从我国现在编制的财政公共收支预算和国有资本预算来看，他的观点再次得到了我国财政改革历史的印证。

再次，叶老师对中国财政史研究的发展做出重大贡献。叶老师不仅力排众议，与许毅老先生一起力促成立了中国财政学会财政史研究专业委员会，并担任了专业委员会两届主任（共8年），还连续参加了2004年至2014年所有专委会年会；他主编的10卷本（18册）《中国财政通史》，获得第四届中国出版政府奖图书奖，这无疑是到目前为止，我国财政史研究出版物的巅峰之作。

最后，我认为叶老师对财政史研究的最重要贡献，还在于他不断探讨财政史研究的范围和研究范式。他在《中国历代财政改革研究》一书的导言中指出：以往财政史的研究，大多是分门别类的进行，比如财政制度史、赋税制度史，财政思想史、财政人物传记等，这些研究的对象仅仅局限在财政制度，财政思想和财政人物，没有把财政改革作为重点来研究。因此，从历史中只能看出制度条文，看不到制度的产生、发展和变化；以往财政史研究大多局限在中国历代财政制度的介绍和说明，或者是解释与考证上。即使是讲沿革，也是一种分朝代的介绍，简单的对比，都没有把这些制度的变化放在政治、经济、军事、财政等整个历史环境中进行研究，没有从经济基础和上层建筑、生产关系和生产力这两对基本矛盾运动的角度去认识，忽略了政治，经济，军事等方面于财政的相互关系。他指出：在社会矛盾的发展中，财政是社会矛盾的集中反映，因为财政分配既决定于当时的生产力发展水平、生产状况和生产关系状况，又是经济利益分配关系中，占主导地位的分配关系，社会各阶层居民的生产与生活以及国家的政治、军事和宏观经济管理的需要，都会直接或间接的反映在国家对人力、物力、财力的取与予的财政活动中。所以研究思路和框架要采用立体交叉的研究思路。第一，从研究范围（范式）上考察，财政史的研究不能就财政论财政，即：研究财政史，不能仅仅局限在对财政历史的研究。他是把财政史的研究范围扩大到财政与国家的政治、经济、军事、文化的相互关系上。第二，在研究方法上，要“通”。总结出历代财政发展的共同规律，掌握了解规律，掌握了解财政与政治、经济和军事的相互关系，而不是现象的描述。把财政的变革并于当时国家的政治、经济、军事这几大组织中，不仅要研究财政本身纵向的发展变化，而且还要研究政治、经济、军事方面的纵向变化，然后研究财政与其他几大支柱之间的横向关系。正如他自己所说：这种对财政史研究范式的思考，一直是他退休后的重要研究内容。

叶老师是中华人民共和国建国之后，从事财政学教学科研时间最长、而且始终站在教学第一线、并直到 89 岁还仍然指导学生的财政学教授。所以：叶老师当之无愧地获得“中国财政理论研究终身成就奖”。

恩师仙逝，万分悲痛。仅以此文悼念恩师！叶老师永远活在我的心中！

功在当代利在千秋

——悼念著名财政史专家叶振鹏先生

赵云旗　申学锋　史　卫

叶振鹏先生是我国著名的财政经济学家、教育家，新中国财政学科建设的重要创始者、开拓者、奠基人之一，新时期公共财政学研究者和倡导者。同时，也是中国财政史学科的著名专家，中国财政学会财政史研究专业委员会的创始人之一，历任第一届、第二届主任委员，长期担任专委会顾问，在财政史研究领域做出了杰出的贡献。2022 年 9 月 8 日因病逝世，财政史学人无不深感悲痛，谨以此文表示悼念。

一、创立和发展财政史专委会的巨大贡献

创建财政史专业委员会的起因要追述到 20 世纪 90 年代末。当时，叶振鹏先生与财政科学研究所（以下简称财科所）许毅老所长领衔开展中国近代经济史的课题研究。1998 年在江苏常熟召开第一次中青年研讨会，由此形成了一个研究团队。为了使这个队伍稳定下来，推进项目的研究，操办会议的财政部财政科学研究所财政史研究室萌发了成立中国财政史学会的念头，首先向叶振鹏先生汇报，他认为是个好主意，乃长久之计。他向许老和苏明副所长请示，得到他们的赞同

作者简介：赵云旗，中国财政科学研究院研究员，博士生导师。申学锋，中国财政科学研究院研究员，中国农村财经研究会秘书长。史卫，中国财政科学研究院研究员，中国财政学会财政史研究专业委员会秘书长。

和支持，决定由叶振鹏负责，财政史研究室为筹备组，负责筹备工作的具体事务。

在他的主持下，首先与中国财政学会取得联系。得知原来有一个财政史学会，但由于好多年没有活动，被民政部按规定废止，只能从头做起。第一步起草申请报告、学会章程等文件。叶振鹏对学会章程特别重视，反复开会讨论。他提出必须明确和坚持几条原则：一是以马列主义、毛泽东思想、邓小平理论和“三个代表”为学会的指导思想；二是以四项基本原则、改革开放、为财政改革服务、为党的中心工作服务为宗旨；三是坚持从现实财政改革出发，坚持财政史研究和财政现实相结合，坚持实事求是和理论联系实际的学风，创新财政史理论和研究方法；四是以探索财政经济发展规律为主要任务，努力创建适合中国社会主义市场经济体制的财政史。他的建议得到与会者的完全同意，成为学会章程的基本原则和主要条例。他的建议为学会把定了政治关、业务关，又指明了发展方向，为学会的健康发展奠定了基础。他对相关文件反复审核、逐条琢磨，字里行间渗透着他的心血。在上报审批过程中，首先由所领导研究通过，然后上报财政部人教司同意，最后上报民政部批准。每个环节他都要花费精力关注，大小事他都要亲自过问，有问题随时与各部门协调，终于得到民政部的批件。规定学会隶属中国财政学会，是财政学会的二级分会，定名为中国财政学会财政史研究专业委员会。

2004 年，成立大会选在什么地方召开，也是要费心事的，因为各省财政厅和财政研究所历来不搞财政史研究，不能不考虑到对方的接纳问题。他亲自找苏明所长商量，给许毅所长汇报，最后得到辽宁省财政厅的大力支持，由辽宁省财政厅科研所在大连举办。对这次会议他特别重视，多次召集历史研究室全体人员开会，强调这是学会的成立大会，又是第一次财政史理论研讨会，意义非凡，影响极大，不得有半点马虎。他反复审阅会议议程、会议通知、办会人员的分工，包括接机、接站、报道、发文件、写简报等等，无所不包。要求万无一失，保障与会专家学者满意。特别是专家的住宿安排，发言安排、座次安排，他反复琢磨，随时调整。安排筹备组提前几天前往大连安排会场，迟回几天处理善后。在他的操劳下这次会议顺利召开，圆满结束，得到与会者的好评。

专委会成立了，中国财政学会要求经常开展活动，否则就有吊销的可能。但活动经费财政学会和科研所都没有这笔开支，需要缴纳会费来维持。专委会 2005 年开始交会费，但不太理想，截至 2006 年，只有几个会员单位缴纳，大部分会员单位不好解决，开展活动面临无米之炊。叶振鹏先生提议停止缴纳会费的规定，改为会员单位轮流办会，并出版本次研讨会论文集。经专委会讨论通过后从此形成了一个新制度，延续执行到现在。会员办会也非一帆风顺，由于经费问题，总是遇到这样或那样的困难。为了谋划长久之计，2007 年，叶振鹏先生又提出应对的建议：一是稳定发展。将会员控制在适当范围之内，不盲目地扩大，求精炼不求规模。所以长时期会员单位保持在十几家，开会人数控制在 30 人之内。二是给会员单位减负，年会一年一次改为二年一次，求质量不图数量。此两条建议即解决了办会单位的困难，又提高了年会论文的质量，还保持了专委会的正常运行。

为了筹集一些经费，开展会员论文的评奖活动以及开展会员单位合作课题的研究，专委会秘书处想得到各省财政科研所的支持，主动上门邀请他们入会，除了少数省外，大部分省财科所都爱莫能助。原因是他们没有研究财政史的职能，同时也没有相应的预算。叶振鹏先生认为，不能让会员勉为其难，必须自愿才有动力，不如向大专院校开口子，他们有积极性，众人添柴火焰高。由此，从 2010 年武汉会议之后，稳定方针转向发展方针，发展对象主要是大专院校的财政史专业。会员单位从首次 13 个、理事 18 人、与会代表 24 人，发展到四川绵阳会议时会员单位增加到 18 个，理事 39 名，会员 45 人的规模。在他的指引下，平台声誉越来越高，活动范围越来越大，研究队伍越来越强。

专委会秘书处是这个平台的发动机，日常事务不仅要做好，而且还要有活力、有冲劲、有点子，既要扎扎实实，又要轰轰烈烈，把学会带动起来。中国财政学会有规定，秘书处必须设在财政部财政科研所，秘书处成员基本是所里财政史研究室的人。维持了两三年后，叶振鹏先生提出秘书处需要有新鲜血液，既然庙不能改，那就改人，请一些外来的和尚。从此，秘书处成员增加了会员单位的人选，增强了学会的生命力。随着时间推移，秘书处的年轻人开始走上了领导岗位，时间和经历都不允许他们分心了，学会的事往往顾不上。为了解决这个问题，叶振鹏先生在 2012 年提出更新秘书处的建议，将秘书处老人员提升为副主任级，原来的主任副主任提为顾问，秘书处全部换成年轻人。这个建议在四川绵阳会议上得到落实，秘书处从此年轻化了，生龙活虎，很利于专委会各项事业的发展。

由此可知，财政史研究专业委员会从诞生到今天，离不开许毅、苏明前辈的大力支持，特别是凝结着长期担任主任委员的叶振鹏先生的精力和心血，他为专委会做出的贡献是永不磨灭的。

二、在财政史研究领域的卓著业绩

财政史是财政学科的组成部分，二者具有密切的内在关系。叶振鹏先生身为财政史专家，不仅为财政史研究专业委员会付出大量心血，而且在财政史研究领域作出了卓越的业绩。

（一）在财政史领域的突出业绩

早在上世纪50年代，叶振鹏先生初登讲台讲授财政学课程时，就将财政史作为财政学的一个部分进行讲授，也由此开启了对财政史近七十年的研究历程。叶振鹏先生此后能够在财政学理论研究上始终引领时代潮流，取得重大成就，可以说和这一时期对国家财政起源和发展的研究分不开。

1976年，为响应中共中央发出的关于研究社会经济发展中的规律问题的号召，许毅先生联合多所大学和科研机构的专家学者，对中国共产党在闽浙赣农村进行土地革命和武装斗争时期的财经史料进行了收集和整理，编撰了《中央革命根据地财政经济史长编》。当时在厦门大学经济系任教的叶振鹏先生参与了这一工作，并发挥了重要作用。当时编写组通过实地调查搜集了大量档案史料，涉及许多人和事，该怎么编写，采用什么样的体例还没有共识，最后在叶振鹏先生建议下采取了历史长编的体例，史料得到合理地编排，将史料完整地呈现出来，形成了一套科学的研究方法，为其后各根据地财经史料的搜集整理工作树立了样板。叶振鹏先生承担了财政部分的编写工作，为后来根据地财经史的研究作了充分的资料准备和初步探索。

1979年财政部农税部门决定组织编纂一部《中国农民负担史》作为研究农民负担政策的参考资料。1991年在《中国农民负担史》第一卷出版后，叶振鹏先生接下了主编第二卷的任务。第二卷反映的是半殖民地半封建社会的农民负担，从1840年到1949年这一百年间，中国发生巨大变动，国体、政体、制度等等都在不断变化之中，这也使国家与农民的关系异常错综复杂。叶振鹏先生认识到如果单纯地就农民负担而论农民负担，很难把问题说清楚，他将阐明社会形态演变与农民负担性质变化相联系作为全卷的主线，注重分析近代不同历史阶段社会形态的变化。在阐述各阶段农民负担的性质、内容、特点时，以及由此带来的政治、经济、军事、外交等诸因素对农民负担所发生的作用，并对不同时期国家财政结构和性质的演变及其对农民负担造成的影响进行了详尽分析，从而使《中国农民负担史》第二卷成为一部特色显著的专著。此后，叶振鹏先生又担任了《中国农民负担史》第五卷的顾问，对第五卷的编写进行了悉心的指导。

1999年，叶振鹏先生主编的《中国历代财政改革研究》出版。这部著作集中体现了叶振鹏先生的史学思想，是在财政史理论和研究方法上一次有益的创新和探索，著名财政经济学家张馨先生评价，“为建立中国财政史学研究模式和理论方法作出了重大贡献”①。早在改革开放之初，叶振鹏先生就萌生编一部中国历代财政改革史的想法，并有了初步的创意构思。此后史学界虽然有了一些相关研究，但往往局限于对财政制度、财政思想或理财人物的研究上，始终缺乏系统的研究，没有能从社会各种矛盾的发展变化与财政的关系上来研究社会发展与财政改革的关系。叶振鹏先生从历史为现实服务、尤其是从为财政改革提供借鉴这一角度出发，推动了财政改革史的研究。本书出版后不仅受到社会广泛赞誉，而且得到国外专家的关注。进入新时代，党中央提出全面深化改革开放，中国财政经济出版社于2013年再版此书，反映了该书恒久的生命力。

2014年，叶振鹏先生主编的《中国财政通史》出版，共十卷18册，约800万字。这套财政通史的编写历经14年完成，是迄今为止篇幅最大的中国财政通史，从先秦一直到中华人民共和国。为了充分吸收多年来中国财政史的研究成果，保证全书站在学术最前沿，叶振鹏先生组织各卷作者先行编写了将近50万字的《20世纪中国财政史研究概要》（湖南人民出版社2005年出版），为《中国财政通史》的编写打下了坚实的基础。《中国财政通史》以丰富、准确的史料为依据，以记叙和分析中国财政的发展脉络及其发展规律为主线，准确、系统地展示了中国历史上财政的演变及其成败得失，总结了中国历代财政改革的经验和教训，论述了历代财政对当时经济、政治、军事、社会等方面的影响。2017年《中国财政通史》荣获我国新闻出版领域的最高奖——第四届中国出版政府图书奖。

叶振鹏先生主编的财政史著，成为财政史研究领域的一座座不朽的丰碑。他的业绩除了这些大部头成体系的研究外，还先后发表了《财政在我国历史发展中的地位和作用》《关于孔子财政思想的继承与发展》《中国财政文化辨析》《中国古代历史上的公共产品供给及其启示》等论文，从多个方面开拓了财政史研究的领域。叶振鹏先生不仅重视研究中国财政史，而且也重视西方财政史的研究。早在1984年他就发表了《略论资产阶级财政学的形成与发展》，对西方财政思想的形成到发展的历史过程进行了全面梳理和评述。

（二）财政史研究中的思想观点

在叶振鹏先生主编的财政史著和论文中，闪烁着许多与众不同的思想观点，不仅繁荣了中国财政史的研究，而且蕴涵着科学的哲理和深刻的启发。

1. 历史与现实相结合。叶振鹏先生作为现代财政学大家，研究财政史不主张就史论史，提出历史与现实相结合，即立足现实看历史，透过历史看现实。

① 张馨：《平淡执着总是真——叶振鹏教授财政学术思想简述》，《财政研究》2017年第12期。

他认为历史上各时期国家的性质与今天社会主义社会性质不同，但历史的发展都属于上层建筑和经济基础、生产力和生产关系两大社会矛盾的发展运动，反映了财政分配和社会生产的相互关系、财政分配与商品交换的相互关系。所以历史是现实的一面镜子，在历史中可以发现现实社会运行中的矛盾问题，以便及时加以研究解决。他形象地将财政史的研究看作现实财政改革的“实验室”，认为财政史研究对现实财政具有检验的作用。因为马克思说过现实社会的运行就像一台运转的机器，不可能停下来进行检修，要了解现实社会的问题只能把历史作为一个实验室，通过分析研究历史社会的矛盾化解现实社会的矛盾。同理，由于上层建筑和经济基础、生产力和生产关系两大社会矛盾的发展运动是历史上各时期社会的共同规律，现实社会的各种矛盾也会在历史社会中反映出来。因此，他把现实社会看作研究历史的一把钥匙，强调通过这把钥匙对财政史的研究会更加深入和透彻。他认为这就是“通古而知今”“史知兴衰”的由来。所谓读史可以知更替、知得失，史能使谋学者明、谋吏者清、谋国者智、谋策者度，这些至理名言也须通过历史与现实的结合才能得到理解。

2. 财政史研究要为现实财政改革提供借鉴。叶振鹏先生研究财政史特别看重“经世致用”的思想，即历史为现实服务。他多次强调学习历史的目的是以史为鉴，古为今用。他在《中国历代财政改革研究》导论中，开宗明义地指出：财政改革的重要性和紧迫性给财政理论工作者提出来一个严峻的要求，不仅要认真总结新中国成立以来财政改革的经验，而且要很好地探讨中国历史上的财政改革，搞清中国历史上财政改革的原因结果、成败得失，分析对今天财政改革有哪些借鉴之处，集古今中外之所长，更好地为今天财政改革服务①。叶振鹏先生在《中国财政通史》总序指出撰写中国财政通史是我国财政改革发展的需要。他指出：“我国改革开放以来，财政改革与时俱进，不断创新。在改革发展过程中，不仅要吸收西方国家的先进经验，还有借鉴我国历史上成功的经验和失败的教训”。中国财政通史就是为当前财政改革通过服务的，“可以说为现实财政改革与发展提供服务，是撰写中国财政通史的主要目的之一。”②

此外，横跨财政研究与财政史研究两个领域的叶振鹏先生还强调财政史研究为财政学科建设提供服务，这一尝试在他的研究中早已经开始。在早年财政基础理论研究中，叶振鹏先生就重视财政历史的研究，以历史研究作为财政学基础理论研究的支撑。20 世纪 80 年代初，在许毅主编的财政学教材《财政学》时，叶

① 叶振鹏主编：《中国历代财政改革研究》，中国财政经济出版社 2013 年版，第 1 页。

② 叶振鹏主编：《中国财政通史》，湖南人民出版社 2013 年版，第 6 页。

振鹏先生编写总论部分，通过对中外财政史的深度发掘，为财政的概念、本质、地位作用等讨论建立了坚实的基础。

3. 财政史研究的最终目标是探索财政发展规律。叶振鹏先生认为财政史的研究的目的不是简单地复原历史面貌，而是探索财政历史发展的规律。他的这一思想源于马克思主义的基础理论。恩格斯指出："现代唯物主义把历史看作人类的发展过程，而它的任务就在于发现这个过程的规律"①。斯大林也指出："社会生活现象的联系和相互制约也同样不是偶然的事情，而是生活发展的规律。……无产阶级政党的实际活动……不应该以'理性'、'普遍道德'等等的要求为基础，而应该以社会发展的规律为基础"②。叶振鹏先生始终把马克思这些论述作为研究财政史的任务和方向。他认为"科学都是研究规律的，包括质的规定性、运行规律性、数量关系的规律等，事物自身及其与外界的相关性及发展变化的规律。财政史是研究财政历史发展规律的科学，那就要以历史上财政发展变化的实实在在的史料为依据，通过对史料的辨别和分析，研究财政在发展过程中的运行规律。财政史发展的规律，主要是财政在历史上是怎样发展变化的，是什么因素影响和推动这种变化，这种变化对社会各个方面的影响是什么。"③在编写《中国历代财政改革研究》中，他再三强调：我们研究中国历代财政改革就是要探讨财政发展改革的规律，按照马克思主义的要求，深刻揭示财政与政治、经济、社会、军事多方面的相互联系和相互制约的关系④。由此可知，他这位始终坚持马克思主义的财政史专家对财政史的研究有着明确的目标和更高的追求。

（三）财政史研究方法、路径、模式的创新

叶振鹏先生在财政史领域辛勤耕耘几十年，对财政史的研究方法、路径和模式不断开拓和创新。

1. 用马克思历史唯物主义和辩证唯物主义研究财政史。作为新中国培养出来的第一代财政学者，叶振鹏先生有着深厚的马克思主义理论功底，并在其60多年的财政学基础理论与财政史研究中持之以恒地执着坚持以马克思主义为指导，随着研究实践不断反思和深化，形成了一套比较系统的运用马克思历史唯物主义和辩证唯物主义研究财政史的方法。叶振鹏先生认为马克思历史唯物主义和辩证唯物主义的精髓，就是从社会主要矛盾的发展变化分析问题，社会的主要矛盾就是

① 《马克思恩格斯选集》第3卷，人民出版社1972年版，第422页。

② 斯大林：《列宁主义问题》，人民出版社1964年版，第637页。

③ 叶振鹏：《论财政史的教学和研究》，《财政史研究》第一辑，中国财政经济出版社2008年版。

④ 叶振鹏主编：《中国历代财政改革研究》，中国财政经济出版社2013年版，第2页。

上层建筑和经济基础、生产关系和生产力对立统一运动。他一再强调马克思的论述：人们在社会生活中形成的与其物质生产力相适应的生产关系，构成了社会的经济结构，经济结构既有法律的和政治的上层建筑竖立其上，又有一定的社会意识形态与之相适应的现实基础。物资生活的生产方式制约着整个社会生活、政治生活和精神生活，社会的物资生产力发展到一定阶段就同生产关系和财产关系发生矛盾，上层建筑就会发生变革。只有在充分认识了该阶段的社会经济状况的条件下，一切历史现象都可以极其简单地由这一时期的生活的经济条件以及由这些条件决定的生活关系和政治关系来说明①。认为“马克思所发现的这一人类历史的发展规律和历史唯物主义的基本原理，是马克思和一切唯物主义者研究社会变革的理论指南，也是我们研究中国历代财政改革的理论方法。这一基本原理要求我们在考察社会变革时，不能就财政论财政，孤立地看待社会现象和事物”，必须寻找事物之间的相互联系和相互作用②。他主编的《中国历代财政改革研究》一书，就是运用马克思历史唯物主义和辩证唯物主义观点和方法，对中国古代财政史研究的一种探索。由此可知，叶振鹏先生的史学观是马克思主义史学观，他将马克思历史唯物主义和辩证唯物主义作为财政史学研究最重要的指导思想，与传统的史学观截然不同。

2. 用财政学理论指导财政史研究。叶振鹏先生作为财政学大家，常年致力于财政基础理论的研究，为建设我国财政理论、创立和发展我国自己的财政学作出了重大贡献。同样，在财政史学研究中叶振鹏先生也十分重视用现代财政学的理论作指导。他指出原因有二：首先是财政史与财政学之间有着密切联系，它们的关系是源流关系、局部与整体的关系、继承和发展的关系、相互兼有的关系，财政史和财政学之间是无法分割的，在今天的财政学中仍然存在着历史上的内容，仍属于富有生命力的活生生的现实。其次是由财政本身的性质决定的，财政既是一种经济关系——分配关系，又是实现政府职能和政策的财力保障，是治国平天下的一种重要工具，能直接或间接地反映和折射出社会各个方面的状况和要求，要了解一个社会的基本面，最好、最便捷的途径莫过于了解这个国家的财政。中国历史上的财政也同样如此，它是现代财政学的历史，历史上的财政学，用现代财政学理论分析财政史是完全可以的。正是有了财政学理论的视角，使叶振鹏先生的财政史研究有了不同于一般财政史学研究者的方法与结果，为财政史研究增添了新的基础理论。在财政史研究中，叶振鹏先生也总是按照现代财政学理论要

---

① 《马克思恩格斯选集》第3卷，人民出版社1972年版，第41页。

② 叶振鹏主编：《中国历代财政改革研究》，中国财政经济出版社2013年版，第6页。

求的财政本质、财政政策、财政制度疏理史料，分析问题，这一点在他执笔的《财政学》总论[①]表现地尤为突出。他从财政政策、财政制度和财政本质三个方面考察财政的历史演进，理论分析和史料解说，相互配合，环环相扣，可以说是他用财政学理论指导财政史研究的范例。

3. 把历史事件放在政治、经济、社会、军事大背景下研究。叶振鹏先生由于长期致力于马克思主义理论和财政基础理论研究，使他在财政史研究上一开始就有了更广阔的视野，不主张拘泥于具体的某一财政事件、某一财政制度、某一理财人物，而是把历史事件放在政治、经济、社会、军事大背景下分析研究。从经济基础和上层建筑、生产关系和生产力这两对基本矛盾运动的角度去认识，揭示政治、经济、军事等方面与财政的相互关系，只有这样才能分析出财政改革背后所存在的深刻的社会原因。

之所以坚持这样做，叶振鹏先生有过全面系统的阐述。从马克思主义理论分析指出："用辩证唯物主义方法研究历史，就是要从客观存在条件出发，从财政活动内在的矛盾运动规律及其与社会政治、经济、军事、民族等各方面的矛盾之间的内在联系、相互影响、相互作用来研究财政的历史发展。这是因为政治、经济、军事、民族、社会的各种矛盾都会直接或间接地引起财政政策、制度、管理以及财政收支等需求变化，只有通过其内在关联的分析研究，找出财政政策、制度、管理及收支发展变化的动因。"[②] 从社会的矛盾运动原理分析指出：财政的活动主要是分配再分配的关系，是政府主导下的资源配置，属于经济基础的范畴，国家政治、军事、法律、文化是上层建筑，经济基础决定上层建筑，上层建筑反作用于经济基础。这就决定着财政史研究必须以上层建筑和经济基础、生产关系和生产力这两对基本社会矛盾的对立统一运动为主要线索去分析中国历代财政改革的发生、举措和成效，不能局限于财政本身的解释与考证上。从财政地位和职能分析指出：国家财政在社会发展中有着特殊的地位，它不仅是政治、经济、军事各方面社会矛盾的集中点，而且是调节各种社会矛盾的总枢纽。因为一方面国家财政的职能是集中社会一部分财力保障社会的稳定和发展，另一方面政治、经济、军事、文化的发展都离不开财政提供的物力、人力和财力的保障，二者之间有着密切联系，这就决定了必须把财政事件放在各个时代的政治、经济、军事、文化中进行研究。由此不难看出叶振鹏先生坚守的是大史学观，以开阔的视野洞察一切，不为一枝一叶所遮蔽，不以一事一人作结论。

① 许毅、陈宝森主编：《财政学》，中国财政经济出版社 1984 年版。

② 叶振鹏：《论财政史的教学和研究》，《财政史研究》第一辑，中国财政经济出版社 2008 年版。

叶振鹏先生一再强调研究财政史不是单纯地研究财政史，要跳出以史论史、就事说事的圈子。这不是说他不重视财政史作为历史研究对历史考证等方法的使用，而是要在扎实的历史研究基础上，进一步去打通财政与政治、军事等方面的关系。由于家学影响，叶振鹏先生对历史研究求真的精神和具体研究方法都相当了解，也非常重视，他在主编《中国财政通史》时花几年时间先行编写出《20世纪中国财政史研究概要》这就是一个很好的印证。

4. 构建财政史研究立体交叉新模式。叶振鹏先生在研究财政史的过程中，构建了一套全新的研究模式，即把历史事件置于当时政治、经济、社会、军事大背景下的研究框架。如他主编的《中国历代财政改革研究》同时竖立起财政与政治、经济、军事、社会几大支柱，财政支柱反映的是国家资源在各方面的配置关系，政治、经济、军事、社会支柱反映的是对国家资源的需求关系，它们之间反映的是相互影响、相互制约的关系。在研究中，首先研究政治、经济、军事、社会方面的纵向变化，其次研究财政本身纵向的发展变化，进而研究财政与这几大支柱之间的横向联系。这种立体交叉的研究框架，不仅使财政本身发展变化的进程可以清楚地展示出来，而且政治、经济和军事对财政的作用和财政对它们的反作用的关系也可一目了然。有力地证明历代财政改革是社会矛盾发展的必然，而不是统治者的个人所为。所以，此书每章都花费了大量的精力研究各时期的社会背景，用很大的篇幅论述各时期政治、经济、军事、社会、民族各方面发展变化中出现的矛盾和危机，从中发现财政改革的根本性原因，并以各方面矛盾危机解决的程度判定改革的成功与否。他主编《中国财政通史》时，也运用了这样的动态框架结构。从动态研究的角度出发，以时期划分篇章，不以现有的收人、支出、管理几大块组成。清楚地显示了每个朝代财政的发展变化，起伏转折，各卷总合起来就能反映出中国几千年来财政的发展趋势，使财政史具有活力和动感。这种动态立体的架构模式，充分展现了叶振鹏先生在财政史研究中新思维、新理念。

叶振鹏先生在财政史领域的丰硕成果、思想理论、学术观点、研究方法、路径模式，不仅推动了财政史学科的发展和创新，而且为现实财政改革提供了有益的借鉴，为完善财政方针政策提供了历史性参考。既有理论价值又有现实意义，实践证明是正确的、科学的，是财政史研究领域珍贵的财富。

三、作风、学风、品格堪称楷模

叶振鹏先生是财政科研领域的著名学者，他在研究中孜孜不倦、笔耕不辍，在教学中谆谆教导、诲人不倦，在与人交往中宽厚大度、温和谦让，堪称我们为人处事的楷模。

（一）为人：谦逊坦诚，虚心好学

叶振鹏先生不论在财政学界还是在财政史学界，为人处事都非常谦逊坦诚，没有半点的虚伪和傲慢。他研究生毕业时22岁，分配到中央财政干部学校（现中央财经大学）任教，面对的学生大多是地市级财政、税务的局级、科级干部。他在开学第一课就公开交底，明确说自己是刚踏出校门就登讲台，没有财政工作经历，对中国财政不了解。他回忆："当时想，你们都是老同志、基层领导，我一个刚毕业的学生，不懂不丢人。只要虚心学习就好。"因此，他每次辅导课都邀请班上经验丰富的财政局长解答大家提出的财政问题，邀请税务局长解答税务方面的问题，大家共同讨论。他在一旁边听边记，遇到大家都不懂的问题，特别标注出来专门去财政部相关部门请教，回来给大家讲解。多年后，叶振鹏先生骄傲地说："我的第一位中国财政'老师'是自己的学生"。正是在如此谦逊坦诚的心态下，叶振鹏先生始终孜孜以求，坚持不断学习，财政掌握知识。1962年中央财政金融学院开始正式招生，学校希望他开一门新课——国家预算，对于没有接触过财政预算工作的老师具有相当难度。叶振鹏先生抱着敏而好学、不耻于问的精神，到财政部预算司请教学习，并依据国家预算决算数据表格给学生编写一套习题，不仅内容全面，效果也十分显著。

他年轻时期是这样，到老年更加如此。这时期他虽然已经成为全国著名的财政经济学家、财政史专家，为人处事仍然坦诚相见，不避所短。他有许多博士生的论文选题都是较为前沿的课题，有些方面他并不熟悉，于是就开始与学生同步学习，看阅书籍资料进行研究，更新知识。他将带博士生作为一个不断学习新知识和充实学术生命力的过程。他把坦诚为人，虚心学习视为做人的根本，这种"知之为知之、不知为不知"的坦诚和"活到老、学到老"的精神深深激励着学生进步，也让我们为之感动。

（二）为学：扎根科研，创新探索

在为学方面，叶振鹏先生首先具有持之以恒的精神，从选择财政学研究与教学这个职业起，他树立了一个信条：扎根研究、不断创新。他在《中国财经理论与政策研究》自序中写道："从1950年进入大学，我始终没有离开过财政领域。"通过他的简历可知，大学就学于上海财大财政金融系，攻读研究生在人民大学财政系，毕业后分配到现在的中央财大任教，"文化大革命"时期到河南淮滨五七干校劳动，结束后调到厦门大学经济学院财金系，由此再回到中央财大工作，最后到了财政部财政科学研究所。其踪迹可以勾画出一个不规则的圆形：圆点始终不动，圆的边线在变。工作地方虽然不断变化，但从事的财政专业永远不变。60余年他一直坐冷板凳，从事财政学和财政史的研究，孜孜不倦，耕耘不辍。从不凭借自己的声誉和关系寻机高攀，求官谋利，而是执迷于国家赋予他的财政研究使命，扎根学术之深无一伦比。

其次是坚持独立思考，不人云亦云。叶振鹏先生从事财政学和财政史研究，始终严肃认真，独立思考。他说做学问总要有自己的观点，没有观点不是一个合格的研究员。只要这个观点是从中国实际出发，经过自己深思熟虑的结果就必须坚持。这种严谨学风和担当精神往往使他在科研中独辟蹊径，实现理论突破。特别是他的“双元结构财政论”，尤其是“公共财政论”提出后，一时间在财政学界引起强烈争论，面对质疑，叶振鹏先生坚持严谨踏实的学风和担当精神，坚持实事求是，“不唯书、不唯上、只唯实”，对“双元结构财政论”和“公共财政论”进行了深入研究分析，形成了一批新的理论成果。他这种“不唯书、不唯上、只唯实”的精神实在是难能可贵的。

最后是与时俱进，锐意创新。叶振鹏先生始终好立足中国国情研究财政理论问题，提出一系列具有财政理论奠基性的观点，为创立和发展我国自己的财政学作出了重大贡献。如在基础理论和财政改革研究方面，提出“财政是社会主义国民收入分配的总枢纽”“财政是社会主义再生产的中介”。20世纪90年代末，创建“双元结构财政论”和21世纪初提出“公共财政论”，为推动各方面逐步形成关于在社会主义市场经济体制中财政改革发展的目标方向的共识做出了重要贡献。厦门大学张馨教授曾说：“叶老师从事财政学科研教学的60多年，经历了我国财政学从引进、模仿，到扬弃、创新并独立发展的演变过程，叶老师自始至终参与了这个过程，始终参与了财政基础理论各主要问题的研究、探讨与争论，并为其形成和发展做出了突出贡献。”

（三）为师：教学相长，诲人不倦

叶振鹏先生从教60余年，始终站在教学第一线，教过的学生有财税部门的调干生、大学生、工农兵学员、硕士生、博士生和博士后，桃李满天下。除按教学计划授业解惑外，他要求自己做到教学与科研相结合，将自己研究的观点和学术思想融入到教学之中。特别是在改革年代，像财政这类社会科学，不仅会随着改革形势发展，甚至作为改革的“突破口”应主动适应改革的要求，推动改革的发展。所以叶振鹏先生的学术思想、工作步伐紧追时代发展的要求，不断研究新情况、新问题，充实到教学的内容中去，不局限于书本知识的传授。像中国老话说的要“授人以渔，不能只授人以鱼”，使学生能逐步提高观察问题、思考问题、研究问题的能力。为了提高教学质量，叶振鹏先生特别用心教材的编写，1957 年编写的《中华人民共和国财政》讲义是我国学者自己编写的第一本贯穿马克思主义思想、具有社会主义计划经济性质的财政学教材，他参与编写并出版的《国家预算》讲义是全国第一本高等财经院校试用教材。1978 年又组织六所院校编写《社会主义财政学》教材，这是他奉献给学生的最珍贵的礼物。他关心学生，体贴先生，把学生当成家里的一员。在他眼里，读博士不容易，既要工作又要攻读学位，上有老人，下有妻女，要善待他们。所以，他与学生交谈从来都是心平气和，春风化雨。谈起与学生的交往，他经常说：与学生相互交往中，彼此要相互关心、信任，许多学生在工作和生活中碰到问题会找我倾诉，我会实心实意地帮助他们。他为人师表，犹如慈父，得到学生的尊敬和爱戴，无论是生病或家中有事，学生们都会像家人一样帮助照顾，有的学生说：“我们是一家人”。

（四）为友：推心置腹，互敬互爱

叶振鹏先生在财政学和财政史研究中朋友遍天下，不论对年长的还是年轻的忘年之交，都始终互敬互爱地相处，推心置腹地共事。从不以专家、领导、老者的身份自居，高人一等，而是平易近人，平等待人，给人以亲切温暖。他把自己的部下、学生也当作自己的朋友对待和爱护。记得在江西修改《中国历代财政改革》一书时，他为了让大家劳逸结合，晚饭后留出一些时间与大家去放风，在一个山头上席地而坐，望着山下的灯火聊天，情意融融，十分惬意。在怀柔北京市财政局培训中心总纂时，他怕大家太累，晚饭后也和我们一起在水库大坝上遛腿，从南走到北，从北走到南，还给大家将笑话，彼此宛若朋友。在晚辈的朋友之间，他特别热心提携后进，记得 2004 年财政史专业委员会成立大会上，上海财大年轻教师黄天华反映参加财政史理论讨论会学校不能报销旅差费，叶振鹏先生得知后，立即反映给会长许毅，提出想办法给予支持。许老在大会上专门讲了这种情况，宣布学校报销不了的我们专业委员会给报。这一表态全场鼓掌，给了年轻学者莫大的鼓舞。黄天华表示有学会支持，一定潜心财政史研究，终于成为财政史专家，撰写出版了《中国税收制度史》和《中国财政制度史》两大巨著，在财政史研究取得了优异的成就。所以，他得到了新老朋友们的最大信任，被称为“良师益友”。可知，叶振鹏先生不仅有高深的学问，而且还是我们为人处事做学问的楷模。

叶振鹏先生的逝世是中国财政史研究与教学的一大损失，我们从此失去了一位可敬可爱的师长和朋友。他在财政史研究方面的业绩和对财政史专业委员会的贡献，功在当代，利在千秋。

财政与政治经济

建党百年中共统一财政的步履与意义

赵云旗

作为政权基础和支柱的财政，中国共产党历来都非常重视，成为党的工作的重要组成部分。在党的百年历史中，曾经出现过五次统一财政，不仅对中国共产党财政的创立、发展、完善有着重要而深远的意义，而且对党建立的红色政权发展壮大和领导的革命战争取得全面胜利有着密切关系。但这一问题还不曾得到党史学界乃至财政学界的足够重视，在党的百年诞辰之际值得全面系统地研究。

一、闽西苏区统一财政

闽西是土地革命时期最早的苏区之一，1929 年毛泽东和朱德率领红四军离开井冈山来到闽西，使闽西苏区得到更大的发展。为了巩固红色政权和保障军事供给，在中国共产党领导下闽西苏区最早开始统一财政，开中国共产党统一财政之先河，对今后革命发展阶段统一财政提供了重要的借鉴和经验。

（一）统一财政的原因

首先是因为经济基础薄弱。闽西地区地处山区，交通困难、信息闭塞，经济落后。在帝国主义侵扰和国民政府的盘剥下，经济衰退，市场萧条。受帝国主义工业品的冲击手工业逐纷纷破产，土布滞销，土纸短路，烟厂倒闭，工人失业①。

作者简介：赵云旗，中国财政科学研究院研究员，博士生导师。

① 《中共闽西特委报告》1930 年 7 月 8 日。

国民政府的苛捐杂税“名目繁多，税则日高”[①]。土地革命前定额祖率，龙岩达到70%，永定50%—80%，上杭60%—80%，长汀70%，连成80%，严重地破坏了农业经济，“滞碍市场”发展。迫于生计，贫困大众不得不借债维持生存，但高利贷利息惊人，月息2分，最高上杭达到2.5分。苏区建立以后，实行了土地革命，废除国民政府的苛捐杂税，人民的劳动积极性空前提高，但却遭到国民党军的严加封锁，推行“计口售盐”“封锁匪区”等政策，苏区周边碉堡林立，导致生产生活物资奇缺，城市工业品盐、糖、洋油等暴涨。农产品价格下降，米价古田每元二斗多，最高大池每元四斗多，土改后经济继续处于困难境地。苏区财政在这样的经济条件下收入有限，财力薄弱，与军队不断扩大和政府人员不断增加的实际情况发生矛盾。要用较少的钱办较多的事，必须周密计划，不统一财政是难以适应苏区形势发展需要的。

其次是财权和财力分散。闽西苏区建立初期，由于财政管理缺乏经验，财政处于分散的状态、各县财政自收自支、各自为政，缺乏部门协调。如1932年12月《福建省苏区报告》指出：“过去福建财政，非常混乱，都是各自为政，各县、区、乡财政收入与支出没有统一的支配与统计”。而且管理部门分散，什么部门都可以收税、募捐。财政支出随意性大，多数地方财政没有预算，有多少花多少。个别地方由于开支过滥，无办法就派捐[②]。这种极度分散的局面更增加了政府财政困难，要集中财力，统筹安排，唯有统一财政。

最后是财政管理混乱。由于缺乏财政管理制度，乱吃乱喝现象非常普遍，有些政府变成了客栈、饭店，什么人都可来政府食饭，尤其逢着圩期，厨房伙夫应接不暇。一般群众误认公家的饭大家都可以食，不管有事没事都来吃喝，政府人员亦不解释，不过问[③]。更严重的是导致铺张浪费和贪污腐化，贪污案件不断出现[④]。而且还造成苦乐不均，收入好的地方大吃大喝，收入差的地方政府没有煤油点灯[⑤]，影响了革命队伍的思想情绪。事实说明，这样的财政与红色政权是极不相称的，统一财政成为闽西苏区重要任务之一。

（二）统一财政的实施

1930年2月，龙岩县第二次工农兵代表大会，提出“统一全县税收，厘定财

---

① 中共闽西特委第二次扩大会议《关于土地问题决议案》。
② 《中共闽西特委第一次扩大大会关于苏维埃工作问题的决议》1929年11月2日。
③ 《永定县第三次工农兵代表大会日刊》。
④ 《福建省苏区报告》，载《红色中华》1932年12月11日，第43期。
⑤ 《福建省第一次工农兵代表大会决议案》1932年3月。

政用途”[①]。第一次规定了地基税的征收办法。1930 年 3 月，闽西第一次工农兵代表大会关于财政问题的决议再次提出，要“统一财政，厘定税则，限制开支，确立预算制度，建立财政独立基础”[②]。确定统一财政是闽西革命任务之一。此时就提出“建立财政独立基础”的目标是极有远见的，极有价值的。决议要求一切税收以县为单位，由县政府统一征收。这是财政收入权的统一，目的是改变以前各部门收税的局面。这一建议立即得到各地的响应，此年 3 月永定县根据闽西第一次工农兵代表大会的决议，提出财政税收实行统一征收、统一支配，并定出详细计划，通告各级政府切实遵照执行[③]。1931 年统一财政工作进入高潮阶段，闽西苏区政府发出《闽西苏维埃政府二十一号通告——“统一财政问题”》。将统一财政工作全面铺开。通告指出：革命政权（工农兵苏维埃政府）在反动势力四面围攻的现在中国环境中，要保障其能够巩固地与反革命势力战争，取得斗争胜利，向外发展，统一财政问题是非常重要的工作。尤其在目前帝国主义国民党军阀一致进攻苏维埃红军底下，整理财政，充裕国库，以应付斗争，更成为目前巩固苏维埃的主要工作任务之一。将统一财政提到能否取得革命胜利和巩固苏维埃政权的高度，说明统一财政工作的深入。

（三）统一财政的范围

1. 统一财政管理机构。统一财政前闽西苏区的财政管理部门虽然已经有了，但很不统一，大都随着军事发展的需要设置。如 1928 年中共福建临时省委在闽西秋暴工作方针中，要求各级暴动委员会之下设立财政委员会。闽西苏区溪南区苏维埃政府成立后成立财政委员会，长汀县革命委员会成立后下设财政部。1929 年上杭县苏维埃政府设立税务科和税委会。从 1930 年统一财政开始，各级政府建立了统一的财政管理机构。按照闽西第一次工农兵代表大会决议，各级权力机关分别建立财政机构，各县政府设财政科，区、乡政府设财政委员[④]。龙岩县苏维埃政府设立主管全县财政工作的财政委员会。永定县苏维埃政府立财政委员会。在闽西苏维埃政府组织中，财政委员会排名第二位，表明是一个重要的管理部门。从此，形成了上下统一的财政管理机构，消除了以前财政管理部门不统一的局面。

2. 统一财政预算。政府无预算是财政混乱的根源，统一预算得到高度重视。

---

① 《龙岩县第二次工农兵代表大会决议案》1930 年。

② 《闽西第一次工农兵代表会议宣言》1930 年 3 月 25 日。

③ 《永定县第二次执委扩大会决议案》1930 年。

④ 《闽西苏维埃政府布告第一号——闽西苏维埃政府成立》1930 年 3 月 28 日。

还在1929年11月，闽西苏维埃政府在《关于苏维埃工作问题的决议》中，就首次提到出“政府财政要有预算，量入为出”。1930年2月，《龙岩县第二次工农代表大会决议案》决定，清理过去各级政府收支并编定今后全县的预算①。1930年3月，闽西第一次工农兵代表大会规定：“确立预算制度”，“各县政权机关经费，应按照规定等级制定预算，由县政府汇集提出县代表大会通过”②。

闽西苏维埃政府预决算制度分为文化建设经费和政府经费两部分，交通费由交通总局制定预算。

闽西苏维埃政府对各级财政预算的制定要求非常严格。规定：各级政府必须进行预算决算，上报上级部门审批。对一些特殊部门的预算上报时间还有严格的规定，如红军二十军各纵队经费每月预算在每月一日以前送闽西政府常委会批准，交通总局制定预算每月一日以前交闽西政府常委会批准。地方县、乡、校经费预算，分别向上级或主管部门报送审批。1931年《闽西苏维埃政府通告第二十一号》进一步重申，各县区乡应清查过去财政收支和存款，重新订立预算，经上级批准，按月结算由上级审查。特别提出的是财政决算公开。1930年9月《闽西第二次工农兵代表大会修正财政问题决议案》规定：“各级政府经费之支出，每月应造定决算表，交县政府审核公布”③。开中国财政预算公开之先河。

3. 统一税收制度。税收是闽西苏区主要的财政来源，统一税收尤为重要。还在1929年3月红四军首次进军闽西途中，就在发布的《红军第四军司令部布告》中提出“累进税法，最为适用；苛捐杂税，扫除干净”的税收政策，为闽西苏区统一税收指明了方向。此年7月，中共闽西“一大”明确提出“为公共的用途和斗争需要征收5%至35%的土地税”，“取消苛捐杂税”，“征收统一累进税”④，并对土地税问题作了详细规定。10月26日，永定县工农兵代表大会通过的十项施政纲要中，宣布“取消苛捐杂税，征收统一累进税”⑤。

进入1930年，统一税收加快了步伐。此年2月，中共闽西特委召开第二次扩大会议，制定了营业所得税的征收办法，第一次把“税则问题”写入决议案。龙岩县第二次工农兵代表大会提出：“统一全县税收，厘定财政用途”。3月《闽西第一次工农兵代表会议财政问题决议案》规定：“一切税收以县为单位，由县政府统一征收”。大会通过的《暂行税则条例》，规定了田地税、山林税、店房地基

---

① 《龙岩县第二次工农代表大会决议案》1930年2月。
② 《闽西第一次工农兵代表会议财政问题决议案》1930年3月。
③ 《闽西第二次工农兵代表大会修正财政问题决议案》1930年9月。
④ 《中共闽西第一次代表大会之土地问题决议案》1929年7月。
⑤ 《永定县工农兵代表大会成立宣言》1929年10月26日。

税、营业所得税的征收办法。永定县第二次执委扩大会也提出：财政税收要实行统一征收、统一支配，并定出详细计划，通告各级政府切实遵照执行。4月，闽西苏维埃政府颁布了《闽西苏维埃政府布告第六号——暂行税则条例》，强调“税收为政府财政的来源”，各级政府务须照例执行”①。闽西苏区暂行税则条例的颁布是统一财政的最大成效，从无税则到有税则是一个巨大的转变，说明税收制度发生了质的变化，标志着闽西苏区税收从混乱走向了规范。充分体现了统一财政的威力。经过统一税收，闽西苏区统一征收三类税：即土地税、商业累进税和累进税。土地税征收分田地、山林、店房地基税三种。通过以上措施，税收得到全面统一。

4. 统一财政支出。针对财政支出混乱造成的浪费贪污等现象，闽西苏区从统一支出实现合理开支、厉行节约之目的。首先确定支出权力机构。1930年9月，闽西第二次工农兵代表大会关于修正财政问题决议案规定：“各区乡政府机关的经费，概由县府发给，肃清以前滥行开支的流弊。”②县政府是发放经费的唯一权力机构，其他部门无权再发放。驻在当地的红军经费也由当地政府发给，“但须取具正式盖印收条，方为有效”。菜钱由闽粤赣军委向政府领取统一发给，不直接向政府支取。再次确定支出审批权。闽西苏区各级政府的经费开支实行定额和供给制，分经常费、临时费、特别费三类，各类超过定额时，须报县政府批准后才可开支。如1930年11月，永定县苏维埃政府关于财政问题草案规定：“各项费用开支均规定一定标准，超过定额时，须报县政府批准后才可开支”③。即使临时经费也由县政府审批，“临时之支出，每月份中，乡以十元，区以二十元为限，超过规定数目时，须报告县政府批准后始得开支”④。再次统一支出标准。地方学校经费标准，1930年3月《闽西第一次工农兵代表大会决议案》规定：劳动小学教员薪金每人每年大洋100元，教员伙食费比区乡苏维埃政府人员每天增加0.14元。1930年8月，《闽西苏维埃政府目前文化工作总计划》规定，“高、初级各学校教员都作为区乡人员待遇发伙食费，……每天比工作人员增加一点四角，由各乡苏负责供给⑤。1931年规定“驻在当地红军，每天每人米斤半，油盐菜钱每人每天大洋8分，菜钱每天每人八分”⑥。红军学校供给标准，1933年规定办公费政治部每月大洋二十五元（训练部同），上级干部每月大洋六元，团级八元，连队

① 《闽西苏维埃政府布告第六号——税则条例》1930年4月。
② 《闽西第二次工农兵代表大会修正财政问题决议案》1930年9月。
③ 《永定县苏维埃政府关于财政问题草案》1930年11月。
④ 《闽西第二次工农兵代表大会修正财政问题决议案》1930年9月。
⑤ 《上杭才溪区第二次工农兵代表大会决议案》1932年9月17日。
⑥ 《闽西苏维埃政府通知第95号——财政问题》，1931年9月3日。

三元，高级训练班、教员训练班同；随营学校每月大洋二十元（政治部等在内）；通讯学校校部每月大洋十元，所属连队八元。学校杂费，通讯学校每月大洋二百元，红军学校每月大洋二千五百元”①。经过统一财政支出，肃清了以前滥行开支的流弊。

5. 统一财政票据。统一财政税收票据是统一财政凭据，闽西苏区规定财政税收的相关票据，统一由财政最高管理部门设计印刷，各级财政管理部门领取使用。财政收支单据，税收收据、税票、进库单、出库单、财政各类统计表格，基本上俱全而且上下统一。特别是税票已经制定四联单，其一给纳税人作收执，其二供税收机构备查，其三交由主管机关如中央财政部或省财政部备查，作为解缴金库的通知。四联单骑缝上填具收款数目，难以伪造。特别是在税收征管上，“各区乡各种税额，由县苏制定各种税收调查表，发给各乡苏定期填报”。并使用统一的税收发票，“农民缴款以县三联印为凭”②。这在当时已经是很先进和科学的了。

6. 统一监督检查制度。完了实现和维护财政统一的各项措施，闽西苏区还统一制定了一系列监督检查制度。一是审查制度。1930 年，《闽西第一次工农兵代表大会财政问题决议案》规定，“各县苏维埃政府应组织财政审查委员会及清理逆产委员会，以整理全县财政”。二是检查制度。如《福建省苏维埃政府通令第30 号》规定：各级政府一切收入按月按级缴来省苏，“如有隐匿不缴或未经批准擅自动用者，必予以严重制裁。各县苏须经常派人到区，区派人到乡检查财政与缴款。”三是检察制度。1932 年 3 月，福建省苏区市、县级都建立工农检察部，采取巡视、群众控告及舆论监督等方式开展活动。

通过以上措施，闽西苏区统一财政全面完成，而且取得了一定的效果。

（四）统一财政的特点与效果

闽西苏区统一财政的特点：一是重视度高。首先认识到统一财政是强化根据地经济命脉的重要举措，是壮大红色政权经济基础的保障。当时各苏区对财政工作普遍不重视，没有这样高度的认识是不可能提出统一财政工作的，高度认识是统一财政产生的根源。二是开创性强。闽西苏区有敢为人先的精神，是第一个实行统一财政的苏区，开启了中国共产党领导的统一财政的先河。三是指引性深远。在此之后中华苏维埃临时中央政府统一财政、抗日战争时期统一财政、解放

① 《中央军委训令——关于红军供给标准的规定》1931 年 7 月 30 日。

② 《上杭县苏第二届执委会议决议案》。

战争时期统一财政、新中国初期统一财政，都与闽西统一财政一脉相承，可以说各时期的统一财政都接受了闽西苏区的经验和做法。

闽西苏区统一财政取得了一定的成效。首先变各自为政为高度集中。改变了原来各部门自收自支、各自为政的局面，使苏区财政实现了统一，财政收支权、预算审批权统一掌握在苏区各级政府手里。其次变管理混乱为制度严明。财政管理有法有规，消除了原来吃大锅饭、浪费贪污的不良现象。再次变部门核算为相互协调，消除了原来苏区内各地、各部门苦乐不均现象，各级政府的费用和人员薪酬有了统一的标准，在个人待遇上体现了公平、公正，消除了不平等现象，激发了政府人员的革命积极性，更加团结奋发。四是减轻了民众的税费。统一财政之前，财政无预算，支出无标准，花钱无计划，不够就想办法再征收，或者向民众募捐。这样做难免加重苏区的负担，甚至引起各阶层群众的不满。统一财政后，财政支出合理，财政管理规范，财政纪律严厉，入不敷出的现象没有了，不再向民众多征税和募捐，改善了民生，提高了苏区人民支持规模的热忱。

二、中央苏区统一财政

1931 年中华苏维埃共和国临时中央政府在江西瑞金成立，下设财政人民委员部，闽西苏区创始人之一邓子恢就任第一任部长，进行了中共党史上第二次统一财政。

（一）统一财政的原因

1. 财政长期处于分散状态。临时中央政府成立前，全国的苏区分散在各地，虽然在政治和军事上受党的统一领导，但在地域上是相对独立的，经济上自给自足，管理方式极不统一。临时中央政府成立以后，为了革命的共同目标，财政人民委员部不仅要接受党的统一领导，而且要从革命大局出发，制定一套统一的财政制度、财政政策、管理办法在全苏区推行，实现统一财政与党的统一领导相匹配。

2. 各自为政的财政体制。苏区在分散隔离的环境中，由于分灶吃饭，财政上各自为政，自收自支。这种体制不仅是财政问题，在特定时期就会变成政治问题，是中共中央丝毫不能容忍的。各自为政还造成苏区苦乐不均，经济条件好的地方大吃大喝，革命情绪高涨，条件差的地方过不了日子，士兵情绪低落，中央是不能置之不理的。改变财政各自为政就要选择统一财政的路径。

3. 财政管理混乱。各苏区像闽西苏区统一财政之前管理混乱的现象普遍存在，如随时征税，随便开支，吃大锅饭，浪费贪污等。这与革命政权的性质格格不入，影响革命根据地的巩固与发展。对此，财政人民委员部部长邓子恢有全面的总结：“过去各级政府一般忽视财政工作，收支没有预算，税收制度各级没有建立，各处乱打土豪，贪污浪费，会计糊涂。特别是财政部本身工作没有建立，财政部长日常只做些管账管钱的会计工作，因此一般政府财政不能独立，只依靠打土豪，依靠红军筹款过活。这些财政上坏的现象，充分证明各级政府不了解财政工作在阶级政权上的重要作用。”① 可知，全面治理统一苏区财政势在必行。

（二）统一财政的进程

中央苏区统一财政与临时中央政府成立是同步的。1931 年 12 月，财政人民委员会发布《人民委员会训令（财字第二号）——建立财政系统》，明确指出：“各级部队（军、师）、各级政府（县、区）之财政机关对财政统一的观念，过去可说是很少有的。现在中央政府已经成立，统一财政是目前政府极重要的工作，因为财政老不统一，是要影响行政和军政的”。此训令的颁布标志着全苏区统一财政工作拉开帷幕。为此，临时中央政府颁发了《中华苏维埃共和国暂行财政条例》，明确规定了国家税收的权限、程序；各级财政部预算、决算及审批手续；所有财政方面的单据、账簿、表册等。《暂行财政条例》的颁发不仅是统一财政的标尺和目标，也为各级财政部门指明了正确的方向和规范的路径。

1932 年 9 月 13 日，邓子恢签发了《中央财政人民委员部训令（财字第六号）——目前各级财政部的中心工作》，要求“各级政府必须按照中央颁之财政条例，坚决执行”②。此年 11 月，邓子恢签发了《中央财政人民委员部一年来工作报告》，再次强调了“统一财政，建立财政系统”③。此年 12 月发布的《中央财政人民委员部训令第 12 号》，规定“实行财政交接制度，交卸者应提出清单报告，接管者要凭单清点核收”。由此反映了统一财政的深入、细致，统一财政不是一纸号令就能完成，而是涉及各个方面，通过具体的措施和渠道实现的。

这次统一财政还充分利用了媒体进行宣传和推进。当年《红色中华》1932 年第 14 期刊登了德峰《对于财政统一的贡献》一文，指出：扩大革命战争，占领中心城市，推翻帝国主义、国民党的统治，是当前的主要任务。“欲完成这个任务，必须经济上有充分之准备，以应工作上之需要，所以统一财政，开源节流，是目前当务之急的工作。”强调“整个的财政统一，就是将全国的税收完全集中

① 邓子恢：《目前各级财政部门的中心工作》1932 年 9 月 13 日，转引自《中央财政委员部训令第六号》。

② 《红色中华》1932 年 9 月 13 日。

③ 邓子恢《财政人民委员部一年来工作报告》。

在中国财政部，所有经费开支，均向财政部具令，或在税收中抵解，但是抵解必须照中央政府之预算开支，不得超过分毫。如有事实上必须超过预算之特别用费，也须经过中央政府核准后，财政机关才能照数支给。所有税收及特别收入必须扫数解交中央财政部管辖之国库或分库收存，不得存留与地方机关。”这是统收统支财政体制的第一次提出，也是国家财政论和国家分配论的渊源。这一论述表达了党中央统一财政的重要目标之一，对中央苏区统一财政发挥了主导作用，中央苏区统一后的财政体制就是按照这一思想理论制定的，二者不是巧合。

（三）统一财政的范围内容

这次统一财政，邓子恢提出统一财政的范围与此大致相同，即健全各级财政组织、统一财政收支、建立财政系统、建立和整顿税收制度、进行节约活动等八项。《红色中华》登载主要有五个方面：即确定会计年度、确定各种预算、建立审核制度、设立国库及分库、规定收支手续即抵解办法①。中央苏区统一财政的范围比闽西苏区明显扩大。

1. 统一财政管理设置。中央苏区的财政管理机构由临时中央政府人民委员会下设中央财政人民委员部，垂直领导省、县、区三级基层财政部。经过这次统一财政，中央设立财政委员部，省、县、区设立财政部，地方财政机构直接隶属于中央财政人民委员部，苏区从中央到地方形成了完整的财政管理系统。这是一个前所未有的变化，也是一个最大的变化。

2. 统一财政预算。针对不少苏区无财政预算的情况，这次统一财政特别重视和关注。1931 年 12 月，临时中央政府颁发的《中华苏维埃共和国暂行财政条例》中，明确规定了各级财政部预算、决算及审批手续。财政人民委员部以第 2 号训令名义发布《统一财政编制预决算制度》，进一步规定了各级苏维埃政府的财政预算经费编报要求②。1932 年 12 月 19 日的《中央财政人民委员部训令第 12 号》再次要求：“确定预决算规则，实行预决算制度”。预算和决算成为统一预算的两个主要标志。

3. 统一税收制度。1932 年 8 月，中央财政人民委员部专门发布了邓子恢签署的《关于统一税收问题》，规定“税收为国家财政主要收入，自应由国家统一征收”③。由此明确了一切税收都属于国家所有，任何单位和个人都不许占有和征收。这是统一税收的根本问题，也是首要的问题。同时对税收作出具体规定：

---

① 德峰：《对于财政统一的贡献》，《红色中华》1932 年第 14 期。

② 《人民委员会训令财字第二号——统一财政编制预决算制度》1931 年 12 月 29 日。

③ 《中华苏维埃共和国财政人民委员部训令（财字第 15 号）——关于统一税收问题》。

“凡土地税，商业税，山林税以及店租，房租，矿产资金等各项租税收入，各级财政部门都应另立账簿，如公债款一样，分别收入，按月解缴上级，汇送中央或中央所指令之用途，并须按月将收入情形详细报告，以便审查”。强调：财政部门对上述各项款项，“以后不得擅自动用，并不得将所收款项列入日常收入，以混乱会计系统。其上半年及七月份所收税款则须分别统计填写表格，报告本部，以便审查”。在统一税收中，明确规定废除国民党政府的苛捐杂税，实行累进税，强调“累进税法，最为适用”。邓子恢签署发布《商业所得税征收细则》，对资本和营利的计算等有关问题作了进一步的明确。1932 年 12 月，发布《关于商业税与店租之征收事宜》《矿产开采权出租办法》《店房没收和租借条例》等各种规章条例①，把各种税收纳入有章可循、有法可依的轨道。

为了在税收管理上与统一税收制度相配套，中央财政人民委员部专门设计了一套统一的财税收入登记表册印发到各级财政部门。下令：“兹发下各种表册，各级财政部收到后，须照此表式印好使用，以资统一，切切勿误。”1934 年 1 月，为了防止收据造假，中央财政人民委员部特此下发《为统一财政收据防止舞弊》的布告，申明国家各种财政岁入单据，必须由上级机关盖印，交各级财政部门使用。凡一切财政收入交清后必须上级机关盖印之正式收据才生产效力。收款人使用私人收据及未经上级盖印，交款人未取得正式收据而随便交款皆为无效。

4. 统一财政支出。统一财政的核心除了财政收入就是财政支出。1931 年发布的《中华苏维埃共和国暂行财政条例》对支出问题作了严格的规定：“各级财政机关在未得到上级财政机关的支付命令以前不得自行支配扣用或抵消”。各部门经费须“上一级财政机关审查并报告中央财政部批准，统由中央财政部依据批准之预算付款”。还“须与同级财政机关负责人在中央财政部发下的发款通知书上署名才能向上一级财政机关领款”。这一规定表明，财政款项谁也没权动用，必须一级一级审批，最后由中央财政人民委员部批准，由国库支付。1932 年邓子恢签署的《财政人民委员部一年来工作报告》强调：“统一财政开支，是当头的重要工作，只有把一切财政开支统一起来，肃清过去贪污浪费的现象，由中央作有计划的支配，才能把不必要的用款通通节省下来，拿去供给红军。”由此显示，统一支出比统一税收还严厉。

5. 统一国库制度。在统一财政中，《中华苏维埃共和国国库暂行条例》于 1933 年 1 月 1 日颁布实施。首先确立国库是“掌管国家一切款项之收入、保管与支出事宜。国库统由财政人民委员部国库管理局管理之，其金库则委托国家银行

---

① 《红色中华》1932 年第 45 期第 3 版。

代理之"。规定"一切收入必须缴国库，一切支出均凭财政部签发的支付命令，任何人不得擅自动用国库的钱"。中央苏区国家银行1932年成立，省县设立分行、支行，据此国库建制分三级，中央建立总国库，省、县建立分、支库。"总金库设于总行，分金库设于分行，支金库设于支行，其未设分、支行之省县，则由总库指定专人组织……，附设于省县财政部之内，但不受省县财政支配"。各级税务部门的税款要按时上缴各级国库，规定区税收委员会距离分支库所在地20里以内者，满200元缴纳一次；距离20里以外者，满500元缴纳一次。区税务机关满400元缴库一次，省县税务机关每日缴库一次。每逢月底各税务机关收入款之余存数，无论多少必须全部缴库。红军部队不设金库，由政治部代理。国库出入有规范的记账凭证、收款书、苏维埃政府入出数簿。上下级国库之间采取多联单形式作为通知和记账凭证，中央、省县、支分别为三联单、四联单、五联单，通过五联单，中央人民财政部对中央苏区各级财政部门的收支和库存金额一目了然。国库实行问责制，"如果支库主任发生贪污卷逃等弊端，还要财政部长负责任"①。

6. 统一会计制度。邓子恢在《统一会计制度》中指出："要彻底统一财政，要防止财政上一些舞弊行为，非有健全的科学的会计制度不行。"《红色中华》刊登德峰《对于财政统一的贡献》一文强调："统一财政，必须首先确定会计制度，才能树立统一财政的基础。"② 1932年12月16日，制定发布了《中央财政人民委员部会计规则》，其中包括会计规则、预决算规则、会计科目表，并设计各种簿记账册，发到各省、县苏维埃政府和红军部队使用。1932年12月19日，《中央财政人民委员部训令第12号——统一会计制度》发布，明确统一会计制度的6项规定：主要确定会计科目，按统一的名称与范围记账；统一簿记、单据格式，按规定要求记账；收钱、管钱、领代、用钱要分开；各级收支按系统分别登记上报。要求从1933年1月1日起，"各级税务机构，统一会计制度和账簿格式，采用新式簿记，确定会计科目，健全账目凭证，整理旧账，核对收入，清理移借之款，规范税款报解程序及期限"，完成统一会计工作。

7. 统一审计制度。为了保障统一财政的执行效果，中央苏区统一了审计制度。1933年9月，中央成立审计委员会，地方各级苏维埃政府和红军建立审计机构，从上至下构成了财政经济的监督网络。中央审计委员会是中央执行委员会直接领导下的财政经济监督部门，主要职责是审核国家的岁入与岁出，监督国家预

① 邓子恢《国库建立后各级财政部的当前工作》1933年1月24日。

② 《红色中华》1932年第14期。

算的执行。1934 年 2 月 20 日，中央执行委员会颁布了《审计条例》，成为苏区审计工作的基本法规和政策依据。

8. 统一检查制度。为了杜绝贪污浪费，统一财政中还建立了监督检查制度。1933 年 12 月，临时中央政府颁布《关于惩治贪污浪费行为》训令，规定“凡贪污公款在 500 元以上者处以死刑”，“苏维埃机关、国营企业及公共团体的工作人员，因玩忽职守而浪费公款，致使国家受到损失，以其浪费程度处以警告、撤销职务以至一个月以上三年以下的监禁”。有会计制度、审计制度和检查制度的配套，在一定程度上保障统一财政的效果。

（四）统一财政的特点与效果

中央苏区统一财政的特点，一是借他山之石。借鉴了闽西苏区的经验和做法，闽西苏区政府主席邓子恢担任中华苏维埃临时中央政府财政人民委员部部长后，首先把闽西苏区的经验在整个中央苏区推广，使这一时期统一财政工作得以迅速开展。二是青出于蓝而胜于蓝。在推广闽西苏区经验中没有墨守成规，而是有所扩展，统一的范围与闽西苏区相比更宽大一些，有出于蓝而胜于蓝的效果。三是涵盖的区域大。闽西是地区性的，这次统一财政应该包括属于临时中央人民政府管辖的所有苏区，从发展的视角看做到了从点到面。四是边统边建。统一财政有破有立，废除不统一、不合理的制度，建立统一、合理的制度。这次统一财政在建立健全制度上较为突出，显示了边统边建、统建结合的特点。

如果说闽西苏区完成了一个地区性的统一财政的话，那么中央苏区完成了中央领导的所有苏区的财政统一，在空间上完成了一个质的飞跃，出现了历史性的转变。这是中央苏区统一财政最大的一个成效。当然，这是从大的视角分析的结果，我们并不否每个苏区之间还存在着不统一的地方，能够从以上范围做到统一就是一个大的统一。

二是统一财政颇有实效。如 1932 年 12 月《福建省苏报告》：“自省苏政府建立以来，执行中央命令，已将财政系统建立起来……遵照中央财政条例建立财政系统，已实现有十分之九，除宁化、武平较差的，其余龙岩、上杭、永定、长汀、新泉，均照执行”。又如中央《统一财政编制预决算制度》发布后，福建省苏维埃政府通过决议，要求“严格执行预算决算制度，各级政府机关必须依地方政府组织条例和必须经费，制定预算，报告上期决算。各级政府机关不遵此期限制定预算决算报告上级批准，便不许取用一切行政经费[①]。说明中央统一财政的

① 福建省第一次工农兵代表大会通过的《经济财政问题决议》1932 年 4 月 15 日。

措施在各苏区得到普遍落实。三是初步形成了统收统支的财政体制。统一中进一步将财政收支的权利集中到中央，一改原来分散在各部门、各地区，自收自支的现象，使财力统一配置，产生更大的财政和物资力量。这是中央苏区财政从分散走向统一的实质性的体现。通过这次统一财政，中国共产党领导下的土地革命时期红色财政体系和特色初步形成。所以，毛泽东对这次统一财政作了很高的评价，他在《中华苏维埃共和国临时中央政府成立周年纪念向全体选民工作报告书》中说："在财政方面，由于正式颁布财政条例，实行财政统一，严厉消灭过去财政上各自为政的现象，确定会计制度，实行预决算制度，整理税收，树立财政基础，从而保证了红军反'围剿'战争所必须的给养。"

三、抗日根据地统一财政

1937 年抗日战争全面爆发，中国共产党挺进敌后进行全面抗战，相继在全国各地创建发展到 19 个根据地。为了保障军事供给，取得抗战胜利，进行了第三次统一财政工作。

（一）统一财政的原因

1. 财政的分散性。抗日根据地不是在原来土地革命时期苏区的基础上建立的，而是在日军的"围剿"和国民党干扰下创新开创的，相互处于孤立的状态，建立在这种环境下的财政必然是分散的。由于各地的财力多寡悬殊，又难以调剂，长期存在有碍于中央抗日战争方针政策的贯彻执行。保持抗日战线的步调一致，就需要有统一的财政作基础，从分散财政走向统一财政。在当时的情况下，要在地域上改变根据地的分散性是不可能的，但统一根据地的财政是能够实现的，即各根据地实施中央统一的财政政策，统一机构设置、统一财政制度，统一财权财力，保障战争的需要。

2. 财政体制的不规范。由于抗日根据地是初建的，财政靠筹粮筹款，制度缺失，自收自支，各自为政的现象依然存在。如年陕甘宁边区 1937 年指出：各县机关、部队、团体的经费开支，因还没有建立明确的财政系统和严格的预决算制度，以致有某些地方财政非常紊乱，经常发生自收自用，任意募捐，甚至浪费贪污等不良现象。1938 年陕甘宁边区政府第二号训令与第十五号通令均指出：一年来财政工作固然有不少成绩，但尚存在着不正常的现象，如自收自用、另造账簿、任意募捐、贪污浪费等。晋冀鲁豫边区 1940 年中共中央北方局指出，财经工作中"没有统一概算、各自为政、随收随支，对军费政费没有严格管理的现象不能在继续下去了"。各自为政与财政统一是对立的，这是财政体制问题，在分散的根据地最容易产生，而且在短时期难以消失，也是不易统一的，在环境发生变化的时候会重新出现，抗日根据地初期有这样的问题是可以理解的。但是在"民族自卫战争中所不能容许和不能再继续存在的"①，必须使财政建设走上统一的轨道。

3. 税收制度不统一。抗日根据地初期税收与财政的状态一样，新旧税制并存，有的根据地全部废除了国民党的税制及苛捐杂税，有的根据地还在沿用，同是废除但废除的程度又不同。同一种税各地也不一样，如农业税陕甘宁边区等征收救国公粮，有的根据地征收田赋。即使新设的税制各地也不相同，特别是工商税差别更大。有的地方分别单独征收，有的根据地实行累进，还有的根据地实行合理负担。这种新旧税制并存，各种名称的税并存，各地税负不等的现象是不能长期存在的，否则会造成各根据地税负不均、财力不均，不利于抗日战争和根据地政权建设。

（二）统一财政的部署

抗日战争时期的统一财政大致可分两个时阶段：1937—1938 年为一阶段，1940—1943 年为第二阶段。最早开始于陕甘宁边区，1937 年 12 月首先提出统一财政问题，并发出《统一财政问题》的通令。指出："在抗战中统一财政是当前重要的工作之一，因为一切抗战动员，都需要调节款项，才能够充实战争力量"。强调自令到之日起，不论任何机关、部队、团体，必须遵照"统一财政"的原则，建立起财政系统，绝对不许可再有自收自用等事情发生②。1938 年 9 月，陕甘宁边区政府又发出第二号训令与第十五号通令，再次强调统一财政的重要性，总结了一年来统一财政工作的不足之处。1941 年陕甘宁边区指出，边区财政不但要做到独立，而且要做到内容的更加统一，克服过去和现在财政上残留的各自为政，自收自用的现象，使收支统一，负担平衡。

晋察冀边区统一财政也是从 1937 年开始的，为使财政工作达到统一，宣布废除原有的摊派制度。1938 年边区政府成立，通过了《财政问题决策议案》，把"统一财政支出"作为建立健全的战时财政制度的一个重要内容。山东抗日根据地是 1938 年提出的，边区县委书记联席会上提出：财政方面实行统一的累进税，实行预决算制度，必须统一收入统一支出，建立统一的财政制度③。1939 年要求

① 《陕甘宁边区政府通令》第 15 号，1938 年 9 月 25 日。
② 《陕甘宁边区政府通令：统一财政问题》1937 年 12 月 21 日。
③ 《山东革命历史档案资料选编》第 4 辑，山东人民出版社 1983 年版，第 36 页。

建立统一的供给制度，1940 年 11 月 7 日，山东省战工会专门作出《关于统一财政之决定》，对统一山东财政作了详细部署和一系列具体规定①。强调绝对不许再有忽视制度自收自用的现象发生，以便根据整个收入合理的统筹与分配，避免在支付上顾此失彼。

晋冀鲁豫边区 1940 年 4 月中共中央北方局指出："财政工作的统一，决定一切工作的统一"②，必须使财政建设走上统一的轨道。1940 年 8 月边区最高政权机关冀太联办成立后，立即开展了统一财政工作，不仅采取了一些雷厉风行的举措，而且还研究了有关财政统一的长久之计。统一财政在各抗日根据地虽然提出的时间不同，统一的步调有快慢，但已达成共识和共同的行动。

（三）统一财政的范围

1. 统一财政机构。抗日根据地初期，财政管理机构极不健全，即使有临时的机构各地也不统一，给财政管理造成许多不便，因此将统一财政管理机构放在首位。陕甘宁边区 1937 年将中央财政部改为边区政府财政厅，主要设统收、会计、统计、公产保管等业务部门。各县财务部改为财政科（第二科），取消区原来的财务股，设财政助理员。同时，建立税务局，开陕甘宁边区征税之嚆矢。从 1940 年开始，财政厅机构健全，下设粮食局、会计科、岁计科、金融科、秘书室、公产管理科和税务总局。税务总局设干部科、稽查科、征收科、会计科，各地增设税务局，至 1941 年 8 月全边区共有税务局（包括总局、分局与县局）共 35 个，税务所 102 个，税务人员最多时达 400 余人。晋冀鲁豫边区一年之间建立了财政管理机构、粮食管理机构，税务、仓库和专门工作委员会。山东抗日根据地 1941 年设立各级财经处、财经科，各行署和专署先后设立财政处或财政科，除此还设立粮食局、盐业交易所。鄂豫边区 1940 年成立财政经济委员会，下设财政处，财政处下设各种专门管理机构，管理税务、公款、预算决算编制、金库收支、公债管理、金融监督调整及其他有关边区财政事项。1942 年设立贸易管理局主管征收关税，边区设总局，专区设分局，下分设税务所、卡。通过统一财政管理机构，各根据地从上到下形成了一个统一的财政管理体系。

2. 统一财政方针政策。根据地建立后，实行什么样的方针政策关乎到财政的发展问题。统一财政中主要解决的是财政建立在经济发展的基础上，还是靠募捐和筹集。这就是陕甘宁边区提出的财政独立性问题，也是闽西苏区统一财政中最

---

① 《山东革命历史档案资料选编》第 7 辑，山东人民出版社 1983 年版，第 18 页。

② 《晋察冀边区财政经济史资料选编》第 1 辑，南开大学出版社 1984 年版，第 209 页。

早提出的“建立财政独立基础”的问题，这是一个根本的问题。1940年9月，山东抗日根据全省第一次行政会议在研究财政经济问题时，提出开源节流，领导生产建设[①]。其中之意是将生产建设作为根据地财政的基础。1941年又提出抗日民主政权的财政经济建设基本方针，是以抗战需要出发，力争自力更生，达到自给自足[②]。所谓自力更生，就是依靠根据地自己发展经济壮大财政，不是依靠外来财源充实财政。这是国民党政府断绝八路军粮饷经费后的经验总结。晋察冀边区也提出这样的财政政策：一切从抗战出发，立足于自力更生，开源节流，发展生产，改善民生。晋冀鲁豫边区宣布财政建设基本方针：是供给战争需要，服从前线需要；培养民力，促进建设，组织开源，厉行节约。到了1942年，毛泽东总结了各地的财政政策，在陕甘宁边区高级干部会上提出“发展经济，保障供给”的财政经济工作总方针，此后成为抗日根据长期而统一的财政政策。

3. 统一财政收入。统一财政收入的目的，是把根据地一切收入归政府财政所有，换言之，一切收入集中在根据地政府手里。1937年，陕甘宁边区政府通令各机关、部队、团体一切收入，无论数目多少，都要随时交县政府第一科，然后由该科转交金库，严禁打埋伏[③]。晋察冀边区规定：收入由边区统一筹划，凡边区的一切税收、公产收入、公营企业收入、罚没款及战争缴获等收入均为边区政府收入，各级财政部门负责组织征收，保证及时入库。县政府、区公所以及其他任何机关，不准以任何名义向群众摊派捐款。山东抗日根据地1940年指出：实施统一筹支及统一收入与支出的管理[④]。《山东省战时施政纲领》中规定，严格制度，统一收入[⑤]。在《关于统一财政之决定》中详细规定：凡各项税收、田赋、官产、逆产、行政罚金、募捐等款项一律为国家收入，非经每个地区最高政权及财政负责人允许概不得动用。

4. 统一财政支出。统一支出的目的是要杜绝以前乱支乱用的现象。陕甘宁边区政府在1937年发出《统一财政问题》通令中，就对边区统一财政支出作出详细规定。晋冀鲁豫边区制度了统一供给制度与供给标准，根据地军队和地方党、政、群众团体人员一律实行供给制。晋察冀边区明确规定，支出由边区政府统一掌握，党政军机关、学校的正常公用经费和临时费用等一切开支，由边区财经办事处统一供给，将一切经费支出的批准权集中在边区政府。山东抗日根据1940年

① 《山东省革命历史档案资料选编》第7辑，山东人民出版社1983年版，第182页。
② 《山东省革命历史档案资料选编》第7辑，山东人民出版社1983年版，第18页。
③ 《陕甘宁边区政府通令：统一财政问题》1937年12月21日。
④ 《山东省革命历史档案资料选编》第5辑，山东人民出版社1983年版，第134页。
⑤ 《山东省革命历史档案资料选编》第6辑，山东人民出版社1983年版，第142页。

规定：严格制度，统一支出①。要求各部队、各级机关、群众团体以及乡村政权所需经费必须按定期编制预决算，交当地最高行政机关审核批准后始得开支，否则一律停止供给。

5. 统一财政预算。抗日根据地初期一些地方没有统一概算，或者没有严格的预决算制度，要管紧管好收支两个口，必须统一财政预算。1937 年陕甘宁边区政府指出，抗战中统一财政必须统一预决算，并对财政预算作了详细的规定。陕甘宁边区共设立三级预算，即边区级预算、县市级预算和区级预算。制定的预决算制度有：《陕甘宁边区暂行预算章程（草案）》《陕甘宁边区暂行决算章程》《陕甘宁边区各级政府、部队、机关编制预算章程》《陕甘宁边区各级政府、部队、机关、学校编制支付预算章程》等，通过章程形成完整的预决算链条。预算编制程序，先由财政经济委员会提出预算方案，再经过边区参议会通过，最后由财政厅具体执行。每年终编制决算，经边区政府讨论后，报边区参议会审定批准。要求所有机关、部队、团体一律按照预决算章程办理，过去因必需的正当用途而超过的经费和自行筹募的款项及没收的烟土，都要分别编制收支决算"②，由此保障了预决算的完整性和真实性。晋冀鲁豫边区制定财政预算的基本方针是量入为出、平衡收支。晋察冀边区的预决算制度延伸到村级，即村概算制度，构建了四级预算体系。山东抗日根据 1940 年初宣布，绝对建立预决算制度，做到一切支收有预算，一切出纳经批准③。1940 年 9 月，建立了严格的预决算制度④。由此证明了抗日根据地财政预算的统一性和规范性。

6. 统一税收制度。统一税制分两个阶段，第一阶段（1938—1939）清理废除国民党统治时期的苛捐杂税、传统的封建税制，不合理的税收如募捐摊派等；第二阶段（1940—1943）建立人民民主政权性质的新税制。各根据地在第一阶段除了田赋个别地方还沿用外，完全清除了一切旧税和苛捐杂税。第二阶段实行了统一的农业税、货物税、工商税、营业税、所得税、消费税、矿税、盐税、关税、牌照印花税、田房契税等新税。陕甘宁边区 1940 年颁布了《陕甘宁边区货物税暂行条例》《陕甘宁边区货物税减税免税暂行办法》和《陕甘宁边区货物税估价委员会组织章程》。制定征收商业税法，废除了对商人的摊派募捐。商业税分固定商业和临时贸易两种，不分公私一律征收。1942 年公布《陕甘宁边区货物税修正暂行条例》与《陕甘宁边区营业税修正暂行条例》。山东抗日根据地 1940 年通

① 《山东省革命历史档案资料选编》第 6 辑，山东人民出版社 1983 年版，第 142 页。
② 《陕甘宁边区政府通令：统一财政问题》1937 年 12 月 21 日。
③ 《山东省革命历史档案资料选编》第 5 辑，山东人民出版社 1983 年版，第 134 页。
④ 《山东省革命历史档案资料选编》第 7 辑，山东人民出版社 1983 年版，第 182 页。

过《山东省税收暂行条例》《货物税征收施行细则》《整理及征收田赋暂行办法》《县税务局征收处组织大纲》等一系列税收法规，为制定正规的税收制度提供了依据和标准。鄂豫边区1943年由边区物资统制局制定统一的《关税税则》《关税税率》等条例。各解放区税制税法的制定，标志着抗日战争时期税收工作“从非正规化走向初步正规化”。

最能说明税制统一的是这一时期各根据地统一实行的累进税。晋察冀边区于1940年最早提出建立有免征点和累进最高率的统一累进税，制订了《晋察冀边区统一累进税暂行办法》《暂行办法实施细则》《统一累进税分数评议章程》《统一累进税审查委员会章程》等整套统一累进税制，把以往的田赋、营业税、所得税、印花税、烟酒税和烟酒牌照税、救国公粮等税合并，征收统一累进税。1941年进行修正，公布《修正统一累进税暂行办法》《晋察冀边区统一累进税暂行办法施行细则》。冀鲁豫边区1941年对统一累进税进行研究和试点，1942年组织考察团去晋察冀观摩，1943年5月完成了立法程序，正式颁发《晋冀鲁豫边区统一累进税税则》和《统一累进税税则施行细则》。陕甘宁边区1939年底中共第二次代表大会上提出从1940年起征累进农业税，代替救国公粮。1941年通过了农业统一累进税提案，1943年颁布《陕甘宁边区农业统一累进税暂行办法》。山东抗日根据地1940年8月实行累进税，鄂豫边区1942年实行累进税。极端分散的各抗日根据地实施统一的累进税，不仅说明税制达到了统一化、规范化，而且成为中国税制发展史上的奇迹。

7. 统一国库制度。在统一财政中各抗日根据地都相继建立其金库制度，陕甘宁边区1937年建立，晋察冀边区1940年建立，晋绥边1941年建立，晋冀鲁豫边区、山东抗日根据等都普遍“建立边区金库”，规定“一切收入归金库”[①]。而且制定了严格的金库制度，如1937年12月，陕甘宁边区在《统一财政问题》通令中规定：一切岁入岁出之款，经由金库收纳或支付，无论任何机关均不得收款不交或于未交金库以前擅自动用。违者金库应加干涉，并报告同级政府、上级金库及边区财政厅处分。一切支出非有财政厅长盖章的支付命令总金库不得付款，下级金库非有上级金库的支票不得拨款给任何机关。1941年发布了专门的《陕甘宁边区财政厅金库条例》，规定金库负责掌管边区财政现金、出纳及保管事宜。金库分三种：总金库设立于边区政府所在地，分金库设立于分区，支金库设于县。金库由边区财政厅管理，总金库统辖各分区分金库，分库统辖各县支库，未设立分金库地方的支金库由总库直辖。金库委托边区银行代理，未成立分支行地方的

① 《山东省革命历史档案资料选编》第5辑，山东人民出版社1983年版，第134页。

金库，则附设于专员公署或县政府之内，由总金库指定专人负责。分支库在工作上受当地同级政府的领导监督与检查，但当地同级政府无支配金库存款权。边区银行对于金库的现金出纳、保管事项，应对财政厅负完全责任。一切岁入岁出之款，经由金库收纳或支付。各级金库应按月将出纳、保管实际状况向总金库报告，由总库上报边区财政厅备查。各分支库存款由上级调度支配下级金库的存款，应随时听候上级金库提取。财政厅随时派员检查金库账簿、单据及库存现金①。1941 年晋绥边区公布的《晋西北行政公署所属各级金库暂行章程》共分 10 章，内容包括组织机构、任务、职权与领导、收款手续、付款手续、转收转付手续、解款手续、报告及报表、借款办法和附则。金库的普遍建立保障边区公款能统一保管与统一支付。

8. 统一粮食管理。抗日根据地在国民党围困下物资比现金更为重要，统一粮食管理是统一财政的重要部分。相比之下，陕甘宁边区在统一粮食管理中是比较出色的，不仅机构健全，而且建立粮食预决算制度、实行粮票、饭票制度。晋冀鲁豫边区也不损色，一是设立粮食局，实行专门管理；二是制定财粮法规；三是建立统一的财粮管理制度。晋察冀边区粮食管理主要实行平粜粮价，统制粮食贸易，政府专卖出口。山东抗日根据地对粮食实行统制政策，不得流入敌占区；加强粮食管理，制定《关于粮食工作的训令》；严格粮食预决算及报告检查制度；实行粮食统收统支的制度。

9. 统一会计制度。统一财政后会计制度在各根据地普遍建立。陕甘宁边区会计分多种，财政会计制度改变了过去的单式记账方法，能够随时明了资产负债状况和应收应付状况；粮食会计制度改变了过去只有简单账簿甚至无账的状况，制订两种标准账簿为各地仓库选用，粮局已能了解和掌握各地仓库收支。其他税局、盐局的会计制度也按照正规制度填造报表，能比较迅速的总结收支。晋冀鲁豫边区 1942 年颁布了《各级政府岁入岁出会计制度》，规定：为建立系统化正规化的会计工作，管理边区岁入岁出款项及地方岁入岁出款项，会计制度要达到随时记账、按期结账和准时报账三项要求。依照边区政府规定的会计科目，反映财粮收支实际情况。根据各地环境情况分为每旬、一月、两月、三月报告一次，年终必须决算。1945 年新制定的《晋冀鲁豫边区暂行财务行政制度》颁布实施，确定会计、统计、出纳及保管人员，“得在法令规定范围内，独立行使职权”。“政府一切收入，均需经过会计手续，取得正式会计凭证，始在法律上发生效力”。“政府一切支出，非经会计手续，持有正式会计凭证，不

① 《抗战时期陕甘宁边区财政经济史料摘编》第 6 编，陕西人民出版社 1981 年版，第 669—671 页，。

得向出纳、保管或金库部门支取”。不经会计手续，动支、扣留征收、缴获的财物者“以贪污论处”。总之，各抗日根据地都建立了一套完整和严密的会计制度，并把会计的科学性与根据地的特殊性相结合，在抗日根据地财政管理中发挥着不可缺少的作用。

10. 统一审计制度。为了保证财政的统一，抗日根据地普遍建立统一的审计制度。晋冀鲁豫边区 1943 年正式颁布了财政审计制度、粮食审计制度和岁出岁入审计规程，规定：“一切收入非经审计核准不得征收，一切支出非经审计核准不得动支，违者以贪污论处。”山东抗日根据地 1942 年颁发《山东省审计处暂行组织条例》和《山东省审计暂行条例》，审计方法有三种：一是书面审计，包括各机关团体部队收支预算书、决算书、公营事业的营业报告、金库的收支报告及其应附表册等；二是实地审查，对各种书表认为有疑义者，或发现某机关团体、部队有贪污浪费时，派审计人员进行实地检查；三是委托审计，为工作便利和监督周密，审计机关可将一部分审计任务委托某些机关、团体、部队代为审查。发现情况通知其主管首长或派人实地审查核实，贪污舞弊情节属实，提请同级检查委员会检举。晋察冀边区的特点是分工合理，责任明确。边区审计委员会责任是；审计本区党政军民的编制人数；本区内军政民预决算；各部门机关生产收入及开支情况；各部门有无贪污浪费事项。驻各专区的审计员职责：掌握专区范围内的粮库及财粮收支数字，审核各项财粮收支书表；督促署、县按期报解粮款；检查检举署、县各部门浪费贪污事项；办理边委会财政处交办的其他财政事项。晋绥边区的《审计条例》共 8 章 45 条，包括预算审计、粮秣审计、被服审计等各个方面。规定不遵守本条例，构成贪污浪费情形者，按政府法令处理。特别值得称道的是太岳根据地的审计制度覆盖预决算的全过程，要求事前了解事情过程，事前要监督，事后要检查，这是抗日根据地审计制度最大特色和亮点。

从上可知，这次统一财政的范围和内容比中央苏区统一财政还要全面彻底，属于财政税收范畴的基本上都程度不同地进行了统一整顿，其广度和力度是前所未有的。

（四）统一财政特点与效果

这次统一财政的特点：一是具有广度和深度。所谓广度指地域范围包括所有的抗日根据地，所谓深度指各根据地的税收制度高度统一，特别是统一累进税。二是制度严密、规范程度显著提高。主要反映在各种财政税收制度的建立健全方面，尤其是财政预决算制度，从宗旨、框架、体系到执行环节无所不包，应有尽有，具体细微。预决算制度不仅建立在边区一级，而且各县和各区、村一级政府都建立预算，比国民政府的财政预决算制度并不逊色。即使其他制度也是值得肯定的，如会计制度也达到了完整和严密的程度，审计制度也非常健全详密。这在土地革命时期还做不到，当时主要解决从无制度到有制度的问题，统一中各项制度均处于初创阶段。三是具有民主性。主要体现在财政预算要经过边区参议会通过，参议会具有预算决定权，不是边区政府说了算，这是抗日民主政权在财政预算制度上的体现。所以，抗日根据地的财政预算是民主预算，财政是民主财政，这样的财政预算在中国历史上是没有的，它开创中国民主财政的先河，意义及其重大而深远。四是可行性强。如预算执行中规定各级征收机关依照地方收入条例中所规定的标准征收，不得超过岁入预算。说明政府不要求收入超额，不主张财政收入越多越好，很好地兼顾到政府与民众的利益，既保证了政府的财政收入，又不给纳税人增加超额负担，是非常可行的。这样不会挫伤民众的生产积极性，能够促进经济发展，使财源得到涵养，财政收入与财源建设形成良性循环，与国民政府竭泽而渔的做法形成鲜明的对比。五是创新性。抗日根据地财政预算分为经常性预算和建设性预算（也称为普通预算和营业预算）和临时性预算，这种复式预算是对我国清末以来单式预算的创新和发展，可以说为我国预算史的发展做出了贡献。又如在预算执行中集权与放权相结合，边区财政厅对各财政经济处的年度预算控制非常严格，但在执行时对下放权，将所有经费全部分给各处自己确定支配办法，这不失为一种创新。再如会计制度将科学性与根据地的特殊性相结合，也有所创造发明。

因此，这一时期统一财政的效果是很好的，产生了许多积极作用，不仅使初期的财力分散、制度不健全、自收自支、管理紊乱的财政状况得到根本好转，更重要的是壮大了根据地财力。如陕甘宁边区 1939 年总收入 8847427.72 元，总支出 8763659.47 元，收支相抵节余 84768.25 元。1940 年总收入 14329696.10 元，总支出 13712356.17 元，收支相抵节余 617339.73 元。1941 年收入由 1940 年的 1964132.79 元增加到 7871253 元，比上年增加了 4 倍。增速由 1940 年的 13.70% 提高到 30.77%，增加 17 个百分点。1942 年总收入 34887500 元，比 1941 年的收入增加了 16 倍，收支相抵结余 108733000 元[①]。1943 年总收入为 3201379221 元，总支出为 3184894837 元，盈余 16484384 元[②]。1945 年总收入 1610074317 元。陕甘宁边区财政收入大致呈直线上升的发展趋势，统一财初期 1937—1938 年大致保持在 10 万元；中期 1939—1940 年大致保持在百万元；后期 1941 年财政收入从百

---

① 陕甘宁边区财政厅《边区三十一年财政工作初步总结》1943 年；另载本年结余为 77958405.09 元。若把土产存货加上，合计为 97958405.09 元。

② 陕甘宁边区财政厅《陕甘宁边区三年来财政工作报告》1944 年 9 月。

万元台面跃上千万元，1942—1944 年财政收入从千万元跳上亿元，1945 年达到十亿元以上。财政收入直线上升当然是统一财政的结果，与财政分散是背道而驰的。财政好转是统一财政的最终目的，这个目的达到了，其他方面的效果是不言而喻的。

四、解放战争时期统一财政

1945 年抗日战争取得胜利后，国民党政府发动内战，连续三年的解放战争从此开始。解放战争开始后，中国共产党立足华北根据地，面对新中国的到来进行了第四次统一财政。

（一）统一财政的原因

这次统一财政原因与以往有些不同。首先，是独立的根据地财政难以适应解放战争大规模运动战的需要。解放战争时期，中国人民解放军力量大大加强，兵力由原来的 127 万发展到 280 万人。战略战术从防御转入战略进攻。1947 年 6 月刘邓大军强渡黄河进入鲁西南，向国统区展开大规模的进攻。从 1948 年开始，解放战争势如破竹，席卷全国。辽沈战役、平津战役、淮海战役，每次战役都有上百万军队，数千人支前，需要巨大的物资和资金供给，这不是一两个根据地能单独够满足的，只有走统一财政的道路将各个根据地联合起来才能适应解放战争大兵团运动战、大规模推进的战争模式，保障解放战争的全面胜利。

其次，是分散的根据地式财政不适应全国即将解放的形势需要。随着解放战争的迅速推进，“必然地走向全国的胜利”①，全国解放指日可待。这一历史性的伟大转折扭转决定了国民党政府的彻底覆灭，人民政权即将建立。为此，中共七届二中全会描绘了新中国的蓝图，新中国的建立必须有政治统一、军事统一，经济政策统一的基本条件，那么财政统一是必不可少的。但当时的根据地和解放区生产与供给仍然采取“统一领导、分散经营”的方针②。各根据地的财政工作基本上是自力更生，自成体系，自给自足的格局，存在着许多不统一的问题。一是货币不统一，货币不能相互流通，致使物质交流不畅；二是财经管理五花八门，难以协调；三是解放区之间存在着不必要的商业堡垒，如跨区贸易征税过多，专卖项目过多，专卖利润收取过高，区与区管卡林立，甚至相互封闭；三是各根据

① 《毛泽东选集》第 4 卷，人民出版社 1991 年版，第 1244 页。

② 《毛泽东选集》第 3 卷，人民出版社 1991 年版，第 1016 页。

地存在本位主义，统一领导不足，分散经营有余，缺乏互助共济精神。这样的分散独立的根据地式财政格局，是远远不能适应建立统一、和平的新中国的需要。

最后，从解放区的发展看统一财政是客观必然。随着解放战争的胜利发展，解放区不断扩大，逐渐连成一片。从 1947 年开始，首先华北、华东、西北三大解放区已连成一片，各地之间人为的分割也不存在，政治领导和军事指挥已经实现了统一。1948 年三大战役之后，全国的解放区基本上都连接起来。在这种统一的形势下，财政上的统一成为必然趋势，因为在统一的解放区不可能实行各种不同的财政制度。而且统一财政是统筹协调各地资源的前提，是发展解放区经济的前提，是保障解放战争胜利的前提。没有统一的财政，分散的根据地就没有统一的行动和计划，会造成区域间物资配置不均衡甚至出现纠纷，就不能建立一套适合新形势的财经制度，加强统一性、集中性，反对各自为政的状态，促进解放区发展经济，支援前线；在对敌斗争中如果解放区步调不一致、物资采购范围和品种不一致，也会给敌人可乘之机。所以，统一财政成为解放区走向扩大联合的客观必然。

（二）统一财政的进程

这次统一财政主要分四个阶段：第一阶段（1947—1948. 5），由于分散经营的根据地财政与大规模解放战争的需要不相适应，晋察冀中央局首先提出统一财政的倡议，中共中央召开华北财经会议，提出“财政必须统一”的重要性，由此取得统一财政的共识。会议决定成立华北财经办事处，统一各地区财政经政策，拉开了这一时期统一财政的序幕。第二阶段（1948. 6—1948. 9），解放战争开始大兵团作战，中央提出反对无政府无纪律状态，“不再搞联合政府，要搞统一经济”。为了加快统一财政的步伐，1948 年 6 月成立中央财政经济部，强化中央对统一财政经济的领导。接替华北财办工作，审查指导各解放区财政经济政策，研究统一解放区财政经济工作的方法步骤，统一全军的供给标准，保障战争的财政后勤；规定各解放区货币发行数量，核定各解放区财政预算，推进中央领导各解放区财经工作的组织保障和制度建设。促进分散的解放区财政向统一方向转变，逐步明确中央和各解放区的财经管理制度、机制，健全中央财经管理机构。第三阶段（1948. 10—1949. 6），为了配合中央财政经济部工作，成立华北财政经济委员会，具体实施财政经济统一工作。期间推进统一各解放区财政预算，通过制定一系列暂行条例统一税制、统一监督检查制度、统一金融货币制度。成立中国人民银行，发行统一的人民币。基本完成了以华北为中心的解放区财政统一。第四阶段（1949. 7—1949. 10），三大战役取得胜利后，为夺取全国胜利和建设新中国做准备，党的七届二中全会决定于 1949 年 7 月成立中央财政经济委员会，统一领导全国财经工作。期间调拨物资，平抑物价，确定一系列财政经济政策，协调各大解放区财力物力，基本完成全国解放区统一财政的进程。

（三）统一财政的内容

在新的历史时期，这次统一财政与以往大不相同。这次统一财政的主要任务是由中央协调各解放区财力和物资，统一调拨使用。实行中央统一制定的财政经济政策，这些内容都是以前没有的。

1. 统一解放区财力物力。解放战争时期抗日根据地变成了老解放区，新解放的地区称新解放区。随着解放战争的进展新老解放区逐渐连成一片，1946 年晋察冀、晋冀鲁豫两大解放区和山东渤海地区、西北的河东地区基本连接起来，为这些地区的财政统一创造了条件。由华北财经办事处开启解放战争时期统一财政的新征程。华北财办是由各根据地联合办公的机构，其职责是在中央领导下统一华北各解放区（东北暂不在内）的财政经济政策，指导华北各解放区统一财政工作的进行。华北财办制定了《华北各解放区目前财政关系调整办法》，调剂的原则是富区照顾贫区、特产区照顾需要区、出超区照顾入超区、战争较少区照顾战争频繁区。在此原则下，财力和物资可以跨解放区相互调剂，统一使用，使各解放区的财政工作开始走向统一。1948 年，华北与华东两大解放区连成一片，中央指示晋察冀根据地与晋冀鲁豫根据地合并成华北解放区，晋察冀根据地与晋冀鲁豫两个中央局合并成中共华北局，成立华北联合行政委员会。行政上统一带来财政是统一，为此，成立中央财政经济部，审查指导各解放区财政经济政策，收集整理、统计各种财政经济资料，研究统一华北、华东及西北三大解放区的货币工作，统一各解放区财政经济工作的方法步骤，筹备中国人民银行基金和货币发行工作，大大强化了财政统一的力度和速度。1948 年成立华北财政经济委员会，在中共中央指示下具体领导三个解放区的经济、财政、贸易、金融等统一工作。行政上统一由华北财委下命令，三区党政军保障华北财委命令的执行。华北人民政府发出《关于统一华北财政工作的决定》，明确了华北、华东、西北三区的财经管理关系，以华北为中心开展三区财经统一工作。指出为适应目前战争形势要求，统一全区财政税收政策，加强财政集中统一，使一切制度完全一致，更有计划，战争供应更加及时。1949 年东北、内蒙古全部解放，华北大部、西北一部分、长江中下游以北广大地区连成一片。党的七届二中全会决定建立新的全国性的财政经济领导机构，1949 年 6 月在中国人民解放军军事委员会成立财政经济委员会，7 月成立中央财政经济委员会，进一步推动财政经济的统一。期间召开财经会议，在全国范围内发动“银元之战”，统一金融市场；组织“粮棉之战”，打击投机资本，稳定全国物价；调整各财经部门关系，为统一全国财政经济积累了经验和奠定了基础。

2. 强化党管财政。从土地革命时期中国共产党就开始对统一财政工作的领导，发布文件和指示，制定相关原则，指引统一财政的方向。这一作用在抗日战争时期开始增强，特别是在解放战争时期尤为突出。华北财经会议建议，将银行合并，发行货币、负担标准、税收收入、专卖收益等权利集中于中央，中央斟酌各地的情况适时指导，调剂各解放区多寡有无。1947 年成立的华北财办，是直属中共中央和中央工委领导的机构，党管财政从原来指导性转为亲临性。华北财办对各解放区统一财政工作的指导意见，制定的财政关系调整办法等都是经过党中央审定批准的，代表着党中央的决定。由于华北财办是一个各解放区派财经负责人共同参与的联合办事机构，而且具有地域的局限性和机构的临时性，1948 年由中央财政经济部代之。中央财政经济部属于中共中央的组织部门，层次性和权威性大大加强。在职能上，它是党中央的财政经济参谋部和政策落实机关，在中央直接领导下指导各解放区的财政经济政策，在中央决定下协调各解放区之间财政收支和财政经济关系，进一步强化了党中央的统一领导。与此同时，各解放区党的财经领导机构相继建立，西北成立中共中央西北局西北财经委员会，东北成立中共中央东北局财经委员会，华东成立中共中央华东局财经委员会，中原和华中地区成立中共中央中原局财经办事处。在这种格局下，中央财政经济委员部负责统筹决策，各大解放区财经委员会负责组织落实，形成“统一领导、分级负责”的党的财经管理体系。

中央财经委员部为了加强党中央对财政经济的统一领导，保障各种政策的完全统一，1948 年 9 月制定了地方向中央请示报告制度。规定：涉及全国解放区通用的经济、财政、金融、贸易政策的制定，各大解放区财政调剂，货币贸易关系调整，纸币发行，白银和白洋等硬币的用途和分配，全局脱离生产人员（财政供养人口）数量及与人口数量比例，全年财政预算及供给标准的提高或降低，货币发行计划，税收政策、农业税、工业税、商业税、盐税及进口税的征收条例，对其他解放区货物来往的限制和管理办法，工资标准，公营企业、民营企业、合作社的工资标准，乡村工资制度和标准都要向中央请示报告，得到中央批准后执行，或由中央征询各地意见后作出决定。1948 年 10 月下发《关于各地定期向中央作经济报告事项的决定》，要求各地财委或财办抓紧建立完善向中央的经济报告制度，每月上旬报告上月货币发行数、累计数、金银与白洋积存数；每月报告一次各地物价及物价指数；每半年书面报告财政收支概算，公家人分类数目、发行货币及用途分配、人民负担[①]。由此，进一步加强了党中央对各解放区统一财政的领导，保障各项财经调整管理工作顺利开展和圆满完成。

进入1949年，随着全国即将解放，党的重心工作由乡村转入城市，党的七届二中全会对统一财政提出了新的要求，决定成立中央财政经济委员会，作为中央统一领导全国财政经济工作的指挥机构。这一决定不仅体现来党中央对财政经济工作的重视，而且使党中央在统一财政经济工作中的领导扩大到全国范围。1949年3月党中央亲自制定《关于财政经济工作及后方勤务工作中的若干问题的决定》，指出财政经济工作应该有重点地、有步骤地走向统一，老解放区的关税、盐税、统税、应有步骤地分别由中央统一管理。因此可知，党领导财政不是形势变化提出来的，而是统一财政经济的需要产生的，是贯穿革命战争始终长期存在的制度和机制。为了保障财政经济的健康发展和正确方向，党管财政是不可或缺的。

3. 建立独立自主的财政体系。解放战争时期统一财政，提出了建立独立自主的财政体系，把原来根据地的财政从收支层次提高到了体系的层次，这是一个极大的转变和进步。什么是独立自主的财政体系？从当时的情况看，一是放弃原来根据地以收支为主体的财政构架，建立完整的财政体制。革命战争初期的财政主要是收支，无预算、无监督、财政工作相当于会计工作，财政管理不成体系，现在要建立一个完整的体系，包括财政管理的各个方面，也即自成体系。二是将财政建立在经济发展的基础上。革命战争初期工作重心是军事，对财政工作重视不够，财政不是建立在经济基础上，而是靠各种方式筹集收入。现在要落实“发展经济、保障供给”的财政方针，把发展经济作为主要的财源，创造牢固的财政基础。三是财政要自力更生，自给自足。革命战争初期财政收入靠打土豪和外援，是建立在的别人的、外来的基础上，靠外财满足供给。现在要靠力更生到达自给自足，通过国家的税收满足财政需要，而且与生产、贸易、金融、货币等方面结合起来，使财政具备雄厚的来源与保障。这样的财政就是独立自主的财政。

4. 统一财政。首先，统一财政收入。华北财经会议规定了财政收入的总方针：广开财源，增加财政收入。一是取之于民。改进公粮制度和税收工作，增加财政收入；扩大征收面，降低累进率，提高农民生产积极性；贸易管理和奖励生产相结合，既保证收入又刺激经济。二是取之于己 。政府机关生产以农业、手工业和运输为主，机关部队的商店归工商局统一管理经营。三是取之于敌。战争缴获物资归政府财政部门，作为财政收入，严禁私自扣留。

---

① 赵秀山、冯田夫、赵军威：《华北解放区财经纪事》，中国档案出版社2002年版，第333页。

其次，统一财政支出。华北财经会议决定，财政支出的原则首先保障战争供给，这是财政支出的基本原则和首要任务。华北财办成立后审查部队及地方人员编制和供给标准，进行适当调整。中央财政经济部统一了全军的供给标准。

最后，统一财政预算。1948 年 10 月，统一了各地财政预算编制，并编制实施了 1949 年度华北地区财政预算。1949 年 1 月详细规定了华北区各级财政预算的岁入岁出概算、预算及决算的编制政策，并将财政预算列入审查范围之内，特别是岁入岁出概算的重大变化。1949 年 3 月中央财政经济委员会规定，各解放区财政收支预算均须送中央审核。

这时期统一财政还对村财政进行了整顿。随着农村土改运动的推进，乡村财政成为这一时期统一财政的重点之一。乡村财政存在着无制度、浪费严重的现象，有的村开支占到区粮款的 40%—50%，甚至超过农业累进税的总额①。华北财办开始对乡村财政进行整顿：一是建立财政体制，如县政府实行统筹统支，村政经费根据需要领取；二是县政府严格制定收支标准，由村民民主评议，经区公所核准，村组织按照标准自筹自支，按期结算账目，送上级审查公布；三是根据不同地区实际情况实行不同收入标准，如晋冀鲁豫边区村民税收负担，人年约负担 5—6 斤小米；四是整理公产、公款投资合作生产，以其收益补助村政开支；五是制定村开支项目，包括村政经费、教育费、民兵武装费、拥军费等临时开支，除此不能随便增设支出项目。这次统一财政延伸到村级是以前没有的，说明统一财政有了新的深度，从上到下实现了统一。

5. 统一税制。1947 年华北财办期间，着手研究解放区税则税率。各地人民负担，尽可能做到统一。1948 年华北财政经济委员会时期，召开华北首届税务会议，进一步统一解放区的税制。对税收政策与保护工商业的关系、税收工作与各方面的关系作了说明。讨论通过了华北工商业所得税暂行条例草案，华北区小商贩牌照税暂行办法、华北区货物税暂行办法，华北区人口税暂行办法等七种税暂行条例草案，制定了 11 种手续费法。此年 12 月，发布《华北区营业牌照税暂行办法草案》《工商业所得税暂行条例施行细则草案》《华北区农业税暂行税制》。农业税共 7 章 33 条，与以往税制不同的是，改过去累进税则为有免征点的按比例征税的单一税制，规定由土地所有人缴纳农业税，每一负担亩年征小米 25 市斤。同时发布《关于推行农业税则的决议》，普遍开展土地清丈，确定土地产量。1949 年发布公营企业征收工商业所得税的规定，均以其纯收益征收，税率分三

① 薛暮桥、杨波：《总结财政工作 迎接全国胜利——记全国解放前夕两次重要的财经会议》，中国财政经济出版社 1996 年版，第 71 页。

种：工矿业为12%，商业为15%，电业和运输业为10%。这一时期解放区的税制基本达到了统一，特别是老解放区。

6. 统一货币金融。随着解放区的扩大与合并，货币不统一的问题进一步显现，影响大兵团作战和支持战争的物资交流，特别是解放区各自发行货币解决财政赤字引起物价波动，对战争供给改为不利。1947 年 4 月华北财经会议上首先提出成立统一银行、发行统一货币的建议，但因条件不成熟没有得到中央的批准。1947 年华北财经办事处在召开的华北金融贸易会议上指出：货币的统一不仅是金融方面的问题，它与财政的统一有着密切关系。会后开始着手制定统一货币的计划：一是掌握各解放区货币发行额和预算，了解各解放区票币的互换率和生产物价，做好成立银行的准备。二是发行少量的统一货币，作为各解放区汇兑差额的划拨使用，市面也可以流通。统一货币与各解放区货币实行固定比价，互相兑换，保持统一货币的比值。三是逐渐增加统一货币发行量。四是停止各解放区货币的使用，发行统一货币。五是用统一货币收回各解放区票币，形成统一的货币市场[①]。1947 年 8 月，董必武致电中央，建议组建中国人民银行，发行统一货币，并成立了中国人民银行筹备组，加紧筹备工作。1948 年 3 月，晋察冀和晋冀鲁豫合并后，两区货币以 10∶1 的比价相互流通。在此基础上，以冀南银行为基础合并晋察冀边区银行，成立华北银行，确定冀钞为华北地区本位货币。华北解放区的货币统一为全国货币统一奠定了坚实的基础。1948 年 10 月，经中央批准，华北区的冀钞与华东区的北海钞、西北农币互通，实现了三大解放区货币统一流通。11 月，北海币与华中币通用。华北银行、北海银行和西北农业银行合并。12 月中国人民银行成立，以华北银行为中国人民银行总行，在全国统一发行人民币，按比价收回原旧币，至此统一货币基本完成。

与此同时，统一金融政策也取得一定进展。1948 年 3 月，为了发展解放区金融贸易和城市工商业，华北财办对贷款、利息、私营银钱业作出具体规定。城市贷款政策方面，商业贷款要次于工业贷款，对能够帮助人民生活生产困难的商业也应发放贷款支持；在缺乏发展工业条件的城市，银行贷款首先是工业作坊和家庭手工业；对公私企业银行要给予不同程度的帮助。在利息政策方面，规定利息高低在物价上涨时不应机械地加以限制，应以不超过工商业平均利润为标准。对私营银行、银号予以保护，使期发挥积极作用，但一般不予贷款。对确实有利于国民经济发展的银号应给于透支和贴现等方便。对越出业务范围投机囤积、助长

① 薛暮桥、杨波：《总结财政工作　迎接全国胜利——记全国解放前夕两次重要的财经会议》，中国财政经济出版社 1996 年版，第 371 页。

物价波动的行为严加管理。金融政策的统一在一定程度上稳定了市场，安定了人民生产生活。

7. 统一审计审查制度。1948年华北财办时期，建立了健全的审计制度，对财政干部的审查制度。华北财经委员会时期，颁布《华北区暂行审计规程》，主要涉及9各方面：即审定人员负担量、财政供养人数、各项开支标准、收支预算、经济建设计划、公营企业投资、机关生产财务、与外区财政调剂、临时性事业费、总预算与各项收支的重大变化等。

（四）统一财政特点及效果

这次统一财政财政的特点是非常明显的。一是范围更加扩大，土地革命时期的统一财政是每个苏区的财政，抗日战争时期统一财政是中央作出决定各根据地进行统一，这次统一财政的范围包括原来的根据地和新开辟的解放区，包括华北、西北、华东和长江中下游以北广大地区，范围比任何时期都大。二是统一的内容多。以往各时期统一财政主要以财政为主，涉及金融方面的主要是银行代理国库，这次统一的内容非常丰富，除了财政方面金融也是很重点之一，将统一金融作为统一财政的组成部分。同时还包括经济、贸易、运输、邮政、电讯等方面，以财政、金融为中心，多管齐下促进了统一财政的效果。

三是有高度和深度。高度体现在明确提出建立独立自主的财政体系，这是一个划时代统一财政的目标，是革命战争时期根据地财政发展历史上一个值得关注的转折，是今后财政发展的崭新的、科学的目标。深度体现在乡村财政的统一整顿。以往统一财政往往把重点放在上层财政，最多到县一级，到乡村的较少。这次深入到乡村一级，财政的最底层，从上到下都得到了统一。四是体现了党对于财政的领导作用。和以往相比，这次统一财政可以说至始至终是在中共中央的亲自指挥下完成的，充分体现了党管财政的必要性、正确性、科学性。没有党中央的决策、领导、协调，如此大规模、高难度的财政统一是难以顺利完成的。

以往各时期统一财政相比效果更加显著。其标志之一，是全国的解放区财政达到了基本统一，所有的解放区实施中央统一的财政制度与政策，可以说取得了前所未有的统一。二是从财政本身看其制度体系、管理体系比以往都健全完善，为新中国财政做好了充分准备和打下良好的基础。三是成立中国人民银行，发行统一的人民币，金融货币空前统一，这是以往统一财政未能做到的。四是统一财政还取得了综合效应，除了财政金融以外，经济、贸易、运输、邮政、电讯等方面都随之得到改善，体现了财政对经济的促进作用。

五、新中国初期统一财政

1949年新中国成立后，进行了中国共产党历史上第五次空前浩大的统一财政工作，也是最后一次统一财政。

（一）统一财政的原因

首先是新中国成立对财政的新要求。新中国成立后，建立了中央人民政府，国家的统一和政权的统一必然要求财政的统一。但当时面临的情况与政治统一还有不匹配的方面：一是长期受“分散经营”的影响，解放区仍然存在着山头主义、本位主义，缺乏全局观念，不能以国家整体利益和长远利益为重；二是在财政管理上各地仍然存在一些自收自用的现象；三是解放战争时期统一财政主要是发行货币和财政支出方面的统一，其他方面如财政收入方面还没有统一，主要收入公粮和税收等均掌握在大行政区、各省、市县人民政府手里，收入的多寡、迟早中央无法确实把握。收入与支出脱节不仅不利于中央统一调度，而且削弱了本来就不大的财政力量，加剧了财政困难。

其次是国家财力与支出需要不匹配。新中国建立初期经济形势非常严峻。一是国民党反动统治和反人民战争造成的经济凋敝、千疮百孔、物价飞涨、民不聊生，国民经济处于崩溃状态。农业遭到严重摧残，1949年与抗战前的1936年相比全国牲畜减少26%，主要农具减少30%[①]，农村劳动力仅华北地区就比战前减少1/3。农田水利年久失修，仅1949年全国遭水灾的耕地达1.22亿亩，粮食减产100亿斤以上[②]。城市经济陷于停滞，工厂停工、工人失业、物价飞涨，人心恐慌。国民经济停滞，1949年工业总产值比1936年下降一半[③]。人民生活困苦不堪，1949年全国灾民达4000万，其中急待救济的灾民达700万人。铁路交通基本瘫痪，有线电网破坏殆尽。二是解放战争还在继续，西南、华南、海南岛、舟山群岛、新疆、西藏还没有解放，1950年又发生了抗美援朝战争。军费开支巨大，1949年军费占财政支出的50%以上，1950年仍占到41.1%。三是行政费快速增加。由于国家行政管理机构普遍建立和包揽的大量旧军政人员，每年大约要多付出相当于600万吨小米的支出，约占1949年国家财政收入的39.6%。四是通货膨胀，物价飞涨，国家需要大量的棉粮等物质稳定市场。百废待兴需要大量的

---

① 中央财经委员会编：《1949年中国经济简报》，1950年版。

② 国家统计局：《建国三十年全国农业统计资料（1949—1979）》，1980年版。

③ 中央财经委员会编：《1949年中国经济简报》，1950年版。

资金，据不完全统计，1949 年各解放区在工业上的投资约合细粮 350 万吨，交通投资约合细粮 150 万吨，合计 500 万吨。在 1950 年的预算中用于经济建设的支出折合细粮达 710 万吨。但国家的财力极其微弱，1949 年财政收入 303 亿斤小米，支出 567 亿斤小米，支出几乎是收入的 2 倍；1950 年财政收入 65.2 亿元，支出为 68.1 亿元，出现赤字 2.9 亿元。从 1951 年虽然开始出现节余，但数量很小①。在财政严重入不敷出的情况下，要完成经济恢复必须要统一财政，集中所有财力保障国家经济军事行政等各方面的需要。

最后是调整中央与地方财政关系的需要。中国共产党领导的革命根据地，从一开始就是"统一领导，分散经营"，历次统一财政都是在每个根据地范围内进行统一，中央政府与地方政府的财政分配关系没有统一明确的规定。特别是抗日战争时期，中央红军达到延安以后，中央财政部改为陕甘宁边区政府财政部，党中央财政支出由陕甘宁边区政府负担。解放战争时期各解放区财政收入主要满足自己的支出，上缴党中央也没有制度规定。财政支出方面，中央政府负担军费、政费、经济建设费、救济费等主要支出，地方支出不足中央还要补助。但财政收入没有统一上缴的规定，公粮、税收、国有企业利润等主要收入仍然是地方的收入，大部分为地方政府分散使用。由于中央没有可靠充足的财政来源，只能发行货币维持必要的开支。1949 年中央财政支出 30% 是税收，66% 靠发行货币。1949 年 7 月底，发行人民币（旧币）2800 亿元，11 月底发行 16000 亿元，不到 4 个月增加近 5 倍②。货币超量发行加剧通货膨胀，对稳定物价造成困难。这种分配格局在战争年代是可以的，但全国解放后党中央肩负的经济建设任务更多更大，没有足够的财力是完不成的。要改变原有中央与地方的财政分配关系，调整二者之间的分配关系，需要通过统一财政把地方财政收入上缴中央，保障中央财政支出与财政收入的均衡，完成建国初期的国民经济恢复和工业化建设大业。

（二）统一财政的内容

新中国成立后，中央财政经济委员会改为中央人民政府政务院财政经济委员会，在党中央的领导下统一领导全国财政经济。1950 年 3 月政务院发布《关于统一国家财政经济工作的决定》，中共中央向各级党委发出《关于统一国家财政经济工作的通知》，要求各级党委用一切办法保障决定的全部实施。

1. 统一全国财政收入。政务院专门作出《关于统一管理 1950 年度财政收支

---

① 国家统计局编：《中国统计年鉴》，中国统计出版社 1983 年版，第 446 页。

② 宋新中主编：《当代中国财政史》，中国财政经济出版社 1997 年版，第 49 页。

的决定》，规定所有的收入上缴中央，财政收入的所有权、决定权、使用权、调拨权完全集中在中央，地方政府只有征税和保管的权力。当时财政收入主要是公粮、税收和企业利润及一部分折旧费，公粮除5%—15%的地方附加粮外，其余全部由中央统一调拨，省市县没有中央命令不得调拨公粮，也不得拒绝中央调拨公粮的命令。公粮入库、交付、保管和运输等各项规定，一律由中央财政部制定，省市县人民政府只负有保管和运送公粮的责任。除集中起来的口粮、救济粮、残废军人优待等粮食以外，不经批准各地不准调拨公粮作为经费。公粮的征收额和地方的附加额由财政部申报政务院批准实施，地方未经中央批准不得随意增加和改变。征收公粮的税则、税率，统一由中央人民政府政务院规定，地方未经中央批准不得随意改动。税收除中央批准由地方征收的以外，关税、盐税、货物税、工商税收入均归中央人民政府所有。薪给报酬所得税、存款利息所得税、印花税、遗产税、交易税、屠宰税、特种消费行为税、房产税、地产税、使用牌照税、牧税、码头使用费以及其他地方捐税，统由中央人民政府财政部根据各大行政区、各中央直辖省（市）人民政府全年的财政预算，划归地方留用。国营企业除按时纳税外，需将利润及基本折旧金的一部分按隶属关系如期缴纳中央或地方金库，上缴数额和分期解缴的数额由中央财政经济委员会和地方政府根据具体情况分别作出规定，由中央统一掌握，各级人民政府及其财政部门必须负责保证收入不得减少。

2. 统一全国财政支出。《关于统一管理1950年度财政收支的决定》还规定：各项支出均列入预算由财政部统一分配，没有中央人民政府财政部的支拨命令不得动支。军费开支由军事系统按月按季编造预算，逐级审查，由军事委员会总后勤部批准后，转请中央人民政府财政部核实后支拨。中央政府的行政、外交等费用，中央直管的大中小学经费和机关团体经费、中央直属卫生事业、社会事业（包括优军、抚恤、救济等费）、经济建设费和国营企业投资等费用，由中央政府财政部按全国收支概算逐项审核开支。

3. 统一中央与地方财政分配关系。按照“统一领导，分级管理”原则，全国分为中央、大行政区和省（市）三级财政。根据企事业和行政单位的隶属关系和业务性质，划分中央财政收支和地方财政收支，确定中央与地方的收入解交比例。地方财政收支额中央每年核定一次，支出首先用地方财政收入，不足部分按比例扣留抵补。地方收入中央规定任务，超收部分中央提成50%—70%。收支结余分别列为各级财政收入，并编入本年预算。中央与地方分配关系坚持“中央为主，统筹兼顾”“先大公后小公”的原则，首先保障中央收支，同时兼顾到地方收支。

4. 统一全国税收制度。首先彻底清理和废除国民党政府一切田赋、税收和苛征杂税，其次建立社会主义性质的统一税制。1949 年 11 月财政部召开首届税务工作会议，全面研究了统一全国税制、制定统一税法等问题，草拟《全国税政实施要则》，1950 年由政务院颁发。要求全国各地实行的税种、税收、税目不一致的状况要迅速加以整饬，在短期内逐步达到统一。规定除农业税以外全国实行十四种中央税和地方税。公、私企业和合作社一律照章纳税，外侨及其所经营的企业也要遵守中华人民共和国税法纳税。此后，政务院相继发布了各有关税收的暂行条例，对地区性的税收税法进行了整理。从此建立了全国统一的新税制，结束了我国税政长期不统一的局面。

5. 统一各级财政预算。财政预算由中央政府财政部根据全国财政收支总概算会商有关部门统一编制，分别呈中央政府政务院批准或转呈中央人民政府委员会批准后实行。各大行政区、各中央直辖省（市）人民政府，根据全国财政收支总概算和各地具体情况，编制本行政区（包括所属省市在内）、本省（市）政府的全年财政收支预算及分月分季的财政收支计划，报中央政府财政部核定后执行。

6. 统一全国物资管理。由于当时财力物力十分缺乏，统一物资管理成为统一财政的重点之一。中央成立全国物资清理调配委员会，各地成立工商业仓库物资清理调配委员会，指导清查所有库存物资，由政务院财经委员会统一调度。中央政府贸易部统一规定各地国营贸易机构的业务范围和统一负责物资的调配，不受地方政府的干预。企事业单位购置物品要通过财政批准拨款，所有部队、机关不得擅自经营商业。

7. 统一政府编制和供给标准。为了加强财政支出管理，严格控制政府人员编制和供给标准。中财委成立以薄一波为主任、聂荣臻为副主任的全国编制委员会，各大区、省、市均分设编制委员会，制定各级国家机关的编制数额与供给标准。各机关未经批准不得超过编制自行增添人员，编外和编余人员由全国和各地编委会统一调配。这是此次统一财政的杀手锏，没有编制就无法增加支出，起到了釜底抽薪的作用。

8. 统一全国现金管理。指定中国人民银行为国家现金调度的总机构，国家银行设立分支机构代理国库。外汇牌价和外汇调度由人民银行统一管理，严格控制外汇审批权，国营企业和国家机关申请外汇必须由中央财经委员会批准。军政机关和公营企业的现金除按规定保留若干近期使用外，一律存入国家银行，不得对私人放贷，也不准存入私人银行、钱庄。资金往来一律使用转账支票，由银行统一拨款。银行资金使用按期编制收支平衡计划，有计划地调节资金的流动。国家银行可以大量吸收公私存款，但使用时不得超过政务院财经委员会规定的限度。

9. 实施统一的监察监督制度。严格执行审计制度、会计制度和财政监察制度，做到核实人数，核实开支，节余缴公，无预算不拨款，无会计不审核预算。坚决纠正以临时批拨代替审核的做法，建立严格的支领手续及报表制度，定期结报。

（三）统一财政的特点及效果

这次统一财政的特点，一是一揽子方式，不仅仅是统一财政，同时统一物资、现金管理，统一编制和供给标准，涉及财政、物资、现金、金融、编制等各个方面。这种一揽子、同步进行模式起到了既相互促进又相互制约的双向作用，弥补了单兵独进四面牵制的弊端。说明布局缜密，计划周到。二是运作迅速。这次统一财政从1950年3月政务院发布《关于统一国家财政经济工作的决定》算起，至6月底全面完成，仅仅用了四个月的时间，速度之快在中国历史上是空前的，说明领导重视，措施得力，雷厉风行，体现了人民政府的效力。三是范围极大。统一财政是全国性的，除了东北和少数还没有解放地区外所有的解放区都包括在内，这是空前的，以往的统一财政都是区域性的。如此大的范围能够短时间完成财政统一，不仅反映了民众对政府的信任，而且也说明社会主义制度的优越性。四是统一程度高。即全国达到了高度的集中统一，财权、财力，税收、税目、税率，公粮支出权、物资调配权都集中在中央。正如陈云所说的，决定权必须在最高司令部手里，不能分散在各地方。这次财权财力集中的程度是中国共产党历史上最高的，标志着统收统支的财政体制此时已经达到完善阶段。

这一时统一财政的积极效果更加显著：一是除西藏、台湾等个别尚未解放的地区外，全国实行统一的财政制度，统一了思想、统一了意志、统一了行动，全国财政从此形成一盘棋。国家可以随时了解全国财政收支情况，有利于新中国政治、经济、社会有计划、按比例发展。二是国家财政出现好转。由于统一财政集中了资金，严格支出，厉行节约，财政赤字大幅下降，1950年财政收支基本实现平衡。三是由于财政收支基本平衡，金融物价基本稳定，国民党政府遗留的物价飞涨、市场波动的局面基本结束。因此，对这次统一财政毛泽东给予极高的评价，指出不亚于淮海战役。刘少奇指出：这是“从中央人民政府成立以来，为人民所做一件最大的工作”①。

综上所述，中国共产党领导下的统一财政工作在各个历史时期是必要的，方

① 刘少奇：《1950年在北京庆祝“五一”劳动节干部大会上讲话》，转引自宋新中主编《当代中国财政史》，中国财政经济出版社1997年版，第49页。

向是正确的，措施是得力的，效果是显著的。

六、统一财政的意义与启示

对于建党百年中历次统一财政学术界和史学界之所以重视不够，是没有认识到它的重大意义。只视为一般的行政管理，以为没有实质性的内涵。其实恰恰相反，意义是重大而深远的。

（一）对新中国财政形成与发展的意义

1. 实现了中国近现代以来财政的空前统一。中国自清末开始财政就出现分裂状态，地方上解中央税收的制度遭到破坏，各地财政保持独立和半独立。北洋政府时期，军阀割据，地方完全独立，互不隶属，各自为政，中央财政有名无实。国民政府时期，虽然制定了财政体制、税收制度等，但实行中却大大折扣，特别是国民政府统治的后期财政更加混乱。从中国共产党领导的土地革命时期开始，根据地财政就开始向统一的方向努力，到解放战争时期迈出了更大的步伐，全国的解放区财政得到统一。新中国初期实现了全国性的完全统一，从根本上扭转了半殖民地半封建的旧中国财政经济从来不统一的混乱局面。这是中国共产党创造的人间奇迹。统一的财政，彻底消除了历史上各自为政、自收自支的现象，财政集中财力办大事，由弱小走向强盛，成为国家治理的基础和支柱，对中国财政事业的发展意义重大而深远。

2. 为国家财政论形成奠定基础。所谓国家财政，从分配主体看是指以国家为分配主体，即为了实现国家职能的需要参与社会产品的分配和再分配，以及由此形成的国家与各有关方面之间的分配关系。从经济学的意义理解，财政是一种以国家为主体的经济行为，是政府集中一部分国民收入用于满足公共需要的收支活动，以达到优化资源配置、公平社会分配和稳定经济的目标。换言之，财政是以国家为主体的社会资源配置活动。国家财政的特征：首先国家是财政分配的前提，财政分配是在全社会范围内进行的集中性分配，国家在财政分配中处于主动和支配的地位；其次财政分配的对象是社会产品，分配的目的是保障国家实现职能的需要。从财政分配的模式看，国家财政又应该是集中统一的，而不是分散的，主体多样性。一切从国家大局出发，而不是从局部、从部门、从个人出发。这就决定了国家财政论的形成离不了财政体制统一、财政制度统一、财政政策统一、财政预算统一、税收制度统一等先决条件，而这些条件是经过长期的统一财政取得的。中国共产党领导的历次统一财政都是消除财政分散、独立、各自为政、自收自支的过程，是财政走向统一集中的过程，是强化国家为分配主体的过程。特别是解放战争时期和新中国初期的统一财政，彻底消除了本位主义、山头主义、自由主义，中国财政实现了空前而高度统一，无疑为国家财政论奠定了与之相适应的基础，可以说国家财政论是在长期的统一财政中形成的。从市场经济的视角审视，国家财政论似乎过时了，但与我国计划经济时期的国情是适应的，是我国计划经济时期财政发展的理论依据，在当时有着积极的意义。

3. 促进新中国财政体系发展完善。实践表明，一种新的制度体系不是在短期内形成的，而是要经过长期的实践来完善，新中国的财政体系就是经过历次统一财政而完成的。土地革命时期根据地财政制度经历了一个从无到有的过程，比起后面各时期可以说很不完善，还属草创阶段；抗日战争时期根据地财政经过一个不完善到完善的过程，初期财政制度不太完善，从中后期开始逐渐完善。解放战争时期解放区财政同样经过了这样一个过程，面临解放区扩大合并的新形势财政制度是不完善的，经过统一财政达到完善。从土地革命时期到新中国初期近50年中，历次统一财政清楚地再现了中国共产党领导下的财政的发展轨迹：统一财政的步履一次比一次大，统一的范围一次比一次宽，统一的程度一次比一次深，最后形成了新中国的财政制度体系。财政体系和框架从萌芽发展到成熟，从残缺发展到完善，从分散发展到统一，从混乱发展到规范，从新民主主义财政发展到社会主义财政，经历了伟大的转折。应该说新中国的财政体系就是这种反复统一的产物，反复统一的过程就是新中国财政体系形成完善的过程。如果对比一下，新中国的财政收支制度、预决算制度、金库制度、粮食供给制度、会计制度、审计制度在革命战争时期都已经形成。税收方面，革命根据地的农业税、工商税、货物税、营业税、所得税、进出口税、贸易税、盐税、烟酒税，牲畜交易税、屠宰税等，都被新中国初期所接受，二者没有太多的本质区别。新中国初期之所以在较短的时间内建立起全国性的财政体系、税收体系，不再沿袭国民党政府的旧制度，原因就在这里。如果说新中国初期财政制度是革命根据地时期财政制度不断完善的产物和结果，那么统一财政就是新中国财政制度体系的助产婆。

4. 催生新中国统收统支财政体制的形成。中国共产党领导的统一财政，还有一个意义就是催生了统收统支的财政体制产生。新中国的统收统支财政体制源自于土地革命时期的统一财政，即统一收支的结果。中央苏区统一财政中提出财政统一就是将全国的税收完全集中在中国财政部，由中央财政部管辖之国库或分库收存，不得存留与地方机关，所有经费开支均向财政部具令，这是统收统支的高度集中的财政体制的雏形。抗日战争时期根据地得到普遍的认可，成为统一财政的共同方向。陕甘宁边区最早实行统筹统支财政体制。晋察冀边区也在统一财政中制订各项有关统筹统支的规章制度，准备全面实施，部队给养统一由政府筹支①。晋冀鲁豫边区宣布五条财政建设基本方针，其中最主要的一条就是统收统支。山东抗日根据地开始“实行给养统筹统支”②，战工委成立后明全面“实行统筹统支”。“统筹统支”就是“统收统支”财政体制的时称。晋绥、华中等其他抗日根据地都实行了这一体制。经过抗战时期的统一财政，根据地全面实施了统收统支财政体制。新中国初期统一财政，统收统支财政体制得到进一步完善，并成为我国计划经济时期法定的财政体制。可知，新中国统收统支财政体是在中国共产党历史上历次统一财政中形成的，换言之，新中国计划经济时期“统收统支”的财政体制是革命战争时期“统筹统支”财政体制的延续和发展，没有这样的一个长期形成的过程是不行的。统收统支的财政体制适应了新中国初期的国情，发挥了不可或缺的积极作用，应该归功于历次的统一财政。

5. 促进规范化财政管理体系的形成。财政管理的规范化与随意性是对立的，革命根据地财政如何使随意性变为规范化是一个艰难的过程，因为战争年代的特殊情况，许多客观条件不允许，主客上也会产生就事说事的习惯。但在统一财政中通过建规立制立法和监督检查，对随意性逐渐消除，使规范化不断形成。闽西苏区统一财政之前管理非常混乱，在历史上是比较突出的，统一财政后发生了显著变化，使原来一团散沙的财政开始走向有章可循的轨道。中央苏区通过统一财政改变了原来无制度、少制度、制度不全等各种现象，改变了原来各苏区有人无机构、有机构无人、机构不全、名称不一等现象，改变了原来各自为政、自收自支的无政府状态，财政管理机构基本健全统一，税收管理不再出现流失、浪费贪污现象，走上了规范的道路。抗日战争时期根据地在统一财政中转变了原来各机关经费无预算、有了预算又不严格执行、编造经费夸张、打折扣、打埋伏等风气，废除了浮报冒领及吃双份粮的陋习，纠正了各县乱吃公粮的现象③。财政管理比土地革命时期更加严格，树立起遵法守纪的新作风。通过这样长期的努力和改进形成了新中国规范的财政管理体系，从中国财政的规范化、法制化建设看也是有颇有意义的。

（二）对新中国军事、政治、经济的意义

1. 保障了革命战争取得全面胜利。从闽西苏区开始，财政支出就把军事费用放在第一位，军队支出占总支出的80%以上。军队的供给标准以及军事学校的供

① 《晋察冀边区财政经济史资料选编》总论篇，南开大学出版社1984年版，第80页。
② 《山东省革命历史档案资料选编》第5辑，山东人民出版社1987年版，第134页。
③ 《抗日战争时期陕甘宁边区财政经济史料摘编》第6编，陕西人民出版社1981年版，第643—644页。

给标准优先保障，保障了军队的战斗力。中央苏区的财政主要目的也是满足战争所需和军事所需。如中华苏维埃临时中央政府财政人民委员部部长邓子恢明确指出：目前中央政府正在动员一切力量，执行全线进攻，以粉碎敌人第四次“围剿”。“在这个时候加紧财政工作，转变过去依靠红军筹款的路线，做到政府供给红军战费，使前方部队解除筹款任务，迅速进攻敌人，更快争取中心城市，以发展革命新的局面，是目前财政工作的总的任务。”①实践证明，统一财政有效支持了粉碎国民党军队的历次“围剿”。全面抗战持续八年，军事支出始终保持第一位，统一财政是支持抗战的坚实后盾。如陕甘宁边区“在财政支付比例上来说，军事第一，生活第二，必要事业与干部教育次之”②。豫鄂边区行政公署的财政支出坚持统筹兼顾、分清主次，首先保障部队的供给，1942 年“军费开支占边区总支出的百分之八十”。解放战争时期和抗美援朝时期更是如此，1949 年财政支出 567 亿斤小米，军事支出约占总支出的 50% 左右；1950 年财政总支出折合 68.08 亿元，仅抗美援朝军费就达 28.01 亿元，军费占财政总支出 41.14%；1951 年财政总支出是 122.49 亿元，军费支出达到 52.64 亿元，占财政总支出 42.97%；1952 年财政总支出 175.99 亿元，军费支出达 57.84 亿元，占总支出的 32.87%③。统一财政对革命战争全面胜利的意义是巨大的。

2. 巩固了红色革命政权。红色政权建立后如何维护和巩固是一个政治问题，也是一个经济问题，说穿了是财政问题。没有财政作保障政权是难以持久的，而统一财政为红色政权创造了牢固的基础。闽西苏区统一财政后财力得到集中，不合理开支得以取消，跑冒滴漏得到堵塞，贪污浪费得到禁止，使苏区越来越巩固和发展，很快与赣州瑞金苏区连成一片，成立了中央苏区，成为当时全国最大的苏区。革命红色政权之所以能够从闽西发展到赣南、粤北、闽中地区，形成燎原之势，一个重要的原因就是有坚实的财政基础，如果不统一财政，这样的发展形势是难以想象的。抗日战争时期国共分裂之后，国民党用停发经费和经济封锁企图扼杀抗日根据地，军政人员“几乎没有衣穿，没有油吃，没有纸，没有菜，战士没有鞋袜，工作人员在冬天没被盖”④。摆在面前的只有三条道路：一是向人民要钱要粮，二是大家散伙，三是饿死。毛主席说第二、第三条都不好，而且大家也不愿意，只有实行第一条路⑤。走第一条路，靠的就是统一财政集中一切财

① 邓子恢：《目前各级财政部门的中心工作》1932 年 9 月 13 日，转引自《中央财政委员部训令第六号》。
② 《抗日战争时期陕甘宁边区财政经济史料摘编》第 6 编，陕西人民出版社 1981 年版，第 446 页。
③ 财政部综合计划司：《中国财政统计》，科学出版社 1992 年版，第 105 页。
④ 《毛泽东选集》第 3 卷，人民出版社 1991 年版，第 893 页。
⑤ 南汉宸：《在边区专员县长联席会报告记录》，1941 年 10 月 17 日。

力，1940 年筹集公粮 9 万石，1941 年 20 万石，1942 年 16 万担，使陕甘宁抗日民主政权得以存在。新中国初期，帝国主义对中国实行封锁，美国入侵朝鲜炮击东北，蒋介石叫嚣反攻大陆，在危急时期国家财力犹如杯水车薪，正是统一财政集中了全国的财力物力，粉碎了国内外反对势力的围攻和封锁，捍卫了新中国刚刚诞生的人民政权。

3. 促进国民经济恢复与好转。革命战争年代，根据地通过统一财政集中才不仅首先保障了战争需要，同时也支持了根据地的经济发展，经济建设支出长期保持在总支出的第二位。毛主席提出“发展经济，保障供给”准确地概括了战争与经济的关系。如果说土地革命时期统一财政对支持经济发展的意义还不显著的话，那么抗战时期支持根据地经济发展和军队大生产运动的效果就非常显著了。解放战争时期支持解放区土改经济发展更加出色，毛主席形象地概括“军队向前进，生产长一寸”。这里需要强调的是，根据地财政能够支持经济发展是通过统一财政集中资金办到的。尤其是新中国建立初期，国民经济处于崩溃状态，百废待兴就是统一财政集中的资金完成的。1950 年财政总收入 5254260 亿元，总支出 5949020 亿元，经济建设支出占总收入 27%，占总支出 23.9%[①]。“一五”时期完成“一化三改”财政支出总额需要 766.4 亿元，折合黄金 7 亿两以上。由于财政统一筹集到 1241.75 亿元，中央财政支出占 79%[②]，保障“一五”计划圆满完成。

（三）统一财政的启示

从土地革命时期到新中国初期近 50 年中，中国共产党领导下的统一财政，边统边建、破立结合，包含着丰富的经验。有发展、有创新，有亮点，对当前财政改革发展具有颇多启示。

1. 民主财政。民主财政在土地革命时期就已经提出并开始实践，如闽西苏区统一财政中规定各县政权机关经费按照规定等级制定预算，由县政府汇集提出县代表大会通过[③]。此规定已经体现了民主财政、预算法制的精神，在艰苦的战争年代能够尊重人民群众的地位和权力，能够发挥民众在财政预算中的作用，实在是难能可贵的。抗日战争时期，陕甘宁边区编制预算，先由财政经济委员会提出方案，再经过边区参议会通过，年终编制决算要报边区参议会审定批准。参议会预算的编制和执行中具有决定权，类似西方国家的财政预算编制程序，说明根据地财政民主长期存在而且不断扩大。解放战争时期，华北财办在统一乡村财政规

---

① 王丙乾：《中国财政 60 年回顾与思考》，中国财政经济出版社 2009 年版，第 27 页。

② 周道炯主编：《当代中国的固定资产投资管理》，中国社会科学出版社 1989 年版，第 19 页。

③ 《闽西第一次工农兵代表会议财政问题决议案》1930 年 3 月。

定，县政府制定的收支标准，由村民民主评议，经区公所核准。由此可知，民主财政是中国共产党的优良传统，它是建立在民主政权基础之上的，而且历史悠久，起源于战争年代的1930年，是了不起的一件大事，值得大书特书。在市场经济下从公共财政的发展来看，民主财政应该是我国财政发展改革的目标之一。

2. 财政公开。财政公开在今天来看也是难以做到的，但在土地革命时期就已经实施。1930年闽西苏区实行决算公开，规定各级政府的经费决算要“交县政府审核公布”①。此制开中国财政预算公开之先河，也是我国目前社会呼吁预算公开的先声，令人难以做到的在闽西苏区已经做到，令人兴奋而骄傲。目前我国的财政预算虽然做到了公开，但公开的程度还是不尽如人意的，而且达到财政公开还远远谈不到，需要继续努力。

3. 全过程财政监督。中国共产党财政史上历次统一财政都把检查监督包括在内，而且做到了全过程监督。如抗日战争时期太岳根据地的审计制度覆盖预决算的全过程，要求事前了解事情过程，事中要监督，事后要检查。这不仅是太岳抗日根据地审计制度最大特色，而且远远地走在了我们的前面，审计制度的缜密性、科学性令人敬佩。我们今天作为创新而论的财政监督全覆盖早在20世纪30年代就有了成功的范例，遗憾的是有许多现代财政人还孤陋寡闻。

4. 复式预算。我国复式预算于1989年全国人大正式提出，1991年第七届全国人大四次会议通过，规定国家预算实行复式预算制度，把经常性预算与建设性预算分开。经常预算坚持不打赤字，并略有结余；建设性预算的差额可以通过举借内债和外债来弥补。这当时是我国财政的一项重大改革，经过报批、表决、通过后得以实施。殊不知，在抗日根据地财政复式预算就已有之。边区政府预算分为经常性预算、建设性预算（也称为普通预算和营业预算）和临时性预算。抗日根据地的复式预算是首次对中国封建社会以来单式预算的重大改革，是创新之举，是科学性的体现，但这项创新属于我们的革命前辈，而不是我们的光环。相比之下，我们今天的改革只能视为“二次改革”。

5. 财政交接制度。中央苏区从1932年开始“实行财政交接制度，交卸者应提出清单报告，接管者要凭单清点核收”。财政干部离任前要进行审计，做好离任清单，并与接任者沟通，以免因交接不清造成财政损失或责任转嫁。这一制度创新也是值得关注的亮点，目前财政系统领导人离任进行审计就是这一制度的延续，不过只限于领导层面，司局级不再其列，需要扩大范围，使这一优良传统发扬光大。

---

① 《闽西第二次工农兵代表大会修正财政问题决议案》1930年9月。

在中国共产党的财政史上，像这样有见识、有价值、有创新的经验和做法是不乏其例的，很值得我们继承和借鉴，认真学习中国共产党党史和革命史有取之不竭的源泉，对今天的财政改革与发展是大有裨益的。从深入学习和研究中真正体会到了习主席强调学习党史、革命史、中国近代史和中国史的重大意义。

中国共产党领导税收百年的回顾与启示

马　建

摘　要：中国共产党走过了百年历程，作为国家财政收入主要来源的税收来说，也经历了不平凡的百年发展。税收发展变革的百年历史见证了税收服务中国共产党领导中国人民实现民族复兴、人民幸福历史使命的宏伟历程。在税收这个视野里可以镜像中国共产党革命奋斗、建设社会主义现代化国家的百年足迹。基于此，如何科学认识中国共产党与税收的内在关系、揭示百年中国共产党领导税收的历史规律、阐释中国共产党领导税收现代化的启示，对于深刻认识税收的职能作用，提高其在国家治理发挥基础性、支柱性、保障性作用具有重要意义。

关键词：中国共产党　政党　税收

一、无产阶级政党与税收概述

政党制度是现代民主政治的产物。政党政治就是在一定的经济基础上，人们围绕特定利益组成政党，通过政党对社会公共权力施加影响，以获得或维护特定权利①。因此现代国家，政党为就是了共同的利益，采取共同的行动，以期取得政权，或影响政治权利的运作而建立起来的特殊的政治组织。税收是国家筹集财政收入的主要方式，也是任何执政党施政或者在野党必须关注的焦点所在，也就是说政党与税收具有天然的关联。因此，税收是一个政党主张、纲领、政策的主

作者简介：马建，国家税务总局济南市税务局一级调研员，研究方向：财税理论与实践、税收史。

① 王长江著：《政党论》，人民出版社2009年版，第41页。

要组成部分，反映的是一个政党对税收职能的认识、作用发挥的基本看法，以及税收对于国家的功能的定位。因此，一般来说，政党在其纲领、施政宣言中都将税收问题作为经济政策、社会政策的一项重要内容，籍此阐明主要方针、路线和要点。

（一）无产阶级政党对税收服务自己历史使命具有明确的主张

马克思、恩格斯曾经明确指出：共产党人不屑于隐瞒自己的观点和意图，而是公开宣布我们的目的是要建立社会主义制度和实现共产主义。列宁指出，无产阶级政党是负有远大使命的政党，必须简要、清楚、准确地宣布党所努力争取和为之斗争的一切目标。这十分清晰地告诉我们，无产阶级政党必须自觉地、清楚地宣示和把握自己担负的历史使命，必须持续地、坚决地去推进和实现自己承载的历史使命。

为了实现无产阶级政党的历史使命，必须建立无产阶级的政权，作为政权的重要组成部分，税收所起的作用也被无产阶级政党高度重视。马克思、恩格斯在为共产主义者同盟起草的纲领《共产党宣言》中指出，无产阶级将利用自己的政治统治，一步一步地夺取资产阶级的全部资本，把一切生产工具集中在国家即组织成为统治阶级的无产阶级手里，并且尽可能快地增加生产力的总量。要做到这一点，最先进的国家几乎都可以采取“剥夺地产，把地租用于国家支出”“征收高额累进税”。这也是马克思主义政党最早的有关税收的主张。列宁认为，苏维埃政权要想更加强大，要想更稳固地站住脚，“就必须用常规的、照章征收的财产税和所得税来代替向资产阶级征收特别税的办法。这能给无产阶级国家更多地好处，但也要求我们有更高的组织程度，有更完善的计算和监督”①。1919 年 3 月，俄共（布）第八次代表大会通过的《俄国共产党（布尔什维克）纲领》指出，只有正确进行国家有计划的产品生产和分配，才能实现收支平衡。至于在过渡时期如何抵偿国家的直接开支，俄共将坚决主张把曾是历史上所必需的和在社会主义革命初期也是合法的向资本家派款的办法，改为征收累进所得税和财产税的办法。

中国共产党也不例外。自近代皇权和贵族淡出以来，政党开始步入中国的政治领导地位。从中国共产党诞生起，税收问题就是其十分关注的问题。最早出现税收主张始于 1922 年 6 月，《中国共产党对于时局的主张》第一次论及税收问题，将关税、田赋、厘金等具有浓厚殖民封建色彩的不合理税制作为反帝反封建

① 列宁：《苏维埃政权的当前任务》，《列宁全集》第 34 卷，人民出版社 2017 年版，第 165 页。

历史使命的内容。从党的二大开始一直到党的六大期间，以及后来的各个革命、建设、改革不同时期，有关税收的主张、原则、政策都贯穿于服务党的历史任务全过程之中。

（二）中国共产党领导税收的机理

中国共产党党章指出，党必须保证国家立法、司法、行政机关、经济文化组织等积极主动，独立负责，协调一致地工作。税收是国家财政收入的主要来源，是国家治理的重要基础和支柱。中国共产党高度重视税收职能作用，在不同历史时期的政权建设、经济建设和社会建设中都有重要的治税思想和政策，而且始终加强对税收的领导。关于中国共产党对税收的领导，主要是通过制定税收政策、推动税收改革、转化制定税制、上升税收法定、推动征管执行、加强组织建设等来实施国家税收权力，发挥税收职能，服务党的历史使命和任务。笔者认为中国共产党领导税收主要从以下环节展开：

政策领导。毛泽东同志认为，党的政策和策略是党的生命，是革命政党的一切实际行动的出发点和归宿，必须根据政治形势、阶级关系和实际情况及其变化制定党的政策①。党的治税政策是党的政策和策略的组成部分，是党的税收价值、理念、诉求的重要体现，是研究和制定税收制度的根本依据，也是税收工作开展的基本遵循。税收政策是国家财政政策的重要组成，在国家宏观治理中居于主要手段地位，主要表现为主张、决策、原则、建议等，在党的重要会议、讲话、著作、文件中体现。当然，税收政策不是孤立的，应与其他政策紧密配合同步落实。

税制领导。一般来说，党的税收政策是确定税收工作导向，并非直接作为具体制度来落实，需要转化为法律、法规或者改革试点来推动其落实。转化制定具有一定法律、法规形式的税制就是将税收政策具体化为方案、办法等。税制领导就是将党的税收政策通过文件形式借助立法机关、行政机关转化为税收法律法规或者改革试点方案，或者采取与行政机关联合发文转化为党的文件与国家法规并行等。一般来说，主要以前者为主、后者为辅的方式。

征管领导。税收征管是税务部门落实党的税收政策、国家税收制度的具体措施、方式、体制等。税收征管涉及征管模式、征管方式、征管体制、征管规范等等。中国共产党一般提出对税收征管的总体性、科学性、时代性有关要求，提出相关主张，由主管税收的财税部门进行细化实制定具体实施细则、研究具体的征

① 《关于建国以来党的若干历史问题的决议》，中共党史出版社2010年版，第103页。

管措施、征管方式、征管体系等。

组织领导。所谓组织领导指的是党对税务领导体制、干部管理、监督管理等方面的领导。作为税务部门来说，中国共产党高度重视对税务组织机构、工作体制、队伍建设的领导。在不同历史时期对税务机构的设置、领导体制、队伍素质、纪律监督等都提出重要指示精神，从而为政策领导、税制领导、征管领导提供根本性保证。

政策领导、税制领导、征管领导、组织领导构成党领导税收的基本框架和环节，四者相互关联，互为影响，其中政策领导是导向，税制领导是基础，征管领导是手段，组织领导是保障。当然，四者之间的关系随着执政环境、执政条件的影响会有不同的特点。例如，武装斗争战时状况下，政策与税制的党政一体化较为明显；中华人民共和国成立初期，党的政策采取与政府联合发文形式，将党的文件转变为国家法规；改革开放初期按照党的政策，主要通过行政法规改革试点为主、上升法律为辅。经过长期的探索，目前形成了党对税收政策、税收制度、税收征管、税收组织全面领导的制度，在党制定税收大政方针前提下，税制改革试点有序推行，税收法定逐步落实，税收征管和组织队伍向着现代化方向更加推进。

二、中国共产党领导百年税收的简要历程

回顾建党百年领导税收的历程，可以分为建党时期的税收主张、土地革命时期税收探索、革命根据地和解放战争战时税收实践、新民主主义和社会主义建设时期全国统一简化、改革开放恢复、匹配市场经济调控、国家现代治理七个阶段：

第一阶段：建党初期税收的主张诉求（1921—1927）。中共建党早期，北洋军阀税权分割、苛捐繁重、关税权旁落。在党的二大前夕之《中国共产党对于时局的主张》中，就第一次论及税收问题：改正协定关税制，取消列强在华各种治外特权、定限制租课率的法律、废止厘金及其他额外的征税、征收累进率的所得税。同时，中国共产党将收回关税自主权作为反帝反封建的斗争之组成部分。例如，为配合孙中山领导的广东革命政府要求北京外交团拨还关余和收回关权，中共就号召和声援收回全国海关关权，废除关税制等。1925 年 1 月，党的四大将农民赋税问题置于国共合作之大局中，认为应当要求订定税额须经乡民会议（农民会）的同意，同时反对预征钱粮，拒绝交纳陋规及一切不法征收，应特别宣传取消普遍的苛税杂捐，加征殷富捐所得税的口号。1925—1926 年，在国共合作的推

动下，湖北、浙江等地发生了抗租抗捐抗税、抗加租预收等斗争。1927 年 3 月 5 日，毛泽东发表《湖南农民运动考察报告》，把“废苛捐”列为当时农民协会所办的“十四件大事”之一。

第二阶段：土地革命时期税收探索（1927—1936）。中共中央“八七”会议确定了实行土地革命和武装起义的方针，党中央给湖南省委提出土地没收后由革命政府宣布简单的田税税率法。次年 3 月《中央通告第三十七号——关于没收土地和建立苏维埃》规定，土地使用人须向县苏维埃缴纳农产品百分之十至十五国税（其中 20% 缴国家苏维埃，30% 缴省苏维埃，20% 津贴乡苏维埃，30% 归县苏维埃支配）。1934 年，毛泽东《我们的经济政策》指出，从发展国民经济来增加我们财政的收入，是我们财政政策的基本方针。

探索将税收政策转化为法律。1928 年，湘赣边界工农兵政府制定了《井冈山土地法》。1931 年，中华苏维埃共和国中央执行委员会发布《中华苏维埃共和国暂行财政条例》，1933 年还颁布了《关税条例》。

在税收征管和组织方面，中华苏维埃共和国 1931 年设立中央财政人民委员部，下设税务局，明确各级税务科、关税处的税务人员和协税护税人员编制，掌管税务之计划、整理与征收，兼管工商业之登记事项；开展干部培训，要求税务干部忠实、可靠、能读能写、能打算盘①；开展税收宣传、工商业登记营业调查与征收、税务许可、税务监督等。

第三阶段：革命根据地和解放战争时期税收实践（1937—1949）。1937 年，中国共产党《抗日救国十大纲领》指出，财政政策以有钱出钱及没收汉奸财产作抗日经费为原则。废除苛捐什税。中共扩大的六届六中全会提出，在有钱出钱原则下，改订各种旧税为统一的累进税，取消苛杂和摊派制度，以舒民力而利税收；毛泽东 1940 年《论政策》提出，一切有收入的人，除对最贫苦者应该规定免税外，百分之八十以上居民，无论工人农民，均须负担国家赋税，不应该将负担完全放在地主资本家身上；毛泽东 1942 年《抗日时期的经济问题和财政问题》提出，发展经济，保障供给是我们的经济工作和财政工作的总方针。1949 年党的七届二中全会提出，按照各地、各业和各个时期的具体情况，对于资本主义采取恰如其分的有伸缩性的限制政策。

抗日战争时期，税则及税收支用经过了由最高行政机关规定到参议会法定的探索经历。例如，1940 年中央批转北方局关于财政经济政策的指示中，就确定：财政收入非经该区最高行政机关批准不得随便支用，各税税则应由各县最高行政

---

① 江西省地方税务局编：《税魂——中央苏区税收的伟大实践》，中国税务出版社 2008 年版，第 61 页。

机关以明文规定[①]。后来，中国共产党就在其领导的政权里设立了人民参政机构，对财税纳入其立法或授权立法范围。例如，陕甘宁参议会有批准预算，决定征收各项地方性的捐税及发行地方公债的权力，并且委托特区政府制定农业统一累进税则与实施办法。《中共晋察冀边委目前施政纲领》规定，非经边区参议会通过，政府不得增加任何捐税。这是税收立法不同于中央苏维埃政府的一个重要方面，也是我党税收民主早期实践。

在征管和组织领导上，1940 年 2 月，《中央关于财经工作的指示》指出，支持长期战争与巩固抗日根据地的一个不可分离的工作，是财政经济工作，各地应于电到一个月内，制定自己区域内本年全部财政经济计划，此计划为财政与经济两大部分。经过集体讨论并经政权机关及时地逐步地执行之。各中央局、各分局、各省委均须设置财政经济委员会，计划于总结全部财政经济工作。各地有援助中央财政的任务[②]。同年 2 月，中央、军委发出关于培养财政人员理论知识和技能的指示，要求把所有财政经济工作人员都卷入这一运动。1940 年 5 月，中央关于对日本经济斗争中的贸易政策给前总的指示要求，在根据地的周围设税务局及贸易局，统制出口贸易[③]。各个根据地陆续组建统一的税务机构，十分重视税务队伍的建设，开展专业培训，健全干部管理制度。制定相关征管措施，确保税制落实。解放战争时期，边区税务机构基本沿用抗战时期的四级建制和垂直管理。1949 年 3 月，陈云要求税务工作人员具有“必需的政策头脑，必需的税收知识和良好的工作作风，全体一致地做到严守政策”“不要有官僚主义和命令主义，堵塞偷漏，廉洁奉公”[④]。

第四阶段：社会主义过渡和社会主义建设时期税收区别对待和简化（1949—1978）。《中国人民政治协商会议共同纲领》指出，国家的税收政策，应以保障革命战争的供给、照顾生产的恢复和发展及国家建设的需要为原则，简化税制，实行合理负担。党的七届三中全会提出，调整税收，减轻人民负担，在统筹兼顾的方针下合理调整工商业。围绕过渡时期的总路线，税收政策，对公私企业应区别对待，繁简不同，对工商业应使工轻于商，生产资料轻于消费资料，日用品轻于

---

① 中央档案馆编：《中共中央文件选集》第十一册（一九三九——一九四一），中共中央党校出版社 1986 年版，第 279—380 页。

② 中央档案馆编：《中共中央文件选集》第十一册（一九三九——一九四一），中共中央党校出版社 1986 年版，第 281 页。

③ 中央档案馆编：《中共中央文件选集》第十一册（一九三九——一九四一），中共中央党校出版社 1986 年版，第 408 页。

④ 中共中央文献编辑委员会编辑：《陈云文选》第 2 卷，人民出版社 1984 年版，第 109 页。

奢侈品，有益于国计民生的私营工商业轻于无益于或少益于国计民生的私营工商业。[①] 1958 年 3 月 10 日，中央批转财政部党组草拟的国务院关于改进工商税收管理体制的规定（草稿）中指出，工商税收管理体制的改进，把中央和地方对于工商税收管理的权限做了必要的调整，凡是可以交给地方的，今后都将要交给地方去管。这样，就可以使地方能够根据当时当地的情况及时地主动地办理问题，使税收工作能够在促进生产的发展方面，在巩固社会主义经济和改造非社会主义经济方面，在开辟财源为国家积累建设资金方面更好地发挥作用。

按照中央的相关税收政策，税制开启了统一和修正。1950 年 1 月政务院发布《关于统一全国税政的决定》和《全国税政实施要则》。1952 年 12 月，政务院财政经济委员会发布《关于税制若干修正及实行日期的通告》。同时，也将少数税收上升为法律。1954 年《中华人民共和国宪法》规定：中华人民共和国公民有依照法律纳税的义务。1956 年第一届全国人大常委会通过《文化娱乐税条例》。1958 年，《中华人民共和国农业税条例》《中华人民共和国工商统一税条例（草案）》相继被全国人大常委会通过。

在征管执行和组织领导上，中央要求各级党委必须加强党对税收工作的领导，1950 年，陈云《统一财政经济工作》指出，为了完成征税工作，全国各大城市及各县的人民政府必须委任最好的干部担任税务局长。1953 年 9 月 6 日，《人民日报》发表社论说，中国共产党各级党的组织应以很大的力量，协同中央各部门与各级政府，对各项收入和支出逐项地加以检查……，以保证 1953 年国民经济年度计划胜利地超额完成。1962 年 2 月，中共中央决定将加强包括税收在内的机构充实人员作为“巨大的任务”[②] 在较短的时间内完成。同年 4 月，中共中央、国务院《关于严格控制财政管理的决定》要求：凡是逾期不交税和偷税漏税的单位，税务部门应当及时催收追缴，催收无效的，通知当地人民银行从他们的存款中扣交，并且按照规定，加收滞纳金。“文革”时期，中共中央发出若干通知，强调一切应纳税的单位和个人都必须照章纳税。偷漏税和抗税不交的，要严肃处理。

第五阶段：改革开放初期税收的恢复（1978—1994）。1979 年 4 月，中央工作会议决定对包括税收在内的管理体制和制度进行必要的改革。党的十二届三中全会明确指出，要进一步完善税收制度。在党的十二届四中全会《中共中央关于

---

① 刘志诚主编：《中华人民共和国工商税收史长编》第一部 社会主义工商税收的建立和发展，中国财政经济出版社 1988 年版，第 255 页。

② 《财政部税务总局关于恢复税务机构充实税务干部情况胡通报》，山东省档案馆，档案号 A129－02－0231－006.

制定国民经济和社会发展第七个五年计划的建议》中，与以前五年计划不同的是，税收有关内容开始涉及。此外，中央也明确涉外税收的鼓励政策。例如，1980年5月，中共中央、国务院批转《广东、福建省两省会议纪要》中，同意经济特区为了吸引侨商、外商投资，所得税税率初步定为15%。

税制立法方面，1980年9月，第五届全国人民代表大会第三次会议通过《中华人民共和国中外合资经营企业所得税法》《中华人民共和国个人所得税法》。这是我国首次通过全国人民代表大会制定的税收法律。1984年、1985年，全国人大两次授权国务院制定税收暂行规定或条例。1992年9月，《中华人民共和国税收征收管理法》由第九届全国人大常委会第二十一次会议通过，成为新中国第一部税收征收管理法律。

税收征管和组织领导方面，1986年4月，胡耀邦主持召开中共中央书记处会议，对新形势下加强税收工作作出重要指示：坚决纠正不正之风，切实加强思想政治工作。加强税务干部的培训工作，壮大税务干部队伍。各级党委和政府要积极支持税务部门的工作，树立税务干部的权威。改革开放初期，党中央、国务院决定由各级政府统一领导组织开展财税大检查。党的十三届三中全会作出了治理经济环境，整顿经济秩序的决定。随后，国务院《关于整顿税收秩序加强税收管理的决定》《关于各部门配合税务机关加强税收征管工作的通知》相继发出，并转发《国家税务局关于清理整顿和严格控制减免税的意见》。

第六阶段：社会主义市场经济体制的税收匹配（1993—2012）。党的十四大指出，逐步实行利税分流和分税制。1993年4月，江泽民在中央财经领导小组第四次会议上提出坚持税制改革的五项原则：一是体现公平税负，促进平等竞争；二是合理调节分配，促进共同富裕；三是体现国家产业政策，促进结构调整；四是合理分权，理顺中央和地方分配关系；五是健全和完善涉外税制，促进对外开放①。党的十四届三中全会指出，按照统一税法、公平税负、简化税制和合理分权的原则，改革和完善税收制度。2000年3月2日中共中央、国务院发出《关于进行农村税费改革试点工作的通知》，决定取消屠宰税、调整农业税和农业特产税政策等。2010年1月8日，中共中央政治局进行第十八次集体学习，胡锦涛指出，加快构建有利于科学发展的财税体制机制。党的十七届五中全会提出，积极构建有利于转变经济发展方式的财税体制。

推动税制改革方面：1994年以来，我国工商税制改革的主要内容是：先后统

① 本书编写组：《新中国成立60周年最具影响力的60件税收大事》，中国税务出版社2011年版，第181—184页。

一内资、内外资企业所得税；统一了个人所得税；统一了城建税、车船税、房产税等内外税制；构建了由增值税、消费税、营业税组成的新流转税制度；扩大资源税征收范围，开征土地增值税等。

税收征管和组织领导方面，1993年4月，江泽民在中央财经领导小组第四次会议上提出，要加强税收征管，切实改进税收工作①。2000年1月，江泽民在省部级领导干部财税专题研讨班结业式上指出，税收征管必须积极采用现代化的科技手段，以利提高税收征管的质量和水平。各级党委和政府要高度重视财税干部队伍建设工作，从思想上、制度上、管理上采取得力措施，努力造就一支政治过硬、业务熟练、作风优良的财税干部队伍。2010年1月，胡锦涛主持中央政治局第十八次集体学习时指出，要坚持以人为本，始终把实现好、维护好、发展好最广大人民根本利益作为财税工作的出发点和落脚点，教育引导广大财税干部职工特别是领导干部全面提高思想政治素质、业务能力、职业道德，做到为国理财、为民服务，让人民共享改革发展成果。

第七阶段：新时代国家现代治理税收（2013— ）。党的十八届三中全会指出：财政是国家治理的基础和重要支柱。深化税收制度改革，完善地方税体系，逐步提高直接税比重。党的十八届五中全会提出，建立税种科学、结构优化、法律健全、规范公平、征管高效的税收制度。2015年12月中央经济工作会议提出要降低企业税费负担，营造公平的税负环境。2018年11月1日习近平在民营企业座谈会上指出，要加大减税力度，推进增值税等实质性减税，而且要简明易行好操作，增强企业获得感。2020年10月，党的十九届五中全会提出，完善现代税收制度，健全地方税、直接税体系，优化税制结构，适当提高直接税比重。

税收制度立法和推进税制改革方面，党的十八届三中全会明确提出“落实税收法定原则”。党的十八届四中全会将“财政税收”作为“加强重点领域立法”的任务。党的十八大以来，全国人大常委会已经制定了环境保护税法、烟叶税法、船舶吨税法、耕地占用税法、车辆购置税法、资源税法，修改了企业所得税法和个人所得税法。改革增值税制度，全面推开营改增，实现增值税制度对货物和服务全覆盖，将增值税四档税率简并至三档，降低增值税税率水平。落实新的个人所得税法，标志着我国个人所得税制向综合方向迈出了重要一步。

加强征管领导和组织领导方面：2015年中办国办《深化国税、地税征管体制改革方案》提出，进一步增强税收在国家治理中的基础性、支柱性、保障性作

① 本书编写组：《新中国成立60周年最具影响力的60件税收大事》，中国税务出版社2011年版，第181—184页。

用。2018 年中共中央《深化党和国家机构改革方案》决定将省级和省级以下国税地税机构合并，具体承担各项税收、非税收入、社会保险费征管等职责。实行以国家税务总局为主与省（自治区、直辖市）政府双重领导管理体制。2018 年中办国办《国税地税征管体制改革方案》提出，优化税务系统党的领导组织架构，完善税务系统纪检监察体制，进一步加强纪检监察工作。2021 年中办国办《关于进一步深化税收征管改革的意见》提出，着力建设以服务纳税人缴费人为中心、以发票电子化改革为突破口、以税收大数据为驱动力的具有高集成功能、高安全性能、高应用效能的智慧税务，深入推进精确执法、精细服务、精准监管、精诚共治，大幅提高税法遵从度和社会满意度，明显降低征纳成本。坚持更高标准、更高要求，着力建设德才兼备的高素质税务执法队伍等。同时，党的十八大以来，习近平总书记多次就做好国际税收工作发表重要讲话、作出重要指示。习近平总书记在 2013 年召开的 G20 圣彼得堡峰会上强调，“中国支持加强多边反避税合作，愿为健全国际税收治理机制尽一份力”。2014 年布里斯班 G20 峰会，习近平总书记首次就税收问题提出“强化全球税收合作，打击国际逃避税，帮助发展中国家和低收入国家提高税收征管能力”三点主张。

三、中国共产党领导税收百年的启示

从非执政党到局部执政党，再到执政党，中国共产党对税收的认识和领导经历了一个百年嬗变过程，在不同时期体现了不同的时代特点。例如，建党初期配合国共合作的税收主张具有浓厚的反帝反封建时代背景；土地革命时期具有强烈的剥夺封建土地所有制的新型土地税特点；抗日战争时期具有民族性的改良税收特点；解放战争时期具有耕者有其田的农业税和城市税收为重心的双重特性；中华人民共和国成立初期对税收在筹集资金基础上的阶级性调节；改革开放后税收的全面恢复和市场经济税制由多种所有制的区别化向统一和公平转型；中国特色社会主义新时代“五位一体”视野下的税收在国家治理的基础性、支柱性、保障性作用等。在梳理建党百年不同时代特点的同时，可以有如下的启示：

中国共产党对税收的全面领导是确保税收发挥职能作用的根本保障。纵观建党百年之税收发展，中国共产党一以贯之注重税收的地位、作用、职能，将其从维护国家主权、农民利益阐述主张开始，到土地革命、抗日战争和解放战争局部执政的新民主主义税收的探索，再到中华人民共和国成立后的经济恢复、过渡时期总路线、社会主义建设、改革开放中国特色社会主义各个时期，中国共产党都能在时代潮头、历史关口运筹帷幄，提出具有前瞻性、时代性的符合中国实际的正确税收决策，并赋予其筹集战时收入、调节不同阶级和产业、经济建设来源、宏观经济调控手段、国家现代化治理的不同重要角色。中国共产党通过制定税收政策作为总牵引，不断加强对税收制度、税收改革、税收立法、税收征管以及组织的全面领导，确保税收职能作用的合理调适和正确发挥，实现了执政党对税收领导的科学管理、宏观调控、国家治理现代化。

中国共产党的历史使命和任务决定了税收政策的内容和主题变奏。中国共产党是工人阶级和中国人民的先锋队，代表了广大人民的根本利益，决定了其税收思想和主张的先进性、人民性、阶级性。从诞生开始，中国共产党从建党初期形成了具有无产阶级政党特征的、先进性的税收观，并且服务于民族独立、人民解放，国家富强、人民共同富裕两大历史任务。基于以上初心使命，中国共产党建党初期就旗帜鲜明坚决反对帝国主义对中国关税权的侵占、封建地主的苛杂重税。在局部执政时期，废除军阀封建的苛捐杂税，提出新的合理负担的统一累进税，建立新民主主义新税收体系。在社会主义建设时期，探索简化的筹集建设资金的税收制度。在改革开放中国特色社会主义时期，确立适应市场经济的科学公平税收制度，提出新的现代税收国家治理观，进一步服务全面建设中国特色社会主义现代化国家。回顾以上不同时期的税收政策变化，不无契合各个时代党的历史使命的主题和历史任务的变奏，而且其政策内容始终与国家利益、人民福祉根本一致。

中国共产党领导的税收将税收政策与国家税收权力有机统合是探索党领导税收规律的重要体现。税收先于政党存在，与国家同时产生并为国家权力的重要表征。然而，随着政党国家的历史潮流发展，如何将政党的税收理念与国家税收权力的运行有效统合也是确保税收职能发挥的先决条件。中国共产党从建党初期的税收先进主张、局部执政的税收战时政策以及执政时期建设、改革的税收政策，都与国家税收权力进行了不同方式的有效融合，呈现不同时代的不同特征。尤其是改革开放以来，探索政治民主、党政分开、权力监督的现代政治体制改革下税收国家权力的法定运作规律，摆脱先前的以党代政为主的税收领导方式，按照党的“总揽全局、协调各方”的要求，逐步形成了党提出税收政策，推动行政税收改革，上升税收法律，改进税收征管和组织建设的贯穿税收权力运行全过程的互动机制，确保了党的税收政策与国家税收权力的一体化有效统合，走出了一条符合中国特色社会主义国家税收职能有效发挥的治理道路。

中国共产党领导的税收职能走向全方位的治理领域是税收现代化发展的必然。税收治理的范围从战时筹集收入为主，到经济建设的筹集收入，再到改革开放宏观调控的杠杆调节，再到新时代的政治、经济、文化、社会、生态“五位一体”总体布局国家治理全领域发挥基础性、保障性、支柱性作用，税收职能发挥不断开辟全新的国家治理边界，执政党领导国家税收正确调节中央与地方财政分配关系，积极调节自立自强科技创新的税收引导激励关系，广泛调节国家与不同市场主体、社会各级层利益关系，税收正在承担前所未有的、领域更加宽广的国家治理角色。目前，在国家的预算法、区域自治法、促进就业法、促进中小企业发展法、海关法、民法、环保法、会计法、外贸法、科技进步、刑法等法律中，税收条款均有涉及，税收的职能作用得到广泛发挥。同时，中国共产党始终将国家现代化置于全球化历史进程中，谋划考量国际税收治理，提出国际税收的合作共治的新理念，将国家税收与国际税收统筹结合，逐步从国内走向全球治理。

参考文献

1. 王长江．政党论［M］．北京：人民出版社，2009.

2. 曾耀辉．中华苏维埃共和国税收史［M］．南昌：江西人民出版社，2010.

3. 国家税务总局税收科学研究所．改革开放40年中国税收改革发展研究［M］．中国税务出版社，2018.

4. 从胜利走向胜利——中国共产党重大会议纪实（从一大到十六大干部学习读本）（第一卷—第四卷）［M］．光明日报出版社，2002.

中国共产党百年税制实践研究的力作

——评胡荣明、赵元成著《抗日根据地统一累进税制研究》

曾耀辉

近日拜读了胡荣明与赵元成两位博士的新作——《抗日根据地统一累进税制研究》（江西人民出版社 2022 年 3 月版），感触良多，受益匪浅。

在中国共产党百年税制建设与发展实践中，全面抗战时期是一个极为特殊与重要的阶段。具体而言，抗日根据地的税收法制，是根据抗日民族统一战线的总政策和根据地的经济情况逐步建立起来的，大体包括田赋、救国公粮、合理负担以及统一累进税等。在此过程中，各根据地政权在创颁税收法令时既特注重相互借鉴学习，也特别强调从本地区的政权建设情况和所处的环境、条件出发。这种做法在当时无疑有其必要性与合理性，但也造成抗日根据地内部不同区域、不同时段的不同税制之间，普遍出现了术语繁杂、表述歧出的情况。从今人的研究成果来看，学术界——主要是财税史界也大都是运用历史学的方法，对不同根据地在不同阶段提出、建立施行的不同税种进行研究。这些研究的成就是显著的，但其缺陷也比较明显，主要就是这种区域性的、单税种的研究，难以对根据地诸种税制的历史源流、庞杂的具体规定以及推行中的共性经验进行综合性的研究。对此，本书两位作者相互配合，融合各自所长——胡荣明是历史科班出身，赵元成则是浙江大学法学博士，用税法学的基本原理，以历史学的基本手段，重新对中

作者简介：曾耀辉，国家税务总局江西省税务局科研所研究员，经济学博士，主要研究财税史和财税理论与实践。

国共产党在全面抗战时期的统一累进税这个主题进行了系统阐释，开辟了统累税研究的新视角和新方法，有较高的学术价值和理论价值。尤其是该成果的追根溯源方法，在当代税史与税制研究中有特别的方法论价值。纵横结合的角度对主题做出比较深入的综合研究和比较研究，在创行历程和结构共性两大主题之间切换自如，观察问题视域广，综合运用历史学、经济学、财政学、税收学和社会学等学科理论，问题链清晰，资料发掘和利用丰富、准确，引证规范，问题分析和观点阐发逻辑严密并有较强的思辨性。以下将在梳理全书主要内容与重要观点的基础上，对其特色与创新之处作一简评。

一、主要内容与核心观点

第一章“抗日根据地统一累进税的创制及其特性”，厘清了“统一累进税”概念的广狭含义，考察了抗日根据地统一累进税的创制过程与在近代中国直接税体系中的地位，概括了统一累进税的多元发展形态。在第一节，两位作者首先追本溯源，通过细致的文本辨析，认为抗日根据地“统一累进税”概念有广狭之分，亦即狭义专指晋察冀边区所推行的最为正式化的税法文本“统一累进税制”，广义的“统一累进税”则与“统一的累进税”一样，既是一种税政原则或税收精神，也指贯彻这种精神的税制税种，举凡“合理负担”“救国公粮”“农业统一累进税”等都视为是其具体的税制形式。同时，两位作者从统一累进税是“中国共产党一贯主张施行的革命的税收制度”这一立场出发，认真辨析了“统一的累进税”或“统一累进税”的内在差异，认为在土地革命战争时期，两者都是中国共产党用以表述税收政策、税收原则的财税术语，而在抗日战争时期，晋察冀边区在这一税收思想指引下，实现了“统一累进税”的制度文本化。这一概念界定与辨析工作，对全书的展开起到了正本清源的作用，使得研究对象更加明晰。在第二节，两位作者从近代中国“西税东渐”的历史背景出发，发现了抗日根据地统一累进税是直接税这一长久被忽视的重要线索。他们通过与南京国民政府所施行的“诸税并举，分中有统”的直接税体系建设路径进行比较，发现抗日根据地统一累进税乃是一种“统一诸税，统中有分”的多元形态，是一种所得税与财产税相结合的双主体税的税制。这一研究将抗日根据地税制建设作为中国税收近代化进程中的重要环节，是直接税制度理念发展的新阶段，使得统一累进税的历史有了更加纵深的历史维度。

第二章“抗日根据地的国民经济体系与课税对象的确立”，分别考察了抗日根据地10种以财产税为主体的税制中所涉及的财产种类及其税收征免情况，以及

7 种税制所涉及的收入类型及其所得税的征免情况，揭示了抗日根据地税制课税对象的设定原则及其与根据地国民经济体系的互动关系。两位作者发现，不动产是抗日根据地财产税的重要课税对象，其中“土地”尤其是“耕地”或“可耕地”成为最主要征税范围，而房屋、林木、矿山与畜养等土地定着物则大多属于免税项目。另外，他们还建构了两类四项的分类模式，对抗日根据地的动产，诸如“现存”资产（包括“财物”与“钱款”）征税“出放”资产（包括“债权”与“投资”）的征免情况进行了梳理。他们发现，前三项中的大部分细目为课税对象，但对“投资”则免税以鼓励生产，其标准大概是将进入生产经营领域的资产施行免税政策，而将闲置、不经营状态的资金和财产设置为课税对象进行征税。针对所得税的征免对象，两位作者发现，抗日根据地民主政权对生产经营收入中的农业所得采取的是普遍征税的政策，但对“羊群”“畜养”及“家庭副业”以免税为主，“营利事业”收入是普遍的征税政策；合作社与公营事业之收入免税，但公私合营部分则成为课税对象。“人力收入”中自由职业及从事各业者薪给报酬与非直接劳动所得属于征税范围，脱离生产人员生活费、直接劳动的工资性收入、抚恤性收入普遍免税。“租息”类收入如地租、利息等大都征税，各级政府机关团体存款之收入与教育储金之收入除外。通过以上梳理，两位作者指出，抗日根据地依据当时的社会经济发展水平，在课税对象的确立方面，形成了重农业而轻工商业、重私家而轻公家、重消费而轻生产的基本原则，兼顾了财政收入与发展生产的平衡。而在课税对象确立的范围与标准上，抗日根据地税制通过类型化列举的方式，先列举属于按税法规定需要征税的对象，再列举属于免税的情形，形成“征＋免”的典型结构。而在免税规定中，又还辅以“规定以外的”条款作为兜底。经由以上分析，两位作者关于抗日根据地经由税收工作，对全边区的人口、户口、出产、财富、地亩、产量等等农村经济上和财政上的基本问题，有了一个科学的比较细密的掌握的论断是有说服力的。

第三章“抗日根据地税制的诸种结构共性及其制度内涵”，克服区域性的、单税种的研究难以对根据地诸种税制庞杂的具体规定进行综合比较的困境，分别考察了抗日根据地税制缘于共同的地权形态、公民政治和家户制度、人财流动的空间属性而形成的结构共性。在本章第一节，两位作者本着土地制度尤其是地权分配体系是形塑农业税收制度演进及其内部构造的基本要素这一基本认知，认为抗日根据地民主政权从地权保护出发，不仅通过征税实现地权的保护，同时通过对课税对象的选择、纳税主体的确立以及计税标准的设计，有效的将地权持有、地权收益、地权交易等环节纳入征税范围，从而形成了一个相对完整均衡的地权型税收体系，基本实现了不同层次之地权享有者的合理公平负担，是中国农业税制史上的一大革命。在第二节，两位作者又从纳税单位的设定这个视角，发现抗日根据地民主政权所推行的诸多税制大部为财产所得税，因此从现代西方财税法理念、中国税赋法制传统及根据地社会现实出发，通过个人与家户相结合，在“以个人为计算单位、以家户为征收单位”的二元结构中，实现了对纳税人之家庭情形的细致的区分并给予相应的除扣，在中国税制发展进程中所具有独特的历史地位，可为今日中国所得税法中有关纳税人家庭情事问题的考量提供借鉴。在第三节，两位作者认为，空间因素对税制结构与税收秩序的建构具有重大影响，其中属人属地原则的设置是此种影响的突出表现。为此，他们发现，晋察冀边区税制为了妥善处理纳税人之居住地、财产收入所在地以及纳税责任地等之间存在的空间分隔问题，吸收现代西方财税原理、借鉴中国传统税制经验并根据边区现实情况，逐步形成了一套比较完善和成熟的属人属地原则，建构了一套较为合理的税收空间秩序，对其他抗日根据地税制的建设产生了深刻影响，实为中国赋税制度史上的一大创举，彰显了中国共产党人卓越的制度创新能力。上述研究都是发前人所未发，将抗日根据地革命税收法制建设的研究推进到一个新的高度。

第四章“抗日根据地税收征管中的信息不对称与税收遵从”，从信息与税收的关系出发，考察了抗日根据地民主政权为克服纳税人优势的信息不对称在税收程序方面所进行的卓有成效的探索与实践。在本章中，两位作者首先对抗日根据地民主政权在建立初期的税收信息状况进行了梳理，认为抗日根据地民主政权面对的是明清以来所遗留的一套混乱而孱弱的财产认证体系，由于缺少纳税人土地财产等基本税收信息，而不得不一度诉诸估计、摊派或民主评议的办法以获取岁入，收入少但影响差。在此基础上，两位作者挖掘了抗日根据地为提升自身信息能力，在税收程序法的建设方面所作的工作：一是设置了家户自填自报的税收申报制度，县区村政权相结合的税收核定稽查制度，以及申请复议等程序；二是在抗日根据地税收法规中专设“罚则”一章，以规范税收处罚程序。两位作者认为，通过上述举措，抗日根据地已然建立了一套较为周密的税收程序，以增强自身的信息能力，对提升税收遵从有促进作用。其次，两位作者发现，针对不能完全克服纳税人信息优势所带来的税收不遵从问题，瞒报匿报乃至集体隐瞒的村本位主义现象成为统一累进税调查评议工作中的重大困难等问题，抗日根据地民主政权在改善征纳关系方面进行了大胆探索。他们将抗日根据地民主政权所建构的征纳关系命名为“领导—群众”新模式，以区别于一般的“警察—小偷”模式或“服务—客服”模式。他们指出，这一以纳税人信任为基础、以中国共产党的领导为核心、坚持群众路线的征纳模式，有利于抗日根据地民主政权设计出一套独具特色的征管策略，亦即注重调查但不依赖强迫命令，突出动员宣传但又以事实调查为根据，而且在整个征管过程中强调突出党的群众路线。总之，两位作者指出，抗日根据地民主政权通过在诸多税制内部构造中凸显税收征管程序的结构性地位，并在信任纳税人的基础上，通过加强政治动员与宣传解释等工作，强化税务机关与纳税人的互动合作，积极构造“领导—群众”式的新型征纳关系，较为成功的解决了税收计征过程中出现的假报瞒报甚至集体“打埋伏”的“村本位主义”等问题，体现了根据地民主政权的财税汲取能力，实现了满足抗战需求与保证民生的根本目标。

第五章“抗日根据地的党政体制与统一累进税的推行”，以晋察冀边区为中心，梳理抗日根据地各级党政组织在统一累进税政策推行中扮演的角色，阐发统累税推行的基本逻辑与机制。在本章第一节，两位作者首先考察了党组织在统一累进税的推行工作中的领导作用，亦即晋察冀边区行政部门在中共中央北方分局的直接领导下，开展了统一累进税的创制工作，而晋察冀边区党委（北岳区党委）在统一累进税推行过程中充分发挥了党的组织领导与模范作用，其机关报《晋察冀日报》成为宣传统一累进税政策的重要阵地之一，各群众团体也在党的领导下积极参与统一累进税的推行工作。在第二节，两位作者充分利用《晋察冀日报》中的材料，详细梳理了晋察冀边区政权组织系统推行统一累进税的历史情形：晋察冀边区行政委员作为最高行政机关，对统一累进税进行了持续的制定、修正与解释工作，并全面统筹边区统一累进税推行工作；各行政主任公署（行署）与专员专署（专区）与县区政权也积极的推进统一累进税。他们主要通过召开干部扩大会议，各级干部组织专门的统一累进税研究会，成立推行委员会与审查委员会，召开座谈会、训练班，通过工作队、突击队等形式，推进统一累进税的学习、实验与执行工作，取得了非常的实践效果。可见，抗日根据地的党政机制在统一累进税的创行过程中发挥着决定性作用，党的领导与政权行政机关以“中心工作”为纽带密切合作，是晋察冀边区统一累进税创行的基本制度保证，这一认识为探寻中国特色的“党政结构”国家治理体制提供了历史更为悠久的新的鲜活个案。

此外，两位作者在该书最后的附录部分，不仅编写了晋察冀边区统一累进税大事年记，还抄录出《晋察冀日报》中所收统一累进税相关解释，为后人研究提供了便利。

二、主要特色与创新之处

细读全书，还可以发现这本著作具有以下几点特色：

一是研究史料丰富翔实。作者对相关史料进行了广泛搜集整理，除已经整理出版的史料外，还对《红色中华》《解放》《共产党人》《东方杂志》《国闻周报》《新中华报》等报刊，尤其是《晋察冀日报》所载相关文献进行了搜集整理和研究，使全书的立论有较为丰富的史料支撑，真正做到了论从史出，无一处无出处。

二是体现了跨学科多方法研究的特点。该著作改变了以往历史学以制度史和社会经济史为主的研究模式，引入了税法学的原理和分类方法，通过区域研究与宏观分析相结合，以晋察冀抗日根据地为重点，整体探究抗日根据地的统一累进税制，体现了分析与综合的方法特点。著作通过大量详实的史料，比较细致地考察了抗战时期统一累进税的创制及特性，并深入到统一累进税税制的结构内部与施行过程加以分析，还探讨了根据地的党政体制与统累税制推行之间的关系，体现了深入内部结构与注重外部关联的特点。

三是选题角度新颖独特。学术界已有不少研究成果研究抗日根据地的财政经济历史，但对于抗日根据地统累税制进行系统研究的成果则不多见。该著作围绕统累税的创行历程、制度结构及税收征管这三条主线展开研究，研究视角比较独特，这在以往学术界关注较少。

四是研究内容系统性强。该成果分析了抗日根据地统累税的创制及其特性、抗日根据地的国民经济体系与课税对象、抗日根据地税制的诸种结构共性及其制度内涵、抗日根据地税收征管中的信息不对称与税收遵从、抗日根据地的党政体制与统累税实施的关系等方面，从整体上论述抗日根据地的税制演进情况，呈现了在中国共产党领导下抗日根据地民主政权的制度创新能力，涵盖的内容较为全面和系统。

特别值得指出的是，该著作对中国革命史研究和革命根据地经济史研究具有重要学术理论意义，对当前完善税法和推进税制改革的实践探索具有直接现实启示。革命税制理论和实践是马克思主义国家理论、经济理论中国化的重要成果，研究革命税制理论对于探索中国特色社会主义经济理论具有重要意义，而对累进税进行深入研究更是与新时代中国的发展密切契合。

另外，该书在抗日根据地的统累税的历史环境视野下，通过大量的史料汇编资料和报刊资料整合分析，缜密比较，对抗日根据地统一累进税制的很多制度细节开展了扎实的研究，提出了一些具有独到见解和富有启发性的观点：

比如将统一累进税的界定分成狭义和广义两种，并且将包括合理负担、统一累进税在内的实行累进税率的多个税种都归结为广义的统一累进税范围内加以研究，在理论上和研究范畴上有创新。

又如认为统一累进税是中国共产党一贯主张的税收制度，是近代中国直接税制度的新阶段；广义的“统一累进税”包含两层意思，一是表示一种税收原则或税收精神，二是指贯彻了“统一累进税”或“统一的累进税”精神的税制税种；狭义的“统一累进税”就是专指抗日根据地所推行的“统一累进税”，它是代表“统一累进税”税政原则最为正式化的税法文本；各抗日根据地在制定施行“救国公粮”“合理负担”“统一累进税”等税收制度的过程中，逐步建立和完善了一套与本根据地经济社会发展水平相适应的“课税对象”设置系统，体现了抗日根据地民主政权卓越的财税汲取能力，为取得抗日战争的胜利奠定了坚实的财政基础；抗日根据地税制通过属人属地原则的具体规范，基本建构了一套适合根据地实际情况的税收空间秩序，彰显了中国共产党人卓越的制度创新能力，可为今日中国税收法制的建设和完善提供借鉴；使各级干部了解掌握统一累进税的基本精神、原则及其具体制度规范、征管技术，是保证统一累进税能够顺利施行的先决条件。

再如两位作者对征税范围、分类详加比较，得出国民政府税制与抗日根据地税制之不同，前者诸税并举，到抗战后期呈现分中有统的倾向；后者统一诸税，统中有分，实为融诸多不同税种而成的复合税制。对课税对象，财产类与收入类两大类下，每一项均细分，如土地有耕地、林地、草地、水域（又分为荒滩、渠地、洼地、河占地、堤地）、生活用地（包括住宅地、坟墓地、公路铁路及沟壕占地）、荒地、难利用地八大类25小类，分类细致，分析全面，而且不同根据地在不同时期税制对象亦在适时调整。揭示抗日根据地对地权的分配体系、土地的经营方式与税制的互动关系，使读者更清晰地看到根据地税制的演变过程与原则，更清晰地认识到抗日根据地政权的财税汲取能力为抗战胜利打下的坚实基础。对应税主体，与抗日根据地的经济社会发展水平相适应，根据地税制的应税主体及实际纳税人是家户而非个人，是以家户这一社会单元的“同居共财”性质为基础的。具体操作中，以个人为计算单位，以家户为征收单位，将个人与其家庭结合起来。这一税制结构是在现代西方法律理念、中国传统法律文化及根据地社会现实的影响下形成的，荟萃了多方税制精神的精华；这一税制最大限度地实现了负担者负担公平，“人与人负担公平，户与户负担公平”，因而于今日之中国税制特别是个人所得税仍有借鉴意义。对税收征管，从信息与税收的关系出发，以大量鲜活的事例对税收征管与税收遵从两方面加以探究，形成了具有根据地特色的新型征纳关系与征管策略，解决了满足抗战需求与保证民生的矛盾问题。

总的来看，该著作为研究根据地统一累进税的力作，填补了相关研究方向系统研究的空白。这些探究使读者认识到了根据地税制的运作机理及其自我蜕变能力，也明了了中国共产党领导的根据地政权建设中的制度创新与策略创新。而且我们知道，中共领导的抗日根据地民主政权的税制理论和实践，是马克思主义国家与法学说特别是政治经济学说中国化的重要探索结晶。对这一经验的总结，是总结中国共产党在夺取全国政权之前的经济法制建设经验的关键，是追寻中国特色社会主义经济法制理论实践源流的关键；那些成功经验对于未来中国特色社会主义税制完善具有重要借鉴意义，这又是这本书的价值和意义所在。

当然，尽管有上述成绩，本书存在的一些不足仍值得注意。比如两位作者并非财税专业出身，因此在对于近现代税法理论、概念范畴的使用有些时候难免不够准确；另外由于专注于统一累进税制的演进与结构分析，因此难免疏忽了统一累进税在整个社会结构中的地位；再次，与其他开创性研究一样，其中也存在一些不足之处。如该书从税收原则精神到制度化的演变做出了基本分析，但对之后的流变，如对日后新中国的税制究竟有何具体影响，探讨还不够深入。对统一累进税的结构要素、征税对象等研究，素材多取于晋察冀抗日根据地，若适当充实其他根据地的内容可能更完善一些。最后，全书在文句表述及逻辑结构体例等一些方面，仍有需要改进之处。

瑕不掩瑜，愿作者持之以恒，深入研究下去，在根据地税收研究领域取得更多成就。

思想人物与文化

古代赋役制度对传统文化的影响

——以家庭“和”文化为例

李 波

摘 要：家文化是中国传统文化的重要方面，家文化的核心精神是“和”文化。资源的稀缺是家庭“和”文化产生的根源，而古代赋役制度是家庭“和”文化传承至今的一个重要原因。本文通过“田租”“户调”“徭役”三个有代表性的古代赋役制度对此进行了阐述。

关键词：家文化 “和”文化 赋役制度

一、家庭“和”文化的含义

家的出现，从物质层面讲，是原始先民们从山野穴居走向房舍定居的开端；从精神层面讲，则是人类祖先从原始自然状态跨入到人类社会空间与文化境界的起点和标志。

农业社会中最基本的社会群体就是家。家这样一个最基本的社会群体，其核心特点是家庭成员之间有直接的血缘关系，包括夫妻、父母子女、兄弟姐妹。家庭成员占有共同的财产，有共同收支预算，通过劳动分工过着共同的生活。自从家出现以来，中华民族的先民在家这个充满温馨意蕴的圣域中起居吃喝，繁衍生

作者简介：李波，湖北经济学院财政与公共管理学院副教授，研究方向：税收政策与制度、财税史。

息，接受初始教育，同时也用勤劳和智慧建设自己的家园，打造家文化。

家文化作为社会文化的一个极其重要的组成部分，是与家（包括家庭、家族）有关的物质和精神文化的总和。具体来讲，家文化是以家（包括家庭、家族）为核心，以家居、家业、家财、家庭典藏书籍物品等为物质基础，以血缘、亲情关系为基本人际关系纽带，以传承沿袭个人与家庭家族成员之间及个人与家庭家族之外人员之间多方约定形成的家法、家规、家训、家庭契约、习俗等为其伦理规范和行为准则。家文化在中国的传统文化中居于重要位置，对中国社会的影响几乎无处不在。例如，中国传统社会最基本的伦理道德规范的“三纲”（“君为臣纲”“父为子纲”“夫为妻纲”）里有两个是规范家庭关系的。再如人们经常把家庭里的称谓用在日常生活中，比如：习惯于把领袖称为爷爷、父亲，把军人称为“子弟兵”，把流经当地的河流称为“母亲河”，把友好城市称为“姐妹城市”，把相关单位称为“兄弟单位”等等，这样的例子还有很多。

从内容上看，家文化包括器物、制度、行为、训教、意识等方面。从内涵上看，家文化既包括齐家兴国、和谐族邦、敬祖崇德、奉孝守礼等宏观的人生价值取向，也包括养老抚幼、诚实守信、勤俭持家、律己助人等微观的个人行为准则。但从本质上讲，家文化的核心精神只有一个，那就是“和”。

《论语》有云：“礼之用，和为贵”①。孟子曰：“天时不如地利，地利不如人和”。② 儒家先贤很早就指出了“和”在人际交往中的重要性。对于家庭而言，“和”的重要性则通过一句耳熟能详的俗语体现得淋漓尽致——“家和万事兴”。

所谓“和”，就是和睦和谐的意思。和睦和谐，是家文化中的核心。不论是夫妻之间的相敬如宾，还是兄弟姐妹之间的团结友爱，亦或父母子女之间的相互理解，本质都是一个“和”字。正如《礼记·礼运》所言：父子笃、兄弟睦、夫妇和，家之肥也。③ 从家庭内部看，要想家业兴旺和家道昌盛，家庭成员之间就必须和睦相处。从家庭外部看，每个家庭和睦，人与人之间关系处理好了，社会也才能和谐。

二、家庭“和”文化产生的根源

家庭成员之间如何实现和睦相处，最关键的是要求家庭成员之间要相互体

① 出自《论语·学而篇》，原文为：“礼之用，和为贵。先王之道，斯为美，小大由之。有所不行，知和而和，不以礼节之，亦不可行也。”该句为孔子晚年弟子有子所说，其意思是：礼的作用，贵在能和。先王之道正是以和为美的善之境，无论大事小事都遵循此道。但也有行不通的时候。如果知道和的好处就一味求和，而不能用礼来节制，那也是行不通的。

② 出自《孟子·公孙丑下》。

③ 孙希旦撰：《礼记集解》（中），中华书局1989年版，第620页。

谅，相互谦让。继续追寻家庭“和”文化产生的根源，不难发现是因为资源的稀缺性。

早期的人类生活在高山密林、禽兽遍布的环境里，每个单独的个人几乎没有力量抵御野兽，根本不可能生存下去，为了生存的需要，必须结合在一起，也就是群居，但群居的成员又不能超过一定的规模，因此而有血缘关系的成员固定的在一起生产生活，家庭就出现了。另一方面，在粮食农作物出现以前，早期人类主要依靠打猎、捕鱼、采摘野果生存，食物的来源很不稳定，不同家庭成员对家庭的贡献（主要指获取食物）也不一样，食物如何在家庭成员之间分配是家庭内部重要问题，不论是平均分配还是按贡献大小分配，分配结果往往难以完全满足全体家庭成员的需要，这就需要家庭成员之间相互体谅，相互谦让，家庭的“和”文化在早期人类食物的分配这样一个大背景下就产生了。

随着社会的进步，时代的发展，家庭成员之间的和睦相处可能很少再会缘于食物的分配问题，但是相互体谅、相互谦让的“和”文化却传承了下来。因为家庭里的资源不仅仅只有食物，还有房屋、土地等实物资产以及其他各式各样的权利，上到皇帝家族中的皇位继承，下至普通百姓家庭中的分家析产，所有这些都是资源，而且都是稀缺的，都存在分配问题。无论作决策的家庭成员（通常是家长）如何分配资源，其结果通常很难让全体家庭成员满意，要想减少家庭成员之间的磨擦与冲突，互相体谅和谦让显得尤其重要。家喻户晓的“孔融让梨”的故事讲的就是这个道理。

三、家庭“和”文化的另一个原因——赋役制度

前已述及，家庭“和”文化的产生的根源是资源的稀缺性。事实上，家庭“和”文化能够传承下来还有一个重要原因——赋役制度。

中国古代的赋役制度总体上包括两块内容：赋税制度和徭役制度。现代汉语词典对“赋税”的解释是：田赋和各种捐税的总称。田赋是古代赋税中最主要的内容，也就是将土地上产出的农产品交给国家。“徭役”是指古代统治者强迫平民从事的无偿劳动。赋税和徭役都是百姓对政府的义务，前者是用劳动成果来履行，后者是用劳动过程来履行。纵观中国几千年的历史，大部分的赋税和徭役都是以家庭为单位征收的。

作为东方农业文明古国，自秦始皇之后的自由个体家户制度是农业经济显著

特点。正如毛泽东所说：“几千年来都是个体经济，一家一户就是一个生产单位。”[①] 在中国，以血缘关系为基础的家庭长期居于主导地位，是整个社会的基本组织单位，是中国传统社会的“细胞”。由此形成数千年中国的家庭经营传统。家庭在中国成为一种基本的生产经营组织，有其必然性。首先，自然禀赋是组织存在的基础。中国是一个自然禀赋适宜农耕的国度，适宜的气候和土壤条件使得家庭生产成为可能。其次，财产继承制是组织单位再生产的机制。男子成年后，可以分配和继承家庭财产，由此导致一个个小家庭的不断再生产，这就是所谓的“分家析产制”。再次，意识是组织延续的动力机制。由于家庭既是经济共同体，又是政治和社会共同体，因而中国人的家庭意识特别强烈，“光宗耀祖”“发家致富”成为家庭成员（主要是男性）人生至高目标。

家庭成为一种基本的生产经营组织，离不开一个更重要的原因，那就是赋役制度。早在二千多年前，秦王朝就建立了统一的中央集权制度。而国家存在的基础是农业财政——有土地的家庭（也就是自耕农）成为国家的税收单位，传统中国的财政是农户财政，政府需要保护和鼓励家户制。古代掌管国家财政的部门不叫“赋部”，而叫“户部”，家庭组织与赋役制度的关系可见一斑。通俗地讲，古代赋税和徭役以家庭为单位征收是基于以下两个原因：第一，农业社会的特点需要将土地和人口绑定在一起，而土地是以家庭为单位持有的；第二，由于管理水平的限制，向相对稳定的家庭征收赋役比向相对不稳定的人口（这里指人员较家庭更容易流动）征收赋役要容易。

以下就从古代赋役制度里三个有代表性的具体内容“田租”“户调”“徭役”来看一看古代赋役制度与家庭之间的关系。

（一）田租的征收

古代中国是一个以农业经济尤其是自给自足的小农经济为主体的社会。纵观中国古代历史，大部分统治者极力推行“重农轻商”“敦本息末”的重农思想。历朝历代都十分重视农业发展，《左传》里提到：国之大事，在祀与戎[②]。这里的“祀”指的是祭祀神灵以求保佑风调雨顺，农业丰收；这里的“戎”是指国防军事，抵御外来侵略，以防止土地和劳动力的流失。土地和劳动力是古代农业经济中最重要的生产要素，而且二者还要结合在一起。这就不难理解为什么历代的统治者制定各种制度以尽可能防止人口的流动，这是农业经济特点决定的。朱元璋

---

① 《毛泽东选集》第3卷，人民出版社1991年版，第931页。

② ［春秋］左丘明著，陈戍国校注：《春秋左传》，岳麓书社2019年版，第456页。《左传·成公十三年》，原文为：国之大事，在祀与戎，祀有执膰，戎有受脤，神之大节也。

在明朝初年建立的“鱼鳞册”和“黄册”就是专门用于管理土地和人口的制度。“鱼鳞册为经，土田之讼质焉。黄册为纬，赋役之法定焉”①。

在农业生产方面，“家”是一个最基本的生产单位，这种以小块土地私有制为基础，以单个家庭为经济单位，从事耕织相结合的个体农业劳动的农村家庭，在经济学上称为自耕农。另一方面，古代中国最主要的税就是田租，也就是农业税，既然“家”是一个最基本的生产单位，赋税也就以“家”为单位征收。

这里以明代的“里甲”制度为例，来看一看古代田租是如何以“家”为单位征收的。

“里甲”制度最远可以追溯到宋代的五等编制乡户制度，它在明初设立用于清查户口，后来伴随着“黄册”制度在全国推广。公元1381年，明朝政府在编制黄册时规定，“以一百一十户为里。一里之中推丁粮多者十人为长，余百户为十甲，甲凡十户。岁役里长一人，甲首十人，管摄一里之事。”意思是，以110户人家为一里，其中依据人口和粮食数量最多的10户轮流担任里长，每个里长担任一年。剩余的100户按10户划分为十个甲，每个甲也有一个管事之人，称为甲首。“里甲”是最基层的社会组织单位，所谓“甲首上有里长，里长上有县令，县令上有郡守，郡守上有藩司，藩司上有六卿，而天子加焉”。② 里长的职责极为广泛“凡一里之中，一年之内，所有追征钱粮，勾摄公事，与夫祭祀鬼神，接应宾旅，官府有所征求，民间有所争斗，皆在见役者所司”。③ 在追征钱粮时，粮长（在税粮丰富的南方地区于里长中提出的殷实大户担任）督并里长，里长督并甲首，甲首督并人户。不难看出，明代的“里甲”制度是要把一切人户都编置到“里甲”之中，然后把编置到“里甲”中的人户的具体情况登载到黄册中，政府根据黄册所载人户的情况，通过“里甲”制度来征收赋役。赋役的征收通过“黄册”制度和“里甲”制度最终落实到每一个具体的家庭上。

（二）户调的产生与发展

与“田租”一样，“户调”也是中国古代一个重要的税收项目，从名称就可以看出这是以家庭为单位征收的。

“户调”正式产生于魏晋时期，是指统治者向百姓征调的绢、绵、麻、布等非谷物类农产品。“调”本身是作动词，是征用提取的意思，《后汉书 · 左雄传》

---

① ［清］张廷玉：《明史》卷77《食货志》，中华书局1974年版。
② ［清］张廷玉：《明史》卷77《食货志》，中华书局1974年版。
③ ［清］张廷玉：《明史》卷77《食货志》，中华书局1974年版。

中“特选横调，纷纷不绝，送迎烦费，损政伤民”① 的“调”就是这个意思。

“户调”是从两汉时代的人头税演变过来的。汉代的人头税称为“算赋”（针对成年人）和“口赋”（针对未成年人）。“人年十五以上至五十六，出赋钱人百二十，为一算”，②“民年七岁至十四岁，出口赋钱，人二十三，二十钱以食天子，其三钱者，武帝加口钱以补车马”，③ 汉代规定凡年龄十五岁到五十六岁的成年男女，每人每年交纳120钱，称为一算。七岁至十四岁的未成年人，每人每年交纳23钱，称为口赋其中20钱为皇室收入，3钱用于购置车马兵器。

东汉王朝统治崩溃以后，自然经济更占统治地位，铸币近于废弃，民间改用谷物、布帛进行交易，政府也改以实物征税。曹魏时期，政府以征收绵、绢方式将“算赋”和“口赋”合并。这样出现了一个问题，汉制以丁为征收单位，曹魏把人头税等货币折成绵、绢以后，就要把完整成匹的绵、绢剪断成零碎的片段来折合人头税，不但计算起来存在困难，而且碎裂不成匹的绵、绢也不能再制成衣服，这对人力物力来说，都是极大的浪费。同时，由于东汉末年以来，剥削过重，人口逃亡者较多，户相对更不容易流动，也就也便于征调，所以魏晋开始以户为征收单位，称为“户调”。

（三）徭役的征派

“徭役”是指古代国家强迫平民主要是农民从事的无偿劳动。

徭役制度始于春秋战国时期，那时各国之间战争频繁，封建主对士兵和劳动力的需求较大，因而兵役和徭役常常混杂在一起。从秦始皇称帝到明朝中期，徭役一直是我国税赋制度中一个重要方面。这里仍以明代的徭役制度为例，看看“徭役”是如何与家绑定在一起的。

在通过“鱼鳞册”和“黄册”分别管理土地和人口的基础上，朱元璋建立起配户当差的户役制度，驱民之力以供役。户役法就是皇帝以户为编制单位，依封建国家的不同需要将全国的人户分编为若干不同的役种，为每一役种设立一役籍，驱使他们去承担各种差役。不同役籍的役户所配给的徭役各不相同。如民户种田输租，军户守御供役，匠户只应造作，盐户煮海造盐，马户牧养军马，牛户畜牧官牛等，专户专役。户役法最显著的特点有两个：其一是役皆永充，其二是以户供丁。“役皆永充”是指通过编册定籍确定每一户的具体役种，男子十六岁成丁即须附籍供役，六十岁免役，役籍是世籍，父死子继，世代相承。“以户供

① ［南朝宋］范晔原著：《后汉书》卷61《左周黄列传》，中华书局1965年版，第2017页。

② ［东汉］班固：《汉书》卷1《高帝纪》，中华书局1962年版，第46页。

③ ［东汉］班固：《汉书》卷7《昭帝纪》，中华书局1962年版。

丁”户役法以家族为供丁单位，供役单位、责任单位。这对政府而言，其优势很明显，以户出丁，丁不离户；以户供丁，丁赖共户；以户养丁，子孙相承。为了保证徭役的来源，明朝规定不同户籍之间平时不能随意流动，私自脱籍者要严惩①。

（四）以“家”为征收单位的古代赋役制度对“和”文化提出了更高的要求

站在资源分配的角度看，家庭是一个福利享受单位。而站在赋役制度的角度看，家庭是一个生产经营单位。当家庭是一个福利享受单位时，“和”文化更多是从家庭成员享受权利作为出发点，而当家庭是一个生产经营单位时，“和”文化更多的是从家庭成员承担义务作为出发点。在“和”文化的要求下，每一个家庭成员在享受权利时，尽可能“少取”，而承担义务时，尽可能“多予”，下表清晰地反映了二者的区别。

	资源分配	赋役制度
家庭定位	福利享受单位	生产经营单位
家庭成员的行为本质	享受权利	承担义务
“和”文化的内在要求	少享受权利（少取）	多承担义务（多予）

从承担义务的层面看，以“家”为征收单位的古代赋役制度对“和”文化提出了更高的要求。这是因为享受的权利通常是有形的，是看得见的，不管食物还是各种财产。而承担义务往往是无形的，是看不见的。在以农业税为主体赋税形式的古代，各家各户都是以土地的产出物来纳粮交税，土地产出物的多少在很大程度取决于各家各户的投入，这种投入不仅仅是种子、肥料这些基本的生产资料，还有很大一部分是劳务的投入，比如家庭成员花了多少时间、用什么样的态度打理自家的农田，这些都会对收成产生重大的影响，而劳务往往很难量化。虽然20世纪五六十年代，中国农村生产队常常以工分来衡量每个劳动者投入的劳务，但实践证明，这种只能核算数量（劳动时间）而不能核算质量（劳动态度）的计量方式无法充分调动每一个劳动者的积极性。正是因为劳务的难以量化，所以每一个家庭成员在以“家”为单位的农业生产活动中保持极高的劳动自觉性。相互体谅、团结合作在这一过程中显得尤其重要，如果每一个家庭成员都只站在自己个人的角度出发，不愿意多投入多付出，受损的是整个家庭，自己当然也不可能独善其身。

---

① 王毓铨主编：《中国通史·第九卷·中古时代·明时期（上）》，上海人民出版社2004年版，第328页。

四、结语

当今的中国不再是以农业经济为主，当代的财税制度也没有以“家庭”为征收单位的税种，但家庭成员相互体谅、团结合作这一“和”文化的内在要求并没有变。正如习近平总书记在会见第一届全国文明家庭代表时的讲话指出：“家庭是社会的基本细胞，是人生的第一所学校。不论时代发生多大变化，不论生活格局发生多大变化，我们都要重视家庭建设，注重家庭、注重家教、注重家风，紧密结合培育和弘扬社会主义核心价值观，发扬光大中华民族传统家庭美德，促进家庭和睦，促进亲人相亲相爱，促进下一代健康成长，促进老年人老有所养，使千千万万个家庭成为国家发展、民族进步、社会和谐的重要基点。”

参考文献

[1] 习近平．习近平谈治国理政［M］．外文出版社，2017.

[2] 王毓铨．中国通史·第九卷·中古时代·明时期（上）［M］．上海人民出版社，2004.

[3] 徐勇．中国家户制传统与农村发展道路——以俄国、印度的村社传统为参照［J］．中国社会科学，2013（8）．

[4] 周尚义．中国家文化论纲［J］．武陵学刊，2017（7）．

[5] 刘敏．论“编户齐民”的形成及其内涵演化［J］．中国社会史研究，2009（3）．

[6] 张薇．我国家户制的演变及其对当代农村治理的启示［J］．中共郑州市委党校学报，2020（2）．

论《盐铁论》两种财政思想的碰撞

朱德贵　沈斯文

摘　要：由于受西方经济学说的影响，我国学者在研究西汉盐铁会议之上的财政思想时，常将议论主题集中于自由放任与国家干预这两种财政观之争上。经过对比，我们发现，贤良、文学的财政思想实际上是以“惯例”为中心，围绕“文质论”“什一税制与井田论”“‘君子——小人’分工的藏富于民论”以实现个人道德上的自我维系；而桑弘羊的财政思想则以高度理性化的“律令”为中心、以资源空间分布不均为前提，以追求行政效率与经济利润的最大化为目标。两种不同财政观的相互碰撞，共同奠定了其后的财政思想变迁的理论基础。

关键词：《盐铁论》　惯例财政观　律令财政观

一、财政思想的考察视角

研究西汉初、中期财政思想之变迁，《盐铁论》可谓是最为珍贵的历史文献资料。关于这次盐铁会议，自古以来就是史学家研究的热点问题，这类研究的文献可谓“琳琅满目”，各成一家之言。仅就本文所欲讨论的财政思想的变迁而言，

作者简介：朱德贵，哈尔滨商业大学经济史研究所教授，博士生导师。沈斯文，哈尔滨商业大学经济学院研究生。

［基金项目］本文系国家社会科学基金重大项目“秦汉三国简牍经济史料汇编与研究（批准号：19ZDA196）”、国家社科一般项目（编号21BZS005），以及黑龙江省哲学社会科学项目（批准号：20ZS009）之阶段性成果。

学术界最热衷的角度无疑是法家桑弘羊与儒家贤良、文学之间的关于国家干预主义与自由放任主义这两种不同的指导思想之间的争论。我们认为此角度的讨论并非一如学界所认可的一般精准，草拟如下：

不管是国家干预还是自由放任均为西方主流经济学的核心概念，愚以为，桑弘羊作为国家干预主义者是无疑的，但贤良、文学却并非为自由放任主义者。两者虽均强调放任，主张国家财政力量较少的干预民间经济行为，但其差别在于：西方经济学意义下的自由放任是建立在一系列的以产权、契约等为核心的成文法之上的，而贤良、文学则是首先建基于“礼”之上的。如文学曰：“夫导民以德，则民归厚；示民以利，则民俗薄。俗薄则背义趋利，趋利则百姓交于道而接于市。……是以王者崇本退末，以礼义防民欲，实菽粟货财。”① 在其看来，利使民“薄”，因而其反对放任百姓不受限制的追求自身利益，主张“以礼义防民欲”，这与所谓西方经济学“自由放任”思想是相悖的。贤良曰：“宫室舆马，衣服器械，丧祭食饮，声色玩好，人情之所不能已也。”② 其虽承认每个人都有追求利益的一面，但却主张以礼防之。此意味着：在“礼”之内的欲望可以自由追求，不受限制，但在“礼”之外的任何欲望将被严格限制。如文学曰：“故富贵而无礼，不如贫贱之孝悌。”③ 其意指：不符合礼之标准的富贵尚不如贫贱；再如贤良曰：“富者欲过，贫者欲及，富者空减，贫者称贷。是以民年急而岁促，贫即寡耻，乏即少廉，此所以刑非诛恶而奸犹不止也。”④ 所谓“过”与“及”均指称“礼”。此思想在儒家其他诸典中均有所体现，如有子曰：“礼之用，和为贵。先王之道，斯为美；小大由之。有所不行，知和而和，不以礼节之，亦不可行也。”⑤ 又如《荀子·礼论》曰：“礼起于何也？曰：人生而有欲，欲而不得，则不能无求；求而无度量分界，则不能不争；争则乱，乱则穷。先王恶其乱也，故制礼义以分之，以养人之欲，给人所求，使欲必不穷于物，物必不屈于欲，两者相持而长，是礼之所起也。”⑥ 再如《礼记·曲礼》曰：“夫礼者，所以定亲疏，决嫌疑，别同异，明是非也。”⑦ 同书《礼运》篇曰：“故礼之不同也，不丰也，不杀也，所以持情而合危也。”⑧ 可以认为，“礼”是贤良、文学经济思想的核心。

---

① 王利器校注：《盐铁论校注·本议》，中华书局 1992 年版，第 3 页。以下版本皆同。
② 王利器校注：《盐铁论校注·散不足》，第 349 页。
③ 王利器校注：《盐铁论校注·孝养》，第 308 页。
④ 王利器校注：《盐铁论校注·国疾》，第 335 页。
⑤ 程树德：《论语集释·学而》，中华书局 1990 年版，第 46—47 页。以下版本皆同。
⑥ ［清］王先谦：《荀子集解·礼论》，中华书局 1988 年版，第 346 页。
⑦ ［清］孙希旦：《礼记集解·曲礼上》，中华书局 1989 年版，第 6 页。以下版本皆同。
⑧ ［清］孙希旦：《礼记集解·礼运》，第 621 页。

其反对桑弘羊官家经商原因之一就在于其以为官府在经营过程中过度追求经济利润继而超过了“礼”的制度约束。如文学曰：“令意所禁微，而僭奢之道著。自利害之设，三业之起，贵人之家，云行于涂，毂击于道，攘公法，申私利，跨山泽，擅官市，非特巨海鱼盐也；持国家之柄，以行海内，非特田常之势、陪臣之权也；威重于六卿，富累于陶、卫，舆服僭于王公，宫室溢于制度。”①

在儒家诸典中，“礼”是一个相当泛化的概念，其无所不包，一切行为均在“礼”的统摄范围之下。《礼记·礼运》篇有言：“夫礼必本于天，其行之以货力、辞让、饮、食、冠、昏、赏、祭、射、御、朝、聘。”② 其中所谓“货力”指财货即财政思想方面。本节所指之礼特指“品位分等”下的等级差异③，各人依据自己所属之等级匹配各自的消费、交换等环节，在享受经济自由的同时亦体现其中差异。文学曰：“孔子大圣也，诸侯莫能用，当小位于鲁，三月，不令而行，不禁而止，沛若时雨之灌万物，莫不兴起也。”④ 其言“不令而行，不禁而止”的背后正是由于礼的规制在起作用，而并非黄老派长者之下的完全“顺民情”式的自由。这种“礼”之影响正如杨宽先生所言：“‘礼’就是剥削阶级用来束缚人民的工具，企图使人民遵循他们所指定的‘规矩’，‘习惯’成自然，使反抗的斗志‘潜消于不觉’，俯首听命，忍受种种严重的剥削和压迫，而不起来‘犯上作乱’。”⑤ 事实上，杨宽先生所言的“礼”的这种作用原初就表现在财政分配方面，《礼记·礼运》曰：“夫礼之初，始于饮食。”⑥ 在生产力水平尚不发达的时期，饮食等生产资料的分配必然是国家财政政策的头等大事，规定每个等级的人应该匹配的经济量级，自然也不难理解。财政政策从本质上讲即是对整个国家经济产出的一种再分配。之所以说这种“礼”与西方“成文法”之间是两种完全不同的东西，原因在于双方对于产出分配的“合理性”的标准有所不同。西方“成文法”并不限制个人分配中的最高阀，只要符合产权、契约等制度规定即可。而“礼”却不然，其依据个人“品位”等级，为每个人可以有权享有的经济量限制最高标准。或可言之，“礼”指导下的放任更注重人与人之间的等级关系，而西方“成文法”下的放任更注重人与人之间的经济关系。因此，我们认为，学术界

① 王利器校注：《盐铁论校注·刺权》，第121页。

② ［清］孙希旦：《礼记集解·礼运》，第616页。

③ 关于“品位分等”这一概念及其在历史研究中的具体应用，请参看阎步克：《品位与职位——传统官僚等级制研究的一个新视角》，《史学月刊》，2001年第1期。

④ 王利器校注：《盐铁论校注·国疾》，第332页。

⑤ 请参看杨宽先生《“籍礼”新探》一文，载于杨宽：《古史新探》，上海人民出版社2016年版，第237页。

⑥ ［清］孙希旦：《礼记集解·礼运》，第586页。

一直沿用的研究视角是值得重新考虑的，为此我们不得不“另辟蹊径”，寻求新的研究视角。

财政不同于其他经济领域，与其将其视作一种经济思想，不妨将之作为一种国家根本制度来进行审视。那么制度（institution）又是什么呢？自从亚当·斯密开始，东西方思想家对于“制度”一词的定义不尽相同，争议颇大。愚以为，韦森先生的定义颇具见识。韦氏称：“如果我们硬要对社会制序下一个定义的话，我们似乎只能说社会制序就是这样一个从习惯到习俗、从习俗到惯例、从惯例到法律制度的动态的内在逻辑发展过程。”①（韦森先生主张将“institution”一词翻译为“制序”）按照这一研究视角，我们认为，贤良、文学的财政观正在处在一种由“惯例”指导的阶段，而桑弘羊的财政观则处于“法律制度”这一层次，当然，这里所指的“法律制度”并非是现代“法制”这一概念，而是中国古代法家所倡导的君主集权专制下的律令。鉴于此，我们主张将贤良、文学的财政思想称作“惯例财政观”，而将桑弘羊方称作“律令财政观”，以此定义并分别加以阐释。

二、贤良、文学之“惯例财政观”

总体来讲，我们将要构建的贤良、文学的“惯例财政观”主要是由“礼”与“仁”两大“惯例”构成的，在此之下派生出了一系列的以财政收支为核心的包括“文质论”“什一税制与井田论”“‘君子——小人’分工的藏富于民论”在内的制度安排。这三项制度安排在相互独立的同时又依次演进、相互依存，但作为一种缺少第三方监督的、以自我实现为核心的“惯例”为指导的财政观，其最终落脚点依旧是人的道德秉性。

在细论之前，我们应先对“惯例”这一概念加以界定。韦森先生称：“作为一种状态、一种情形和一种社会博弈均衡的习俗一旦驻存相当一段时间，从而‘定型’或‘定影’为一种‘显俗’，这种显俗就是一种惯例。”② 我们一般认为，“礼”是起源于原始氏族社会时期的习俗的，后经行政范围的扩大以及阶级的分化，逐渐演变为贤良、文学所述的“礼”。这种“礼”将原始习俗通过一种“命服”的方式加以显化③。从信息传递的角度讲，“礼”实际上是一种信号发射器，

① 韦森：《社会制序的经济分析导论》，上海三联书店2001年版，第230页。

② 韦森：《社会制序的经济分析导论》，第196页。

③ 关于“命服”请参看阎步克：《饮酒庆功礼与班位、命数——周代品位形态与功绩制》，《北京大学学报（哲学社会科学版）》，2018年第2期。

各“品位”等级的人通过自己所处于的品阶传递着一种私有产权的信号，如《春秋左传·隐公五年》载：“公问羽数于众仲。对曰：‘天子用八，诸侯用六，大夫四，士二’。”[①] 又如《论语·先进》记载：“颜渊死，颜路请子之车以为之椁。子曰：‘才不才，亦各言其子也。鲤也死，有棺而无椁。吾不徒行以为之椁。以吾从大夫之后，不可徒行也。’”[②] 颜回虽为孔子的爱徒，但孔子作为大夫阶级，车是他必须要有的财产，因此决不可卖掉。从国家财政收入的角度看，应属于个人的财产，国家不应强行剥夺，贤良、文学主张“藏富于民”就是这个道理，如文学曰：“民人藏于家，诸侯藏于国，天子藏于海内。故人民以垣墙为藏闭，天子以四海为匣匮。……是以王者不畜聚，下藏于民，远浮利，务民之义；义礼立，则民化上。”[③] 按其所言，不管是“民”“诸侯”“天子”均可拥有属于自己“品位”的财产的绝对产权，国家在进行财政征收时应充分尊重这种所有权，即使是天子亦有自己的用度标准，在确定征收财政的数目时亦同样应以此为限制，而后文将论述的桑弘羊却不然。

我们应注意，从财政制度角度讲，“礼”并非一直作为一种“惯例”。西周、春秋早期，“礼”已经由“惯例”发展为了一种“习俗法”。原因在于，“惯例”之所以为“惯例”的原因在于并没有一个强制的第三方将其上升为成文律令，而是一直作为一种约定俗成的行为规范，违反这种规范并不会被第三方惩罚，而“习俗法”却存在这样一个公众惩罚机制，一旦有人违反即会遭到惩罚，《春秋左传》中就有大量的违反“礼”而被讨伐的例子。但到了春秋的中后期以及战国时期，也就是我们所说的“礼崩乐坏”的阶段，“礼”已经逐步解体，这时“礼”又重新退回到了“惯例”这一阶段，转为由儒家“君子”自身所追求的最高目标，而违反“礼”亦不再受到公众惩罚，我们说儒家复古，从制度演化的角度讲大概就是如此。这一点在以“律令”立国的贤良、文学所处的时期由其如此。原因在于，在生产力尚不发达的时期，以等级品阶来分配某种程度上是可行的，但同时这种财政分配方式亦是与生产水平与消费水平不相符合的，随着财富的积累，诸侯自然有能力享用超过自己等级的物品，普通百姓同样如此。换句话说，以等级关系来决定国家财政的收支数目与征缴范围已经不符合经济发展的客观规律了。随着铁器牛耕的发展，这一点在贤良、文学所处的时期表现尤其突出。同时，由于受儒家复古思想的影响，等级关系依然起着重要作用，因此，贤良、文学进一步的强调了另一种更符合时代发展要求的“仁”的这种惯例。从贤良、文

① 杨伯峻：《春秋左传注·隐公五年》，中华书局 2018 年版，第 39 页。

② 程树德：《论语集释·先进》，第 752—752 页。

③ 王利器校注：《盐铁论校注·禁耕》，第 67—68 页。

学所使用的频率上看，“仁”的频率比“礼”要多很多，如文学曰：“故非特崇仁义无以化民，非力本农无以富邦也。”[①] 又如文学曰：“无仁义之德，而有富贵之禄，若蹈坎阱，食于悬门之下，此李斯之所以伏五刑也。”[②] 阎步克先生将“礼”进一步划分为“尊尊”“亲亲”“贤贤”三部分，并提出，“仁”就是“亲亲”的泛化[③]。但事实上，“仁”中亦有“尊尊”之意，这一点似乎为学界所忽视。如有子曰：“孝弟也者，其为仁之本也。”[④] 可见，“仁”中包含了“孝”与“悌”两部分，其中，“孝”对应“亲亲”，而“悌”则含有“尊尊”之意。再如子曰：“人而不仁，如礼何？人而不仁，如乐何？”[⑤]，可见“仁”同时包含了“礼”与“乐”两部分。又《礼记·乐记》曰：“乐者为同，礼者为异。同则相亲，异则相敬。”[⑥]“异”“敬”均含有“尊尊”之意，可见，不管是“礼”还是“仁”都有“等级下的经济自由”之意。既然二者意思相近，因何孔子以降的包括贤良、文学在内的学者相对于“礼”更多讲“仁”呢？我们认为，二者虽然同时包含了“亲亲”与“尊尊”，但各自的社会关系簇具有明显的倾向性，第二节所阐述的“礼”更趋向于“品位”因素引领的等级关系，而本节所述的“仁”则更趋向于经济关系、更注重平等。随着生产力的发展，西周时期原有的天子——贵族——平民的三层关系被打破，取而代之的是由天子——平民构成的二元社会结构，原有的社会等级秩序被严重削弱。虽然到秦汉时期亦有爵制，但此时的整个社会逐步趋向于一种淡化“品位”而重视“职位”的新形态[⑦]。在此之下，追求经济自由的等级因素同时逐渐被打破，平民亦有自由追求自己经济诉求的权利，以致出现了司马迁所谓的“素封”阶层。这种“仁”在贤良、文学的“惯例财政观”中起了何种作用呢？我们认为，主要有如下三个方面的体现：

第一，我们先讨论“文质论”。有这样一个细节经常为研究《盐铁论》财政思想的学者所忽视，贤良、文学在反对桑弘羊均输、平准即政府利用财政贡物经商时，经常利用“文”与“质”的关系来进行阐述。如文学曰：“夫文繁则质衰，末盛则本亏。末修则民淫，本修则民悫。”[⑧] 从文学的这段论述中，我们可以得出这样两则对应关系：文繁——末盛；质衰——本亏。这两对关系应做如何解释

① 王利器：《盐铁论校注·轻重》，第179页。
② 王利器：《盐铁论校注·毁学》，第230页。
③ 请参看阎步克：《士大夫政治演生史稿》，北京大学出版社1996年版，第87、187页
④ 程树德：《论语集释·学而上》，第13页。
⑤ 程树德：《论语集释·八佾上》，第142页。
⑥ ［清］孙希旦：《礼记集解·乐记上》，第986页。
⑦ 阎步克：《品位与职位——传统官僚等级制研究的一个新视角》，《史学月刊》，2001年第1期。
⑧ 王利器校注：《盐铁论校注·本议》，第1页。

呢？首先，我们应清楚“文”与“质”的具体含义。这一点，阎步克先生的论述独具匠心。阎氏认为“文”指“尊尊”，而“质”指“亲亲”①。同时，阎氏指出：“文”的内容，古人认为是礼议法度的日趋繁密；换言之，“文烦”既包括礼文之烦，也包括律文之烦②。我们认为，贤良、文学所说的应指后者。贤良、文学主张以“惯例”为指导，这种由“习俗”转化的来的行为规范导致其更倾向于人的道德层面，主张人的自我维系，一定程度上损失了效率。而桑弘羊的“律令财政观”以成文的“律令”为指导，与前者相比大幅度地提高了国家的行政效率，秦时的南郡郡守有非常深刻的阐释，如：廿年四月丙戌朔丁亥，南郡郡守腾谓县、道嗇夫：古者，民各有乡俗，其所利及好恶不同，或不便于民，害于邦。是以圣王作为法度，以矫短民心，去其邪避（僻），除其恶俗。法律未足，民多诈巧，故后有闲令下者。凡法律令者，以教道（導）民，去其淫避（僻），除其恶俗，而使之之于为善殹（也）③。另一方面，由于桑弘羊出身于商人阶层，导致其同时兼具了效率与求利两种特性，短时间内谋取巨额利润成为其所追求的最高目标。因此，其一系列的财政政策使原本不属于该阶层的财富全部集中在政府手中，导致民间的财富萎缩，不得不弃农经商。如文学曰：“若则饰宫室，增台榭，梓匠斫巨为小，以圆为方，上成云气，下成山林，则材木不足用也。男子去本为末，雕文刻镂，以象禽兽，穷物究变，则谷不足食也。妇女饰微治细，以成文章，极伎尽巧，则丝布不足衣也。庖宰烹杀胎卵，煎炙齐和，穷极五味，则鱼肉不足食也。当今世，非患禽兽不损，材木不胜，患僭侈无穷也；非患无旃罽橘柚，患无狭庐糟糠也。”④ 因此，贤良、文学主张用“质”来救“文”即文学所言的“夫救伪以质”⑤，强调实现“亲亲”与“尊尊”的协调，使政府尊重个人追求自己欲望的权利，最终实现等级关系与经济关系的协调，这就是“仁”。

第二，这种经济关系与等级关系相结合的“文质论”在财政思想中最显著的表现就是贤良、文学所主张的什一税制与井田制，这二者是一体两面的。如：

文学曰：“故理民之道，在于节用尚本，分土井田而已。”⑥

文学曰：“先帝之开苑囿、池籞，可赋归之于民，县官租税而已。假税殊名，

---

① 阎步克：《士大夫政治演生史稿》，第 307 页。

② 阎步克：《士大夫政治演生史稿》，第 308 页。

③ 睡虎地秦墓竹简整理小组编：《睡虎地秦墓竹简》，文物出版社 1990 年版，第 13 页。

④ 王利器校注：《盐铁论校注·通有》，第 43—44 页。

⑤ 王利器校注：《盐铁论校注·错币》，第 57 页。

⑥ 王利器校注：《盐铁论校注·力耕》，第 29 页。

其实一也。”①

文学曰：“什一而籍，民之力也。丰耗美恶，与民共之。民勤，己不独衍；民衍，己不独勤。故曰：‘什一者，天下之中正也。’”②

从上引材料中我们可以看出，贤良、文学反对政府经商，其认为只要以“什一”之税，就可以满足政府财政需要。事实上，井田制这种原始的耕作方式至少自汉武帝时期的儒者就已经意识到其并不适应当时的生产状况，如《汉书·食货志》记载董仲舒曰：“古井田法虽难卒行，宜少近古”③，既然如此，那么因何贤良、文学会重新提及井田制呢？我们认为，随着政府经商不断于民争利，在政府财政迅速充盈的同时，一方面其财富的摄取已超过了“礼”的限制，而另一方面，由于小农破产，逐渐弃农经商，导致“民”这个阶层的收入差距过大，一部分人同样超过了“礼”的限制，而另一部分人则没有能力追求自己应有的财富，只能承受政府与豪民的双重剥削，生活困苦不堪。如《盐铁论》记载：“文学曰：‘往者，军阵数起，用度不足，以訾征赋，常取给见民，田家又被其劳，故不齐出于南亩也，大抵逋流，皆在大家，吏正畏惮，不敢笃责，刻急细民，细民不堪，流亡远去；中家为之绝出，后亡者为先亡者服事；录民数创于恶吏，故相效仿，去尤甚而就少俞者多。’”④ 鉴于此情景，贤良、文学认为，以井田制为基础的“什一”税制是解决此问题的最好方法。原因在于，公田、私田之分、先公后私的耕作顺序可使不同阶层的人的需要都得到满足，可以实现经济关系与等级关系的和谐统一。从政府阶层的角度讲，按照等级分配不同的田亩数量，其各自的税收来源即公田所得恰符合其“品位”的要求，即不会“僭侈”亦不会不足；而对于“民”这一阶层而言，各自的私田其是有绝对的产权的，这样既满足了其对追求财富的愿望，又同时实现了阶级差别，更大程度上弥补了同阶层的财富差距。最终实现了贤良、文学之“惯例财政观”的最高目标，即自我道德的升华，实现了教化之功。井田制的这种作用，正如《汉书·食货志》所记载的那般：“理民之道，地著为本。故必建步立晦，正其经界。六尺为步，百步为亩，百亩为夫，夫三为屋，屋三为井，井方一里，是为九夫。八家共之，各受私田百亩，公田十亩，是为八百八十亩，余二十亩以为庐舍。出入相友，守望相助，疾病相救，民是以和睦，而教化齐同，力役生产可得而平也。……士工商家受田，五口

① 王利器校注：《盐铁论校注·园池》，第172页。

② 王利器校注：《盐铁论校注·未通》，第191页。

③ ［东汉］班固：《汉书·食货志上》，中华书局1962年版，第1137页。以下版本皆同。

④ 王利器校注：《盐铁论校注·未通》，第191—192页。

乃当农夫一人。此谓平土可以为法者也。……有赋有税。税谓公田什一及工祀，天子奉养百官禄食庶之费。”① 借此实现了我们所阐述的“仁”的境界。

第三，“君子——小人的分工论”是贤良、文学主张藏富于民的理论基础。如：

文学曰：“君子怀德，小人怀土。”②

文学曰：“君子重其礼，小人贪其养。”③

贤良曰：“故礼义立，则耕者让于野；礼义坏，则君子争于朝。人争则乱，乱则天下不均，故或贫或富。”④

在西周时期，“君子”特指贵族阶层，到孔子时期，任何知“礼”的人皆可称为“君子”，而到贤良、文学所处的时期，“君子”则指以天子为首的政府阶层，而“小人”则指平民阶层，其分别对应前文所述的社会二元结构。在贤良、文学的构想中，生产关系与等级关系、“亲亲”与“尊尊”必须相互整合，因此其提出，由平民阶层以产业分工的形式进行生产，并以税收的形式供应政府阶层，这样既满足了每个人追求经济权利的欲望，又实现了等级上的分化，即个人都符合了“义”。正如贤良所言：“古者，千室之邑，百乘之家，陶冶工商，四民之求，足以相更。故农民不离畦亩，而足乎田器，工人不斩伐而足乎材木，陶冶不耕田而足乎粟米，百姓各得其便，而上无事焉。”⑤，这也就是为何贤良、文学主张“不与民争利”的原因，政府一旦经营商业，则会打破这种分工下的协调，进而造成社会关系的混乱。如文学曰：“先帝之开苑囿、池籞，可赋归之于民，县官租税而已。假税殊名，其实一也。夫如是，匹夫之力，尽于南亩，匹妇之力，尽于麻枲。田野辟，麻枲治，则上下俱衍，何困乏之有矣？”⑥ 再如文学曰：“古者，事业不二，利禄不兼，然诸业不相远，而贫富不相悬也。……故古者大夫思其仁义以充其位，不以权利以充其私也。”⑦ 又如文学曰：“故非君子莫治小人，非小人无以养君子，不当耕织为匹夫匹妇也。”⑧ 同时，“礼”之“贤贤”的

① ［东汉］班固：《汉书·食货志上》，第1119—1120页。
② 王利器校注：《盐铁论校注·毁学》，第231页。
③ 王利器校注：《盐铁论校注·孝养》，第309页。
④ 王利器校注：《盐铁论校注·授时》，第422页。
⑤ 王利器校注：《盐铁论校注·水旱》，第430页。
⑥ 王利器校注：《盐铁论校注·园池》，第172页。
⑦ 王利器校注：《盐铁论校注·贫富》，第220页。
⑧ 王利器校注：《盐铁论校注·相刺》，第254页。

教化作用亦被贤良、文学加以利用。在其所构建的分工体系下，贤良、文学强调教化、反对刑罚，如贤良曰："古者，笃教以导民，明辟以正刑。刑之于治，犹策之于御也。良工不能无策而御，有策而勿用。圣人假法以成教，教成而刑不施。故威厉而不杀，刑设而不犯。今废其纪纲而不能张，坏其礼义而不能防。民陷于罔从而猎之以刑，是犹开其阑牢，发以毒矢也，不尽不止。"① 其实际上是在于希望保持"仁"的稳定，即维持生产关系与等级关系之间的相互平衡。如文学曰："故天子不言多少，诸侯不言利害，大夫不言得丧。畜仁义以风之，广道德以怀之。"②

总体而言，贤良、文学的这种基于"惯例"的财政观虽一定程度上符合了时代的需要、适应了生产力的发展，但却未被统治者所采纳。就其根本而言，这种由传统习俗发展而来的"惯例"保留了大量的非帕累托最优的因素，浓厚的"礼"之等级关系依旧发挥着巨大的作用，在实际执行过程中，这种"惯例"在节约了交易成本的同时也成为了交易成本产生的根源。

三、桑弘羊之"律令财政观"

前文已经提及，以"律令"为指导的法家吏员十分注重行政效率，此类吏员特点鲜明，正如阎步克先生所言："官僚制度的基本精神，表现为有明确目的的、可计算的、可控制的、合乎逻辑的、普遍主义的和系统化的达到目的的手段。这种合理化精神要求排除与政治行政无关的任何考虑，把千变万化的具体个案的处理化为充分形式化的程序和规程。"③对于兼具商人背景与刀笔官僚背景的桑弘羊而言，其将经济效率与行政效率相互耦合，中央与地方之争、财政危机、对外战争等问题均被"数字化"，成本与收益所构成的会计利润成为其追求的唯一目标，如

大夫曰："故善为国者，天下之下我高，天下之轻我重。以末易其本，以虚荡其实。"④

大夫曰："故乃富贾之富，或累万金，追利乘羡之所致也。"⑤

① 王利器校注：《盐铁论校注・后刑》，第419—420页。
② 王利器校注：《盐铁论校注・本议》，第2页。
③ 阎步克：《士大夫政治演生史稿》，第171页。
④ 王利器校注：《盐铁论校注・力耕》，第29页。
⑤ 王利器校注：《盐铁论校注・力耕》，第29页。

大夫曰："车马衣服之用，妻子扑养之费，量入为出，俭节以居之，俸禄赏赐，一二筹策之，积浸以致富成业。"①

在这一点上，桑弘羊与西方思想家马克斯·韦伯所述的资本主义主要特征倒有几分相似之处。无论均输、平准、还是盐铁专卖，其本质上都是利用自然资源的空间分工以赚取其间的差价，如：

大夫曰："五行：东方木，而丹、章有金铜之山；南方火，而交趾有大海之川；西方金，而蜀、陇有名材之林；北方水，而幽都有积沙之地。此天地所以均有无而通万物也。今吴、越之竹，隋、唐之材，不可胜用，而曹、卫、梁、宋，采棺转尸；江湖之鱼，莱、黄之鲐，不可胜食，而邹、鲁、周、韩，藜藿蔬食。"②

大夫曰："今夫越之具区，楚之云梦，宋之钜野，齐之孟诸，有国之富而霸王之资也。"③

桑弘羊所处的时代是我国古代市场经济高速发展的时代，成批的且体量巨大的商人阶层迅速崛起。但在当时，市场经济的发展程度毕竟是有限的，市场信息的传递、物品的转运均受到了不同程度上的限制。如桑弘羊所言："往者，郡国诸侯各以其方物贡输，往来烦杂，物多苦恶，或不偿其费。"④ 但是这一点对于政府来说就较容易解决。汉武帝时期完备的中央集权体制使市场信息可以迅速汇总，遍布天下的运输体系亦远非其他力量可以比拟，而这一切的调度则均靠政府"律令"来执行。概言之，桑弘羊的"律令财政观"的核心要件只有两点，即效率与利润。所谓盐铁专卖就是其集中体现，本节试分析如下：

第一，武帝时期的财政危机的缘由即为大规模的对外作战，班固在《汉书·西域列传》曾赞曰："及赂遗赠送，万里相奉，师旅之费，不可胜计。至于用度不足，乃榷酒酤，筦盐铁，铸白金，造皮币，算至车船，租及六畜。"⑤ 因此，桑弘羊必须在短时间内集中国内财富，弥补财政空缺。但是，国防作为一种公共资源，在实际过程中必然面临着供给不足。著名经济学家奥尔森曾经用相当严格的

① 王利器校注：《盐铁论校注·贫富》，第 219—220 页。

② 王利器校注：《盐铁论校注·通有》，第 42 页。

③ 王利器校注：《盐铁论校注·刺权》，第 120 页。

④ 王利器校注：《盐铁论校注·本议》，第 4 页。

⑤ ［东汉］班固：《汉书·西域列传下》，第 3928—3929 页。

数学向我们证明，在集团内部，公共物品的消费往往是不足的。同时，奥尔森指出，解决公共物品供给不足的措施只有一个，即集团内部的大成员消费更多的公共物品，以弥补小成员的消费力不足①。若将整个国家看作一个集团，那么盐铁产业无疑是这个集团内部的大成员，但历史的发展告诉我们，这些“豪强大家”并没有支持国家财政，反而私下积蓄势力，威胁中央集权，《盐铁论》曾记载了这样两则材料：

大夫曰：“吴王专山泽之饶，薄赋其民，赈赡穷乏，以成私威。私威积而逆节之心作。夫不蚤绝其源而忧其末，若决吕梁，沛然，其所伤必多矣。”②

大夫曰：“往者，豪强大家，得管山海之利，采铁石鼓铸，煮海为盐。一家聚众，或至千余人，大抵尽收放流人民也。远去乡里，弃坟墓，依倚大家，聚深山穷泽之中，成奸伪之业，遂朋党之权，其轻为非亦大矣！”③

盐铁行业的生产与其他行业不同，其需要数量众多的劳动力协作生产，这部分力量可以说是一股潜力巨大的、有规模、有组织的反中央武装，因此最好的解决办法只能是国营。值得一提的是，任何一项制度的出台，都是统治集团内部根据现实政治与经济状况而进行理性思考的结果，并不是个人意识的滥用，这一点即使是在专制集权主义时期依旧使用。统治地位的稳固，离不开理性行政，同时，“律令”则是理性思考本身的结果。

第二，盐铁产业自身生产组织结构上的特点亦为一重要原因。西汉时期，具有大额盈利能力的民间私有产业不止盐铁一门，引致国家财政危机的私营产业亦同样不限于盐铁，奢侈品贸易等跨区域的长途贸易亦如此。如《盐铁论》载：“大夫曰：‘陇、蜀之丹漆旄羽，荆、扬之皮革骨象，江南之柟梓竹箭，燕、齐之鱼盐旃裘，兖、豫之漆丝絺纻，养生送终之具也，待商而通，待工而成。’”④之所以这类行业没有推行国家专卖，原因在于，盐铁产业的生产组织结构更具规模效应。

这种规模效应具有两方面的特点：首先，规模经营需要人数众多的劳动力资源；其次，更加广泛的集聚经营，对生产效率的提高与生产技术的进步是更有利的。以往学者如傅筑夫先生、林剑鸣先生、林甘泉先生等，均从铁器的铸造、鼓

① ［美］奥尔森：《集体行动的逻辑》，上海人民出版社2018年版，第22—32页。
② 王利器校注：《盐铁论校注·禁耕》，第67页。
③ 王利器校注：《盐铁论校注·复古》，第78—79页。
④ 王利器校注：《盐铁论校注·本议》，第3页。

风机的发明、井盐开采等纯技术的角度来研究盐铁生产，却近乎忽略了其生产组织结构上的独特之处。而正是这一组织结构上的特点，成为推动盐铁专卖生成的又一重要原因。

以铁器的生产为例，根据传世文献的记载，其生产组织形式有如下三种：家庭内部的生产组织结构、大商贾、豪强私营的生产组织结构、国家国营的生产组织结构。首先，我们将考察的是家庭内部的生产组织结构向大商贾、豪强私营的生产组织结构的转变。家庭内部的生产组织结构是小农经济的派生物。这种生产模式存在原生性问题，《盐铁论》中桑弘羊有言："家人合会，褊于日而勤于用，铁力不销炼，坚柔不和。"① 所谓"家人合会"是指几个家庭小规模的联合生产，而"铁力不销炼，坚柔不和"则指原铁并没有得到充分锻炼，造成铁的硬度不均匀。这样的结果并不是不肯勤于生产，而是这种生产组织形式所造成的。从企业组织理论的视角来分析，一方面，自给自足的小农经济的主要问题在于其生产活动的广度过大，导致学习规模的效应过小②。这是由于对同一种生产活动的重复性不高，导致专业化的知识性积累过低。小农的主要经济产业是农业，而铁器制造只是偶尔为之，这就引致生产过程中的分工水平不高，进而导致生产技术以及生产工具的落后，产品质量较差。另一方面，铁器本身的生产工序较为复杂，从铁矿石的开采到最终产品成型，需经过诸如铸铁加热、退火柔化、锻打脱碳等多道工序，任何一个环节把握不当就会导致铁器的软硬不均。这就意味着，一个人不可能充分掌握全部生产知识。这种工序上的复杂程度，即使是几个小家庭联合生产，亦达不到要求。换句话说，小农家庭联合的生产组织形式是达不到铁器生产所要求的最小生产规模的③。因此，在效率与会计利润的引领下，小家庭的分散生产必然向大规模集聚生产过渡。

大规模集聚生产的好处在于可以在铁矿石出土地就近组织生产。并且，大商贾与豪强有足够的经济实力可以雇佣更多的工人进行专业化的工序上的分工，并在分工的基础上进行有效的纵向协调。但正如前文所言，这种大规模集聚生产虽克服了家庭内部小组织生产的弊端，但对于统治者来说，劳动力的大规模聚集不仅为意图逃税的小农提供了孔道，亦同时威胁了国家政权的稳定。从这个角度上

---

① 王利器校注：《盐铁论校注·水旱》，第429页。

② 所谓学习规模，取决于学习主体（人）针对同一认识对象（一件器具、一个操作过程或某种具体的关系等）所进行的认识活动的次数、延续的时间以及中断次数的时间。引于林金忠：《企业组织的经济学分析》，商务印书馆2006年版，第235页。请参看。

③ 最小技术单位规模这一概念是由厦门大学林金忠教授所首次提出的，其指在特定的技术条件下，因生产活动在技术上的不可分性所决定的生产单位的最小规模。请参看林金忠：《企业组织的经济学分析》，商务印书馆2004年版，第109—110页。

讲，国家不可能放任大商贾、豪强等进行如此大规模的生产。另一方面，既然盐铁产业存在规模效应，那么国家相比地方势力来说更具生产规模上的优势。如从劳动力角度讲，国家掌握着数量众多的官奴婢及刑徒，不仅可以满足大规模生产的需要，亦可以节约雇佣工人的生产成本。再如从生产技术的角度讲，官府则拥有生产工序及工具上的优势。桑弘羊就曾言道："卒徒工匠，以县官日作公事，财用饶，器用备。……吏明其教，工致其事，则刚柔和，器用便。此则百姓何苦？而农夫何疾？"① 从这一点来讲，以利润最大为目标的桑弘羊自然会选择国家专卖。

概言之，本文所构建的"律令财政观"与贤良、文学"惯例财政观"最大的区别在于：以"律令"为基础的财政思想是统治集团理性构建的结果，而贤良、文学则是演化、变迁的结果。从整个人类制度的发展史上讲，任何一项制度都不是任何人主观意识的随意构建，其或是由某种原始习惯与习俗不断演化而来，或是由一个社会内部中的占主要地位的团体根据不同情境设计的结果。"惯例"依靠个人品格加以自维，而后者则依靠统治集团的暴力以"律令"的形式加以维系。但我们不可否认的是，这两者并不是截然两分的，"惯例"与"律令"都是演化变迁与理性同时作用的结果。从贤良、文学角度讲，"惯例"也许并不是高效的，但由于千百年来人类总是按照这一种习惯、习俗来行事，这种"路径依赖"已经使这一套行事规范成为人内心中的一种挥之不去的信念层面的东西，但理性的力量依旧发挥着作用，这就是由"礼"到"仁"的转变。另一方面讲，以桑弘羊为代表的追求效率与利益的"律令"控制的方式虽然理性在其中发挥了很大的作用，从制度的演化角度讲，这一批人无疑是原有"惯例"的"怪胎"，然而其确在某种程度上弥合了原有行为规范的缺点，这种帕累托改进随着"律令"的暴力式的强制推广，不断又形成了一套新的行为规范并在今后的历史长河中不断的发生变迁与演化。秦皇与汉武时期无疑是我国制度发展史上的奠基时期，而发生在西汉昭帝时期的这次盐铁会议从本质上讲亦无疑是原有习惯、习俗、惯例与新出现的理性行政之间的一次"短兵相接"。某种程度上讲，其争论的要点或许并不那么重要，但从整个中国古代发展史来说，这次争论无疑促进了两种发展理路的相互融合与相互借鉴，奠定了我国两千年来的法治与德治相融合的历史根基。

① 王利器校注：《盐铁论校注·水旱》，第429—430页。

参考文献

[1] 王利器校注．盐铁论校注［M］．北京：中华书局，1992.

[2] 程树德．论语集释［M］．北京：中华书局，1990.

[3]（清）王先谦．荀子集解［M］．北京：中华书局，1988.

[4]（清）孙希旦．礼记集解［M］．北京：中华书局，1988.

[5] 杨宽．古史新探［M］．上海：上海人民出版社，2016.

[6] 韦森．社会制序的经济分析导论［M］．上海：上海三联书店，2001.

[7] 杨伯峻．春秋左传注［M］．北京：中华书局，2018.

[8] 阎步克．士大夫政治演生史稿［M］．北京：北京大学出版社，1996.

[9] 睡虎地秦墓竹简整理小组．睡虎地秦墓竹简［M］．北京：文物出版社，1990.

[10]（东汉）班固．汉书［M］．北京：中华书局，1962.

[11]（美）奥尔森．集体行动的逻辑［M］．上海：上海人民出版社，2018.

[12] 林金忠．企业组织的经济学分析［M］．北京：商务印书馆，2006.

破题“不安”与“不均”：曹操治税新探

臧建文

摘　要：“挟天子以令不臣”的曹魏政权致力于提供一个相对安定和平的生产经营秩序，促进了农业经济恢复与民众生活稳定；曹操吸取了袁绍等诸侯势力在军事物资可持续供给与阶层收入合理分配等公共治理方面的深刻教训，尝试以税收制度改革促进经济与军事的均衡发展，并避免出现贫富悬殊问题。这些因素都决定了曹操以解决“不安”和“不均”为己任。在此战略目标导向下，曹魏政权秉持“修耕植、蓄军资”原则，以劳动力与土地等要素的重新组合，积极推行规模化屯田，壮大军事经济实力，保障了治理区域的稳固及扩大。在官渡之战后，曹魏政权实施了田租户调制及平赀法等税收举措，以加强税负公平来缩小贫富阶层差距。在税收征管过程中，曹操还注重采取轻税策略，禁止官吏额外盘剥，基于实际情况及时纠偏，以关照民生疾苦，减轻了民众税负。

关键词：曹操治税　“不安”　“不均”

面对东汉末年战乱频仍、社会生产遭受重创以及贫富两极分化等时代乱象，为何曹魏政权能够在诸侯势力割据的激烈竞争中脱颖而出？曹魏政权不仅实现了北方的统一，而且为后世西晋的全国统一奠定了基础。这自然离不开曹操作为政治领袖的所思所为，尤其是包括屯田、田租户调制、平赀法、减免田赋等一系列税收制度的推进，对结束汉末社会失序和北方战乱、推进经济社会复苏、缩小贫

作者简介：臧建文，河北金融学院保险与财政学院讲师，上海财经大学税收学博士后。

［基金项目］本文是2022年河北省高校党建研究课题研究成果（GXDJ2022B392）、中国博士后科学基金项目（2021M702072）阶段性研究成果。

富差距、改善国家治理均具有十分重要的意义。

曹操的所思所为体现出他的历史价值，乱世之中，确实需要他这样的英雄人物站出来。因此，我们今日评价历史人物更当站在当事人的角度去思考他所面对的实际问题。如吕思勉先生所批评的：“我现在，要替一位绝代英雄辩诬了，……对于魏武帝的不正当的批评，我们只能认为社会的程度低下，不足以认识英雄。”①

一、社会生产经营秩序的恢复

曹操在《述志令》中曾言：“设使国家无有孤，不知当几人称帝，几人称王”。结束北方严重割据战乱局面，推进社会基本秩序的恢复，是曹操本人及其主政的曹魏政权为自己设定的施政目标。恩格斯曾针对中世纪历史的评论道：“普遍的混乱状态中，王权是进步的因素。”② 三国时期亦如混乱的中世纪，而相对稳定而统一的曹魏政权的存在，是民生的企盼，也是社会经济发展的契机。曹魏政权建立的诸多制度，对当时及后世产生了深远的影响。

汉末乱世中，国家的税收征管体系和社会生产经营秩序遭到彻底破坏，曹魏政权作为当时最大的暴力集团之一，注重以和平的方式处理与百姓之间的利益关系，是他能够从诸军事集团中脱颖而出的关键所在。曹魏政权实行以向屯田农民提供生命、财产安全和社会秩序的安全稳定为代价，通过交易的形式并辅之以一定的强制性，获取“保护费”性质的服务报酬，以此作为自己一个时期内可仰赖的收入来源。从性质上说，屯田租并不是完整意义的税收，但在国家田赋系统已经废弛、农业经济被破坏殆尽、军队供给几乎陷入绝境的特殊条件下，却具有了很强的税收意义，而成为一种广义的税收形式，并且只有在这个前提下才有可能逐步恢复正常的税收体系。曹魏政权与屯田农民之间进行的是一种“国家契约”式的“税务交易”，理论和实践意义都非同小可。曹操的逻辑顺序是，以屯田开路，重建田赋制度和税收征纳的法律秩序，两“令”之中，《屯田令》在前，《收田租令》在后，反过来是不行的。

曹操制定政策的首要考量，是缓和冲突，并力图把社会冲突保持在一定的“秩序”之内，而不是仅仅停留在减少贫困和饥饿上，即更加关注社会的“不均”和“不安”问题。这是他远比其他军事集团首脑高明的地方。经过二十多年的经

① 吕思勉：《三国史话》，辽宁教育出版社2001年版，第76页。

② 马克思、恩格斯：《马克思恩格斯全集》第21卷，人民出版社2006年版，第453页。

营，终于把汉末已全然崩溃了的社会重新“缝合”在一起，使其重新实现了秩序化，千百年来农民对土地的渴求也得到了一些满足，他所改进的汉代税制形成了一种新的税收组合——租调制，在后世的西晋至隋唐的土地与财税制度中都可以找到它的影子。

在寻求恢复与重构秩序的过程中，曹操还注意到一个关键问题，即在制定政策时，不是只代表某一阶层或某一集团的利益，而是注意超脱于社会之上，以恢复秩序、缓和各阶层之间的矛盾来寻求整个社会的稳定。所以他的政策中既有对农民和其他社会成员的限制，也有对贵族和豪族利益的限制，单纯批评曹操保护农民不够，或打击豪族不够，都是一种偏颇。曹操以其行为表明一个道理：秩序之内的利益相关各方都同样予以保护，才有可能更好地维护秩序，所以在各路军事集团首脑中，只有曹操更像是一位国家的统治者，也是因为这个原因，曹魏政权在法治建设方面亦拥有较高的历史地位。滋贺秀三认为，“中国严格意义上的法典编纂是从魏律开始的。”① 从这个意义上说，曹操是在从事建构“国家”的努力，而其他列强不是，这才是曹操在残酷竞争中能够最终胜出的重要原因。

曹魏政权注重经济和税收的经营运作，使它看上去有几分“经济人”的色彩，即在为社会提供一定服务的同时，也通过获取社会利益来谋求自己的利益的最大化。曹魏政权征税并不只是针对社会下层，也针对社会上层和豪族庄园，其在“平赀”过程中的较真表现，说明公平原则是得到认真贯彻的。屯田在中国历史上一直具有重要地位，但对后世产生重要影响的是曹魏的民屯，而不是汉武帝时期的军屯，其中以明代屯田最具有曹魏特色，并在此基础上发展出了商屯。

显然，问题的关键不在于是否存在剥夺，而在于国家对社会利益的侵夺应当保持在一定限度内，而且将国家职能的实现列在国家利益追求之先。应该说，曹操在这方面还是存在一些问题的。他能够完成北方统一并对其实施了有效治理，也为后来居上的西晋统一打下了一定的制度基础，说明他的制度和政策是成功的，但也有着另一个侧面，在曹魏的政策结构之下，北方的经济和人口一直没有恢复到东汉时期水平，这与长期的战争环境有关，尽管曹魏政权在赋税征收时有所节制，但社会的总体税负水平与和平年代相比依然偏高。

二、屯田——劳动力与土地要素的重新组合

相传建安二十四年（219），曹操驻兵汉中褒谷口，见褒河流水汹涌而来，水

---

① （日）滋贺秀三：《曹魏新律十八篇篇目考》，刘俊文主编、姚荣涛、徐世虹译：《日本学者研究中国史论著选译》第8卷，中华书局1992年版，第101页。

激石岸，堆浪如雪，遂挥笔题写“衮雪”二字。随从提醒“衮字缺水三点”，曹操抚掌大笑曰：“一河流水，岂缺水乎？”细细品之，曹操此话大有深意。税收与军事同一道理，恢复秩序、民生安定、经济发展，便是天下承平既久的“一河流水”。曹操在戎马倥偬之际，能够利用身边河水这一自然条件，与所写的“衮”字相组合，这不仅是政治家的浪漫主义，而且带有国家治理者的制度创新思想。正如荀子在《劝学》篇所言“君子生非异也，善假于物也”，而对于曹操这位国家治理者来说，善于凭借已有资源如军事集团战争所占领的无主公地，在吸纳因遭遇战乱而逃离四散的百姓基础上，通过制度建构与激励机制，实现上述二者的生产组合，在恢复农耕经济生产的同时，完成发展壮大曹魏政权的既定目的。

这一点，在屯田的认识与推进上，有着高度一致性。东汉末年，战乱频仍，百姓流离失所，农业生产遭受严重破坏，到处肆虐的掠夺行为导致经济全面陷于停滞和衰退中，民间无法累积财富，也就意味着政权失去了稳定的收入来源，其所赖以生存的军粮供给面临着彻底“断供”的危险，如史载：“公家无经岁之储，百姓无安固之志，难以持久”①。比如袁绍、刘表等都无“经远之虑”，缺乏“树基建本”② 的能力，政权必然难以长久维系。袁绍方面，“举大事而仰人资给，不据一州，无以自全”③“军人仰食桑椹”④；刘备方面，“军在广陵，饥饿困败，吏士大小自相啖食”⑤。可见，上述诸侯割据势力均面临严峻的物质经济短缺问题，且缺乏根本的解决办法。曹操自己面临的形势也很严峻。如在与吕布交战进入相持阶段时，曹军“乏食，（程）昱略其本县，供三日粮，颇杂以人脯”⑥。兴平元年（194），“蝗虫起，百姓大饿”，导致军队补给匮乏，以致于“太祖新失兖州，军食尽”⑦，“是岁谷一斛五十余万钱”⑧，不得不“罢吏兵新募者”⑨。

显然，物质的匮乏在很大程度上限制了曹魏政权军事实力的积聚。这种局面持续下去，必然导致军事行动的全面失败。作为谋士的毛玠此时为曹魏政权量身打造了“修耕植”方案，把实现军需物资的可持续保障（“蓄军资”）作为政策的着眼点，为的就是让曹军尽快从断粮的绝境中走出来。曹操政权与孙吴、蜀汉

① 《三国志》卷12《魏书·毛玠传》。
② 《三国志》卷12《魏书·毛玠传》。
③ 《三国志》卷6《魏书·袁绍传》注引《英雄记》。
④ 《三国志》卷1《魏书·武帝纪》注引《魏书》。
⑤ 《三国志》卷32《蜀书·先主传》注引《英雄记》。
⑥ 《三国志》卷14《魏书·程昱传》注引《魏书》。
⑦ 《三国志》卷1《魏书·武帝纪》。
⑧ 《三国志》卷15《魏书·司马朗传》。
⑨ 《三国志》卷1《魏书·武帝纪》。

的资源禀赋有所不同。孙吴政权可以利用沿海地域优势，“铸山为铜，煮海为盐”①，“境内富饶”②；蜀汉可凭借境内盐矿资源，“煮盐兴冶，为军农要用”③。曹魏政权地处黄河中下游地带，是历史悠久的农耕产区，境内沿海与盐矿资源均有限，只是这个时期饱受战乱影响，传统农作物生产处于停滞和下降的状态，尽快恢复农业生产应是首要考量。

剧烈的战争尚未停息，农业生产所需要的土地及劳动力要素均出现不足。“今承大乱之后，民人分散，土业无主，皆为公田”④。初平三年（192）冬，曹操追击黄巾军至济北（今山东济南市长清区）而歼之，收其降部三十余万，男女百万余口：“及破黄巾，定许，得贼资业”⑤，将其精锐编入自己的部队，这便是著名的“青州兵”，其余人口则正好作为屯田的劳动力来源。这是他用来“起家”的最大一笔本钱，曹魏政权真正壮大起来，就是从这个时候开始的。如史载：“魏武皇帝用韩浩、枣祗之议，广建屯田；又于征伐之中，分带甲之士，随宜开垦……（今）宜简流人，兴复农官，功劳报赏，皆如魏氏故事。”⑥ 曹操将最早的重点屯田区设在地处黄河与淮河之间的许都，此处有不少土地、河流和湖沼，颇适合于屯垦耕作。这样一来，屯田所需要的两个基本条件即劳动力与土地要素就都具备了。

曹操是在听取“枣祗、韩浩”等人的建议之后“始兴屯田”⑦ 的，这一“开路”⑧ 措施的推进，是对数年前曹操自己制定的“修耕植、蓄军资”方针的落实。结合辖区现状，召集流离四方的农民并将其固着于土地上，设专职官吏对其进行军事化的或准军事化的管理，对收获物实行按比例分成的办法予以分配，这便大体上就是屯田模式了。

屯田分民屯和军屯两种形式。军屯带有强烈的军事供给性质，组织管理也是军事化的，一般在战场边缘地带进行，以适应战争的需要。民屯的产权边界较为清晰，生产效率应比军屯为高，但有距离战场较远、转运困难的问题。从三国区域来看，曹魏屯田的面积是最大的。曹操统治区 12 个州，其中有 11 个州进行了屯田。特别是民屯，推广地域范围较大，不仅与吴、蜀接壤的淮河南北、襄阳以

---

① 《三国志》卷 54《吴书·周瑜传》注引《江表传》。
② 《三国志》卷 54《吴书·周瑜传》注引《江表传》。
③ 《三国志》卷 28《魏书·邓艾传》。
④ 《三国志》卷 15《魏书·司马朗传》。
⑤ 《三国志》卷 16《魏书·任峻传》注引《魏武故事》。
⑥ 《晋书》卷 26《食货志》。
⑦ 《三国志》卷 1《魏书·武帝纪》。
⑧ 李炜光：《曹操治税研究》，《现代财经》1995 年第 4 期，第 45—49 页。

及西北边地天水地区有大量屯田区，而且在曹魏统治区域的腹地许都一带，以及关中、颍川、新野、酒泉、南皮、陈仓等地区，也都是屯田较为集中的区域。这样庞大的屯田规模，在中国古代历史上是罕见的。

关于屯田的分成比例，在曹操的《加枣祗子处中封爵并祀祗令》中有相关记载：“旧，兵持官牛者，官得六分，士得四分；自持私牛者，与官中分。施行来久，众心安之”①，大体上“沿袭西汉以来佃农与地主对半分成的传统租率”②。这里只提到耕牛，实际上，曹魏屯田采用的是“计牛输谷”③ 以及“分田之术”④ 两种分成方式。对此，十六国时期，前燕慕容皝的大臣封裕对魏晋屯田的叙述似更为全面：“且魏晋虽道消之世，犹削百姓不至于七、八，持官牛田者，官得六分，百姓得四分；私牛而官田者，与官中分”⑤。

从性质上说，屯田属于一种契约合作关系。在当时的条件下，流离失所的农民，最需要的是在稳定、和平的外在环境下拥有一块适宜耕作的土地，以及农业耕作所必需的种子、铁器、耕牛等生产资料，以便安心从事生产经营活动。于是，军事割据集团与背井离乡的农民之间，便有了某种合作的可能。能够善于发现并促使这种合作成为现实的，就会成为区域间隐形且激烈竞争中的成功者。如王仲荦先生所说的：“曹操慑于农民起义的巨大威力，不得不首先考虑解决流民问题，这样，由政府在内地推行屯田，使失去土地的农民重新和土地结合起来，便成为首要的问题了。”⑥ 对此，蒋福亚先生也评价说：曹操“和其他军阀只知掠取不问其他相比较，还是要高出一筹”⑦。

屯田作为战时财政应急措施的一种，在汉代即已出现，曹操《屯田令》中的“秦人以急农兼天下，孝武以屯田定西域”⑧ 一句，说明他已经发现了历史上急农与屯田之间存在着某种必然的联系⑨，其历史站位显然更高些。“夫定国之术，在于强兵足食”⑩，给屯田以最高的政治定位，其意图是以最快的速度保障粮食产出量，增加急需的军事供给能力，但又不仅如此，更是希图以此带动农业经济的恢复与发展，为整个北方秩序的稳定奠定物质经济基础。屯田在客观上促使长期分

① 《晋书》卷47《傅玄传》。
② 唐长孺：《魏晋南北朝隋唐史三论》，武汉大学出版社1992年版，第34页。
③ 《三国志》卷16《魏书·任峻传》注引《魏武故事》。
④ 《三国志》卷16《魏书·任峻传》注引《魏武故事》。
⑤ 《晋书》卷109《慕容皝载记》。
⑥ 王仲荦：《魏晋南北朝史》，上海人民出版社2003年版，第37页。
⑦ 蒋福亚：《魏晋南北朝社会经济史》，天津古籍出版社2005年版，第118页。
⑧ 《三国志》卷1《魏书·武帝纪》。
⑨ 汪世忠：《试论曹操的经济政策》，《经济问题探索》1983年第6期，第67—71页。
⑩ 《三国志》卷1《魏书·武帝纪》。

离的土地与劳动力重新结合起来，进而转化成为现实的生产力，其产生的巨大经济社会效应使其战略意图的实现成为可能，这便是蒋福亚先生所评价“高出一筹”的含义。

然而，曹魏政权在屯田实施的初期并不很顺利，主要表现为强制迁徙的做法引起了一些地区民众的不满，出现了“新募民开屯田，民不乐，多逃亡”① 的问题。时任沛郡南部都尉的袁涣对此做了细致观察，发现“夫民安土重迁，不可卒变”②。民众意愿本乡本土安居乐业，不希望原有的生产和生活轨迹骤然发生变化。袁涣认为屯田的推行应顺应百姓这一愿望，“易以顺行，难以逆动”③，不宜过分强制，“宜顺其意，乐之者乃取，不欲者勿僵”④。“太祖从之”⑤，也就是说，曹操接受了袁涣的提议。于是“相土处民，计民置吏，明功课之法”⑥。即在适宜屯田耕作的地方就近安置屯田农民，设置相应的管理机构和官吏，明确屯田收入的分成比例，令“百姓大悦”⑦，许多逃往异乡的农民“闻本土安宁，皆企望思归”⑧。

建安元年，曹操屯田许下，当年即“得谷百万斛”⑨。在此基础上屯田模式进一步加以推广，主要措施是在地方行政系统之外，单列负责屯田日常事务的专职官员：“置典农中郎将，秩二千石；典农都尉，秩六百石或四百石；典农校尉，秩比二千石，所主如中郎将。部分别而少为校尉丞，其秩盖以郡县大小而异。”⑩ 对此，蒋福亚先生认为，这标志着“从中央到地方主持屯田的系统开始建立起来，摆脱了屯田初始时由县令主持的状况，屯田和地方行政分离了”⑪。

曹魏屯田数年，取得了不小的成果，出现了民众生活安定、军事集团壮大、社会经济发展的多方共赢的局面。史籍中多有记载，如“数年之中，所在积粟，仓廪皆满”⑫，“五年中仓廪丰实”⑬，“征伐四方，无运粮之劳，遂兼灭群贼，克平天下”⑭ 等等。

---

① 《三国志》卷11《魏书·袁涣传》。
② 《三国志》卷11《魏书·袁涣传》。
③ 《三国志》卷11《魏书·袁涣传》。
④ 《三国志》卷11《魏书·袁涣传》。
⑤ 《三国志》卷11《魏书·袁涣传》。
⑥ 蒋福亚：《魏晋南北朝社会经济史》，第123页。
⑦ 《三国志》卷11《魏书·袁涣传》。
⑧ 《三国志》卷21《魏书·卫觊传》。
⑨ 《三国志》卷1《魏书·武帝纪》。
⑩ 《后汉书·百官志》刘昭注引《魏志》。
⑪ 蒋福亚：《魏晋南北朝社会经济史》，第119页。
⑫ 《三国志》卷16《魏书·任峻传》。
⑬ 《三国志》卷11《魏书·国渊传》。
⑭ 《三国志》卷1《魏书·武帝纪》“是岁用枣祗、韩浩等议，始兴屯田”条，裴松之注引王沈《魏书》。

三、强调税收负担的公平

作为深受先秦诸子思想影响的政治家，曹操在建安九年（204）击败袁绍集团后颁布的《收田租令》中，第一句话就重申了孔子的均平思想，即“有国有家者，不患寡而患不均，不患贫而患不安。”在初步统一北方之后，曹操即致力于为区域内百姓提供相对和平安定的环境，与此同时，还注意到另一个重要问题，即借鉴袁绍政权败亡的教训，着手解决一个历史遗留既久的税负不均的问题。

袁氏之败，在很大程度上是败于税负不公上。如曹操所总结的：“袁氏之治也，使豪强擅恣，……不足应命”。豪强大族占有独特的地位及权利，大量兼并土地，藏匿人口以逃避税负，导致“下民”阶层税负被极大的加重，以致于到了即使变卖家产也无法弥补税收亏欠的地步。于是，中产者如“下民”阶层不得不纷纷破产而选择逃亡之路，这必然导致税源枯竭的后果：“邑有万户者，著籍不盈数百，收赋纳税，参分不入一”①。

曹操直接点名审配这一袁绍政权下的豪强大族的代表人物，认为其势力壮大的原因，是采取如藏匿罪犯、笼络流亡人口等不法的避税行径，即“审配宗族，至于藏匿罪人，为逋逃主”。豪强大族与中小弱民之税负悬殊，引发了严重的社会贫富阶层分化问题，曹操亦对此严厉批评道：“欲望百姓亲附，甲兵强盛，岂可得邪！”② 官渡之战后，曹操为稳定北方经济社会秩序，必须解决土地兼并及由此导致的赋税负担不均的问题。

对迫在眉睫的土地问题，主簿司马朗的建议是“宜复井田”，认为井田本身为国有土地，不会产生兼并问题，又因为战时土地大量荒芜，收其为国有只是顺势而为：“今承大乱之后，民人分散，土业无主，皆为公田，宜及此时复之”。时曹操身边的大臣或谋士也提出过不少恢复井田的意见，如荀悦称：“若高祖初定天下，光武中兴之后，人众稀少，立之易矣。既未悉备井田之法，宜以口数占田，为之立限，人得耕种，不得卖买，以赡贫弱，以防兼并，且为制度张本，不亦宜乎”③，企望由井田制恢复而防止土地兼并。他在《申鉴》中进而提出了“耕而勿有，以俟制度可也”④ 的主张。意思是，百姓对土地只能耕种，不能占有，有关制度留待将来去制定，提出的是一种只有使用权而无所有权的近似井田

① 《三国志》卷6《魏书·袁绍传》注引《九州春秋》。

② 《三国志》卷1《魏书·武帝纪》。

③ 《通典》卷1《田制》。

④ 《申鉴》卷2《时事》。

制的土地制度。对此，仲长统的意见是："今欲张太平之纪纲，立至化之基址，齐民财之丰寡，正风俗之奢俭，非井田实莫由也"，进而提出"限夫田以断並兼"的主张。他认为只有回到井田制时期，土地无序兼的两极分化问题才能解决，百姓才有可能专心生产，即"今者土广民稀，中地未垦；虽然，犹当限以大家，勿令过制。其地有草者，尽曰官田，力堪农事，乃听受之"①。

然而，曹操并没有接受荀悦、司马朗、仲长统等人恢复井田制的意见，而是把政策重点放在了第二个问题上，即"下民"基层税收负担不均的问题，所采取的针对性税收措施是："其收田租亩四升，户出绢二匹丝二斤而已，他不得擅兴发"。这是一项颇具思想内涵的政策，实行之后迅速起到了良好的效果："重豪强兼并之法，百姓喜悦"②。主要表现如下：

第一，定额征收不仅便利农业生产者而且有利于调动农业生产积极性。汉代的口赋、算赋以货币为单位缴纳，曹魏的户调以实物形式征收，这种转变与各自商品货币经济的状态是相适应的。汉末以后货币为载体的商品市场首当其冲受到影响，币值严重不稳，货物交易急剧萎缩，曹魏税制变革，与这种经济形态和条件的剧烈变动较为适应，可减轻农户在市场交易中的亏损，有提升农户纳税便利的效应。只要缴足每亩四升的规定量，余下的收获物尽归农户所有，这就使税制本身具有了鼓励农户增产、增收的效应，起到涵养税源的目的。东汉田租常年保持在三十税一的水平上，如《后汉书·光武帝纪》中就有"其令郡国收见田租三十税一，如旧制"的记载。按照每亩3斛的平均粮食产量，这一税率相当于每亩一斗，远高于曹操所确定的每亩四升，相比之下，曹魏税制更加关照农户的承受能力③。

第二，定额征收减轻了政府农业税征管的成本。因为每户耕作的田地亩数可见、可量，每亩征收数量一目了然，也就省去了定率征收方式下田亩产量的核定程序，可节约不少征收成本。在定率税制下，农户产量往往因地力、耕作、天气等原因而相异，又因纳税人的避税动机，或藏匿或低报产量，田亩数量与产量核定是个较为繁杂的过程，而战争环境下有必要缩减税收征管过程的实际工作量，并降低复核环节的技术难度，因此定额征收方式是更加适宜的选择。

第三，户调以实物形式缴纳，有利于人口增殖，亦可促进家庭手工业的发

① 《昌言·损益篇》。

② 《三国志》卷1《魏书·武帝纪》。

③ 亦有学者认为"亩收租四升"的记载并不准确，应该是每亩四斗左右，理由是该税率较为切合历史上的什一税传统。近年来在郴州晋简中发现有"县领水田"的记载，据测算其田租税率，恰为"每亩四斗"，对曹魏时期所实施的"亩收四斗"这一推测有所验证。

展。“户出绢二匹，绵二斤而已”①，显然是以户为单位，作为户调制的开端。按户计征实物，对户而不对人，改变了汉代算赋、口钱按人口计征的方式，即使人口增加也不会加重税负，即每户家庭中人口数量有多少，与绢丝的缴纳多少无关，对恢复因战争而缩减的人口数量有促进作用。在受到战争重创的北方，则更加具有休养生息的意义。另一方面，户调按定额以实物缴纳，丝织品产量提高而不必担心税额水涨船高随之增加，有利于调动农民家庭手工纺织生产的积极性，促进手工业生产的发展。

第四，“他不得擅兴发”，则是以法律条文的形式禁止地方官吏额外征发，力戒苛捐杂税，使税制更多地体现出确定性，亦有利于农民生产、生活预期的稳定，这便回到了法令中提到的“不患贫而患不安”的问题上。这里所说的“不安”，不仅指和平环境，还包括政策特别是农民税负的稳定。这些都是非常重要的社会问题，史料中未见曹操与谋臣之间是如何讨论的，也未见触动土地所有制问题，却通过一项税收政策一体解决了，举重若轻，非同小可。

此外，在《收田租令》中还有一句“郡国守相，明检察之，无令强民有所隐藏而弱民兼赋也”，这里的“明检察之”，在税收方面，就是推行平赀法，核实富家大族的土地、人口及财产数量，进而核定税收，为中小阶层民众减负，避免社会陷入“不均”和“不安”的境地。这是作为具有政治抱负且秉承儒家均平观念的曹操，及时汲取袁绍败亡的教训，对属下各地方负责人提出严加治理的要求。

史载：“初，太祖为司空时，以己率下，每岁发调，使本县平赀。于时谯令平洪赀财与公家等，太祖曰：‘我家赀那得如子廉邪！’”② 曹操任职司空时负责监察百官，为了能够率先垂范，每年在进行户调征收时，都会对包括自家封地在内的所有户口人家的财产进行评估，是为“平赀”，以确定各纳税人户适用的户调数额，以使征税有据。谯县（今安徽亳州市）县令经评估认为，曹洪与曹操家的资产相差无几，而曹操对此并不认可，反对道：“我家的资产哪有曹洪家的多呢?”

曹操之所以说出这番话，并非没有依据。曹洪出身官宦家庭，其伯父官至尚书令，在曹操起兵之际，他作为曹操的从弟，献兵捐钱筹粮，为曹操的发展壮大屡建奇功：“洪将家兵千余人，就温募兵，得庐江上甲二千人，东到丹杨复得数千人，与太祖会龙亢”“时大饥荒，洪将兵在前，先据东平、范，聚粮谷以继军”，但《曹洪传》里也说，“洪家富而性吝啬”。至曹丕继位，不仅将曹洪官职

---

① 《三国志》卷1《魏书·武帝纪》。
② 《三国志》卷9《魏书·曹洪传》注引《魏略》。

罢免，而且削去其爵位及封邑。曹洪落难之际，不少人为这位曹操时期的有功之臣打抱不平，“洪先帝功臣，时人多为觖望”①。

曹魏田租实质上是一种税亩制，即依据田亩的多少收取“田租”，即田赋，田多赋多，田少赋少。至于户调制的征收，并非各户一律出绢二匹、绵二斤的绝对量，而是依据“平赀”后的家赀户等来确认每户所纳调的数量，赀多之户则多出，赀少之户则少出，绢二匹、绵二斤只是各户所应出的平均数而已。唐代徐坚曾提到：“书为公赋，九品相通，皆输入于官，自如旧制”②。曹魏的“平赀法”，应当就是著名的“九品相通法”的前身。根据曹操、曹洪的家赀被“平”的史实，可知在曹魏时期，上自曹操，下至一般官吏都是没有免税特权的，也是不能免除资产评估过程的。赋税征收覆盖各级官吏、庶民中的地主、工商业者、自耕农等，大家需要遵从“平赀”制度。这可能是曹魏税收的一个重要特征，只是由于缺乏史料，无法做进一步的分析和评价。总之，这种根据土地与家赀的多少征收租调的政策，通过税收公平缓和社会矛盾，对自耕农发展生产是有利的。

四、主张轻征赋税

轻税是先秦诸子绝大多数思想家的主张，作为一种中国税收思想传统，在曹操主政过程中得到了较好的继承，而且由于他本人就是最高统治者，政策的实效性更加突出，政策的针对性亦更强，也就更加容易收到预期效果。在曹魏政权中主张轻税的是一个知识分子群体，又如经学家王肃（195—256），历任散骑常侍、秘书监、崇文馆祭酒等职，善于在治国理政中融入儒家理念，其所注经学被时人称为“王学”，提出过许多良善的政策建议。他主张，统治者应体会民力维艰，给百姓发展生产以喘息时间：“非急要者之用，选其丁壮，择留万人，使一期而更之，咸知息代有日，则莫不悦以即事，劳而不怨矣”③。认为唯有“分遣其馀，使皆即农”④，才能确保农业生产所需劳动力供给，保障粮食生产量和政府税收的稳定增加，使“仓有溢粟，民有馀力”⑤。

东汉末年，由于战乱持续的时间过长，所有的百姓都无法停留在一地从事生产，只能跟着人群一起逃亡，而商品市场早已被战火摧毁，有钱也买不到任何东

① 《三国志》卷9《魏书·曹洪传》。
② 《初学记》卷27引《晋故事》。
③ 《三国志》卷13《魏书·钟繇华歆王朗传》。
④ 《三国志》卷13《魏书·钟繇华歆王朗传》。
⑤ 《三国志》卷13《魏书·钟繇华歆王朗传》。

西。混乱之中，曹操不得不与民间同一选择，直奔核心主题——粮食。他必须设法让农民停下逃亡的脚步，组织他们耕种一小块土地。对于一个已经被彻底破坏的经济体来说，此时此刻，秩序、农具和耕牛比什么都重要。与曹操看重粮食不同，董卓更看重货币，认为手里有钱就有了一切。《晋书・食货志》载："及董卓寻戈，火焚宫室，乃劫銮驾，西幸长安，悉坏五铢钱，更铸小钱，尽收长安及洛阳铜人飞廉之属，以充鼓铸。"问题在于，民间此时已经抛弃了货币而选择物物交换了，董卓此举等于自绝生路。而曹操在粮食筹措过程中，尤为关注的是如何通过税收减让举措，调动农民生产积极性，从而保障粮食的可持续供给。

建安五年（200），袁绍发兵南进途中，派使者招降引诱豫州各郡。时各郡大都服从其命令，"惟阳安郡不动，而都尉李通急录户调"。时任朗陵（今河南确山南）县长的三国名士赵俨面见李通加以劝阻："方今天下大乱，诸郡并叛，独阳安怀附，复趣收其绵绢，小人乐乱，无乃不可乎？且远近多虞，不可不详也。"意为在动荡不安之际征收户税绵绢，容易被逼生乱，对征税问题应谨慎处理。时已决意投靠曹操的李通回答说："绍与大将军相持甚急，左右郡县背叛乃尔。若绵绢不调送，观听者必谓我顾望，有所须待也"。大将军就是曹操，此时正与袁绍在战场上相持，李通坚持认为应该提供一些物质支持。赵俨说："诚亦如君虑，然当权其轻重，小缓调，当为君释此患"①，认为权衡利弊，还是以暂缓征税为宜，并表示愿意帮助李通解决这个难题。

这件事发生时，还是在曹操税制改革四年以前，户调制尚未全面推行，李通打算在郡内征收的"户调"，可能仍是沿用两汉旧制。为了协助李通，赵俨给荀彧写信曰："今阳安郡当送绵绢，道路艰阻，必致寇害。百姓困穷，邻城并叛，易用倾荡，乃一方安危之机也。且此郡人执守忠节，在险不贰。微善必赏，则为义者劝。善为国者，藏之于民。以为国家宜垂慰抚，所敛绵绢，皆俾还之。"赵俨在信中写到，眼下阳安郡的确应该把绵绢送往朝廷，但是道路险阻，易招致袭扰，加上邻近郡县反叛，阳安郡自身也面临着倒戈危险，此时正是安危存亡的关头。本郡百姓生活穷困，建议朝廷怜惜抚慰，将已收取的绵绢退还。荀彧立即回信说，将立刻报告曹操，公文同时下发，"绵绢悉以还民"②。消息传来，阳安郡百姓甚为欢喜，人心于是安定下来了。这以后，赵俨入朝任司空掾属主簿，又协助李通率领阳安军民平息了流窜于淮河与汝河之间的流寇，使阳安郡成为屏护许昌的坚固堡垒，从而免去了曹操与袁绍决战的后顾之忧。可见，赵俨对曹操一贯

① 《三国志》卷23《魏书・赵俨传》。
② 《三国志》卷23《魏书・赵俨传》。

轻征赋税的思想是了解的，才敢在时局艰难的环境下提出减少征收的建议，而曹操对“缓调”的举措也确实给予了充分的理解和支持，终使事关税收征管与民心向背的问题得到了圆满解决。

另据史载，何夔就任长广太守期间，恰值曹操颁布新法，开始征收田租户调，即“始制新科下州郡，又收租税绵绢”。何夔考虑到“郡初立，近以师旅之后，不可卒绳以法”，认为长广作为新郡建制，百废待兴之际，以不仓促实施新法为好，于是上书曹操称：“自丧乱已来，民人失所，今虽小安，然服教日浅。所下新科，皆以明罚勑法，齐一大化也。”他指出了一个重要问题，即新法强调刑罚惩治，但其“所领六县，疆域初定，加以饥馑，若一切齐以科禁，恐或有不从教者。有不从教者不得不诛，则非观民设教随时之意也”①。何夔的看法是，在百姓依然食不果腹的情况下强力实施新法，社会上违背法令的现象可能频繁出现，郡县官吏就不得不依法惩治，但这毕竟不是稳妥的办法。

何夔提出了以下建议：“辨九服之赋以殊远近，制三典之刑以平治乱，愚以为此郡宜依远域新邦之典，其民间小事，使长吏临时随宜，上不背正法，下以顺百姓之心。比及三年，民安其业，然后齐之以法，则无所不至矣。”他主张依据远近划分九等纳税标准，对社会实施轻、中、重三等刑法。他的建议是，长广郡距离国都相对遥远且为初立新郡，对地方上的一些琐碎事情，朝廷可授予地方官吏相机应对之权。如是三年，民众安定下来，那时再统一落实新法，阻力就会小很多，效果也会得到彰显。对此曹操表示同意，史称“太祖从其言”②。

根据社会发展变化的现实情况，曹魏政权能够及时调整税收制度，注重以减免税甚至补贴的方式，对民间财富的索取保持在合理的限度内，并帮助农民度过暂时难关，以赢得民众信赖，维持政权的稳定。如建安九年（204）九月令曰：“河北罹袁氏之难，其令无出今年租赋”③。曹操在击败袁绍割据势力后，考虑到袁绍区域内遭受战乱严重，下令全额免除河北一带当年租赋，以促生产恢复发展。建安十四年（209），曹操又下令：军队将士在外征战亡，当地官员应对伤亡将士及其家庭给予优抚，对那些没有产业难以生活下去的底层军属，要给予更多的税收减免和物质抚恤：“其令死者家无基业不能自存者，县官勿绝廪，长吏存恤抚循，以称吾意”④。再如建安二十二年（217）发生瘟疫，曹操即颁布《赡给灾民令》，年老、年幼及无资产可依赖者，都可得到税收减免和赈贷安抚。令曰：

① 《三国志》卷12《魏书·何夔传》。
② 《三国志》卷12《魏书·何夔传》。
③ 《三国志》卷1《魏书·武帝纪》。
④ 《三国志》卷1《魏书·武帝纪》。

"去冬天降疫疠，民有凋伤，军兴於外，垦田损少，吾甚忧之。其令吏民男女：女年七十已上无夫子，若年十二已下无父母兄弟，及目无所见，手不能作，足不能行，而无妻子父兄产业者，廪食终身。幼者至十二止，贫穷不能自赡者，随口给贷。老耄须待养者，年九十已上，复不事，家一人。"① 从令文中可看出，建安二十一年（216）冬就已经出现了大规模的瘟疫，曹操所采取的救灾措施是相当及时的。"廪食终身""随口给贷""复不事，家一人"，一道法令中竟包含着三条赈灾措施，是大饥馑年份里一道十分重要的赈灾法令，所谓"廪食"，就是官府补贴百姓的意思，这彰显出政府愿与民众共度难关的决心与用意。

五、小结

对历史稍加梳理及不难看出，曹操在东汉末年社会陷于极度混乱时，果断实行屯田，同时施行适当的税收政策和税制改革，对北方社会恢复稳定和民生经济复苏起到了至关重要的作用，较为出色地完成了其所承担的历史使命，也因此而配得上"绝代英雄"的称号。在当前我国稳步推进大规模减税降费以稳定经济大盘、调节收入分配以促进共同富裕、加快建设统一大市场以构建新发展格局等方面，曹操税收思想与实践经验，仍值得今人镜鉴。

首先，和平秩序是解决"不安"问题的必要前提，也为经济运行提供确定性预期。经济社会繁荣发展的基础在于生产要素的自由充分流动，而要素的自由流动离不开和平安定的生产生活秩序。东汉末年，连年征战，人心不稳，生产要素配置出现紊乱，各项公共政策也没有长期性，经济社会处于崩溃。而曹魏政权统治区域的不断稳固与扩大直至实现北方区域的统一，正是充当着这一生产生活秩序的提供者与保障者，稳定了农业经济参与者的生产经营预期，促进了要素资源在统治区域内的自由流动，这是曹魏治理区域农耕经济持续恢复的关键所在。

其次，生产要素的创造性组合是制度创新的重要标志。所谓制度，是为约束在谋求财富或本人效用最大化中个人行为而制定的一组规章、依循程序和伦理道德行为准则。在这个意义上说，曹操堪称制度创新大师，其所创新的制度，提供了一种在极贫条件下人们合作和竞争的关系得以确定、国家收入来源得以稳定的框架，开启了一种含有稳定因素起主导作用的劳动力与土地要素重新组合的形成过程，这一点在屯田的实施上，体现的尤为明显。在"修耕植、蓄军资"的战略方针下，曹魏政权致力于通过兵农合一的大规模军屯和民屯政策，将脱离既久的

① 《三国志》卷1《魏书·武帝纪》。

劳动力和土地重新结合在一起，使其转化为现实的生产力。这不仅夯实了农业经济基础，而且为曹魏政权的维系提供可持续税源。

再次，税收制度的改革有助于解决“不均”问题。在吸取了袁绍政权统治下所出现的税负分配严重不公的深刻教训基础上，曹魏政权在税收制度方面着手建立了田租户调制，并辅之以平赀法，强调量能负担原则。这不仅体现在田租的缴纳方面，以亩为单位，按照耕地面积占有的多寡来缴纳实物税，充分照顾到了农民阶层税费负担，而且体现在户调征收方面，以户为单位，统一绢绵缴纳额度，不论户之下的人口具体数量。与此同时，平赀法的配套实施，按照财产评估数额的高低赋予有差别的税率结构，以避免豪强大族向贫苦阶层转嫁税收负担，进而缩小收入分配差距，缓和贫富阶层之间的矛盾，在整体上促进了税制的公平。

最后，务实与纠错能力是曹魏政权能够脱颖而出的重要保障。曹操以“不得慕虚名而处实祸”① 当作为政的指导思想，他曾引述孔子的话说“施于有政，是亦为政”②，能够依据当时经济社会条件的变化和基本状况，及时推进国家田赋制度的恢复和改革，针对流民群体制定了致力于恢复经济发展的屯田举措，针对自耕农群体制定了一种征收定额田租及实物户调的新型田赋制度。这种屯田和租调制“双管齐下”的政策推行，在稳定社会生产、“积聚经济力量”③ 方面发挥了极大的作用，这一切都是他秉持务实精神的体现。在税收制度改革具体落地过程中，不可避免出现各类阻碍政策执行的问题，曹操亦能够充分考虑与权衡，广泛听取基层意见及建议，并在制度上及时予以调整。如在屯田政策执行过程，部分地方强令农民迁移引发民间不满，曹操听从了属下的建议，在尊重农民迁移意愿的基础上给予公共土地进行屯田耕种，以保护农民的生产积极性的同时，促进了屯田政策的一以贯之。再如田租户调制的推行，部分地方百废待兴尚不具备实施条件，如一刀切式的强力执行，可能得不偿失，甚至引发民间反抗。对此，曹操亦采纳了属下的建议，待此类地方社会经济稍有起色后，再行新型税收征管制度，从而保障了田租户调制以较小的阻力得以稳步推进。

如果我们的思绪回到那个时代，可以看出他所做的每件事都是非常困难的，但他几乎件件都做到了，所以《三国志》说他是“非常之人，超世之杰”④，《资治通鉴》说他“有大功于天下”⑤。当代著名史学家吕思勉先生对曹操评价亦甚

① 《三国志》卷1《魏书·武帝纪》，《让县自明本志令》。
② 《论语·为政》；《三国志》卷1《魏书·武帝纪》。
③ 蒋福亚：《魏晋南北朝社会经济史》，第111—112页。
④ 《三国志》卷1《魏书·武帝纪》。
⑤ 《资治通鉴》卷六十八。

高：“从古英雄，坚贞坦白，无如魏武者。予每读《三国志》引《魏武故事》所载建安十五年十二月乙亥令，未尝不怆然流涕也。”① 毛泽东亦曾对曹操施政效果给予很高评价：“曹操统一中国北方，创立魏国。他改革了东汉的许多恶政，抑制豪强，发展生产，实行屯田制，还督促开荒，推行法治，提倡节俭，使遭受大破坏的社会开始稳定、恢复、发展。”②

参考文献

[1] 周波，李天良．曹魏时期屯田制度与芍陂水利工程发展延续研究［J］．农业考古，2022（03）：152－156.

[2] 张帅，向晋卫．曹魏立国的政治逻辑——以宗庙礼制为视角［J］．甘肃社会科学，2019（03）：171－177.

[3] 孙金刚，孙晓平．枭雄曹操经济政策述略［J］．兰台世界，2014（21）：40－41.

[4] 师璇，吴向民．经济管理视域下的曹魏“屯田制”刍议［J］．兰台世界，2014（24）：85－86.

[5] 付文法．三国曹魏时期北方人口流动迁徙研究［J］．兰台世界，2014（18）：83－84.

[6] 洪卫中．浅论曹操统治思想中的民本思想理念［J］．农业考古，2013（03）：296－300.

[7] 王治涛．毛泽东对曹操和司马昭的天壤评价及其原因研究［J］．郑州大学学报（哲学社会科学版），2012，45（05）：160－163.

[8] 祝捷．从陈寿与傅玄的评语透视曹魏的政治与思想——以魏文帝曹丕为中心［J］．江西社会科学，2012，32（12）：117－121.

[9] 林红，赖红卫．论曹操的廉政思想［J］．西南大学学报（社会科学版），2010，36（01）：104－106.

[10] 王帆．曹操“挟天子以令诸侯”政治策略之得失析论［J］．河北师范大学学报（哲学社会科学版），2010，33（04）：113－117.

[11] 姜舒强，黄月胜．略论曹操屯田兴农思想及其影响［J］．农业考古，2007（03）：12－14.

[12] 陈明光．论曹魏财政管理的专职化演变［J］．厦门大学学报（哲学社会科

① 吕思勉：《吕思勉论学丛稿》，上海古籍出版社2020年3月版，第152页。

② 陈晋主编：《毛泽东读书笔记》，广东人民出版社1994年版，第760—761页。

学版），2005（02）：49－57.

［13］陈明光．“修耕植，蓄军资”——曹魏财政建设基本方针述论［J］．中国社会经济史研究，2004（04）：33－43.

［14］童强．论曹魏权力合法性与思想演变的关系［J］．南京大学学报（哲学．人文科学．社会科学版），2004（06）：82－88.

［15］周红．曹魏西晋统一方略的财政经济分析［J］．中国社会经济史研究，2002（03）：13－19.

［16］彭丰文．论曹魏统一北方边疆地区的策略［J］．北京社会科学，2002（04）：126－132.

［17］王鑫义．曹魏淮河流域屯田述论［J］．安徽大学学报，2000（05）：105－110.

［18］张学锋．论曹魏租调制中的田租问题［J］．中国经济史研究，1999（04）：35－47.

［19］张作耀．论曹操的无令弱民兼赋思想［J］．文史哲，1998（04）：95－105.

［20］樊羁光．曹操的经济改革思想［J］．改革与理论，1998（06）：30－31.

［21］李炜光．曹操治税研究［J］．现代财经—天津财经学院学报，1995（04）：45－49.

［22］胡守为．曹魏屯田释议［J］．学术研究，1994（04）：90－95.

唐以前辑佚而获的税法信息研究

张敬群

摘　要：中国古代的法制建设由先秦至隋唐逐渐走向成熟。大多唐以前法律文献业已失传，仅能通过辑佚方法以作探求。本文结合考古文物、历史典籍以及今人的研究成果，对于由先秦至隋朝的中国税法内容进行整理考据，梳理出古代中国赋税法律法规的发展脉络，对可能包含税法内容的法律条文进行了探讨研究。

关键词：赋税征管　法制建设　考古文物

先秦时期，中国的法制建设经历了由不成文法到成文法的发展过程：夏商西周，出现了不成文法律体系，其间的统治者规定了一些习惯法；春秋战国，出现了成文法，魏国李悝著有《法经》，秦国商鞅在李悝《法经》的基础上，改“法”为“律”而著《秦律》。自秦而隋，中国的法制建设进入兴旺时期：秦汉，是中国古代成文法律体系全面确立时期；魏晋南北朝，是中国传统法制与法律思想蓬勃发展的时期，其间，继《秦律》之后，《汉律》《魏律》《晋律》《梁律》《陈律》《北魏律》《北周律》《北齐律》《开皇律》相继问世。上述法律中均含有丰富的税法内容。但是，“今唐以前诸法律，皆无一存”①，“今古律之存者，皆自唐以下。”②所以，我们要想探求唐朝以前的上述法律中的涉税法制信息，就只有通过辑佚了。

作者简介：张敬群，税务系统退休干部，研究中国税史已近40年，曾有多篇论文发表在《税务研究》等刊物，著有《税收史话》《中国税史品读》等著作。

① 程树德著：《九朝律考》卷1《汉律考序》，商务印书馆2010年版，第3页。

② 程树德著：《九朝律考·九朝律考序》，商务印书馆2010年版，vii。

一、夏商西周

夏商西周时期，统治阶级出于治理国家的需要，规定了一些涉及税收的习惯法。《孟子》云："夏后氏五十而贡，殷人七十而助，周人百亩而彻，其实皆十一也。"[①] 其中的"五十而贡""七十而助""百亩而彻""十一税率"，实际就是当时关于地租征收的习惯法，亦即不成文法。

西周后期，不仅制定了赋税征收法规，而且制定了对于涉税违法行为的惩罚规则，其中既有针对农民的罚则，又有针对商人的罚则。比如《周礼·载师》云："凡宅不毛者，有里布；凡田不耕者，出屋粟；凡民无职事者，出夫、家之征。"[②] 这是针对违法农民的罚则。再如《周礼·司关》云："凡货不出于关者，举其货，罚其人。"[③]这是针对违法商人的罚则。

《周礼》一书记载的涉税法规内容十分丰富。"从周礼的表现形式、在实际生活中所发挥的作用以及周礼本身的内容和性质等方面观察，周礼是西周社会不成文法律体系的一个重要组成部分，完全具有法的性质。"[④]

二、春秋战国

春秋时期，由于社会动荡不安，各国统治者出于维系政权统治之需要，无不注重法律的制订和颁布，后期出现了包括税法在内的成文法，使得中国的法律制度建设进入了一个新时期。其间，齐国的国相管仲在推行铁专卖制度时，曾为此制订了严厉的违规处罚规定：只有在政府的严格控制下，人们才能够入山开矿冶铁，而且产品必须全部交由政府控制，对铁山，"谨封而为禁。有动封山者，罪死而不赦。有犯令者，左足入，左足断；右足入，右足断。"[⑤]

及至战国，大国的改革运动往往是由法家人物主持的，比如魏国的李悝、秦国的商鞅等。法家主张依法治国，当然包括依法治税，并为此建立起相关的法律制度。战国初年，李悝相魏时力主变法，并著有《法经》，此乃中国社会最早的一部初具体系的法典，包括《盗法》《贼法》《囚法》《捕法》《杂法》《具法》6

① 《孟子·滕文公上》（方勇译注），中华书局2015年版，第90页。
② 《周礼·地官·载师》（徐正英、常佩雨译注），中华书局2014年版，第282页。
③ 《周礼·地官·司关》（徐正英、常佩雨译注），中华书局2014年版，第325页。
④ 曾宪义主编：《中国法制史》，北京大学出版社2013年版，第35页。
⑤ 《管子》卷23《地数》（李山、轩新丽译注），中华书局2019年版，第1000页。

法，有人考证，其中不乏涉税法条[①]。商鞅继承并发扬光大了李悝的法家思想，在秦国两次变法，更大量、更有效地征发赋役是其变法的一个重要目的。据《史记》记载，商鞅在公元前359年的第一次变法中规定："令民为什伍，而相牧司连坐""民有二男以上不分异者，倍其赋""僇力本业，耕织致粟帛多者复其身"。在公元前350年的第二次变法中，重申"民有二男以上不分异者，倍其赋"的规定，"令民父子兄弟同室内息者为禁"；宣布彻底废除井田制，建立土地私有制，"为田开阡陌封疆，而赋税平。"[②] 同时，商鞅还在李悝《法经》的基础上，改"法"为"律"而著《秦律》，将李悝《法经》之6法改为《盗律》《贼律》《囚律》《捕律》《杂律》《具律》6律。1975年，湖北云梦睡地虎11号墓所出土的竹简《秦律》之中，就多含商鞅在秦国制定的涉税法条。

三、秦

秦代的主要法律形式有"律""令""式""法律答问""法律文告""程""课""廷行事"等[③]。

有关秦代法制的具体情况，以往由于史料缺乏，学界一直不知其详，最大努力也不过是从传统文献中辑佚只鳞片爪。但在近几十年来，随着秦简的不断出土，人们越来越多地掌握了秦代的法制信息。

秦简是战国时期的秦国及一统天下的秦国遗留下来的简牍总称。多年以来，数处考古发现秦简，其中最有名的就是睡虎地秦墓竹简，又称睡虎地秦简、云梦秦简，这是1975年12月在湖北省云梦县睡虎地秦墓中出土的，包括《秦律十八种》《效律》《秦律杂抄》《法律答问》《封诊式》《编年记》《语书》《为吏之道》，以及甲种与乙种《日书》等10部分内容。其中，《秦律十八种》的《田律》《仓律》《金布律》《关市律》《徭律》《内史杂》，以及不属《秦律十八种》的《效律》《秦律杂抄》《法律问答》《为吏之道》等，均含有大量税法条文，涉及税收管理的诸多方面。

一是关于田赋征纳的。如《秦律十八种·田律》："入顷刍稾，以其受田之数，无豤（垦）不豤（垦），顷入刍三石、稾二石。"[④]（大意是：每顷田地应缴的饲草与谷类茎杆，按照所受田地的数量缴纳，不论垦种与否，每顷缴饲草3石，

① 郭道扬编著：《中国会计史稿》上册，中国财政经济出版社1982年版，第104—107页。

② 本段引号内文字见《史记》卷68《商君列传》，中华书局2000年版，第1765—1766页。

③ 曾宪义主编：《中国法制史》，北京大学出版社2013年版，第67—68页。

④ 夏利亚著：《睡虎地秦简文字集释》，上海交通大学出版社2019年版，第88页。

茎秆 2 石。）

二是关于徭役征调的。如《秦律十八种·徭律》："御中发征，乏弗行，赀二甲。失期三日到五日，谇；六日到旬，赀一盾；过旬，赀一甲。"①（大意是：朝廷征发徭役，如耽搁不征，罚 2 甲；迟到 3 到 5 天，斥责；6 到 10 天，罚 1 盾；超过 10 天，罚 1 甲。）

三是关于户籍管理的。如《秦律杂抄》："匿敖童，及占□（癃）不审，典、老赎耐，百姓不当老，至老時不用请，敢为酢（诈）伪者，赀二甲；典、老弗告，赀各一甲；伍人、户一盾，皆□（迁）之。"②（大意是：隐匿成童，及申报废疾与实不符，里典、伍老应赎耐刑。百姓不应免老，或已应免老而不加申报、敢弄虚作假的，罚 2 甲；里典、伍老不加告发，各罚 1 甲；同伍的人，每家罚 1 盾，都加以流放。）

四是关于会计核算的。如《效律》："计校相缪（谬）殹（也），自二百廿钱以下，谇官啬夫；过二百廿钱以到二千二百钱，赀一盾；过二千二百钱以上，赀一甲。人户、马牛一，赀一盾；自二以上，赀一甲。计脱实及出实多于律程，及不当出而出之，直（值）其賈（价），不盈廿二钱，除；廿二钱以到六百六十钱，赀官啬夫一盾；过六百六十钱以上，赀官啬夫一甲；而复责其出殹（也）。人户、马牛一以上为大误。误自重（踵）殹（也），减辠（罪）一等。"③（大意是：会计经过核对发现差误，错算数目在 220 钱以下，斥责该官府的啬夫；超过 220 钱到 2 200 钱，罚 1 盾；超过 2 200 钱以上，罚 1 甲。错算人口 1 户或牛马 1 头，罚 1 盾；2 户或 2 头以上，罚 1 甲。会计账目不足或多过实有数超出了法律规定的限度，和不应销账而销了账，估计其价值，不满 22 钱，可免罪；22 钱到 660 钱，罚该官府的啬夫 1 盾；超过 660 钱以上，罚该官府的啬夫 1 甲，并仍责令赔偿所销账的东西。错算人口 1 户或牛马 1 头以上是大误。如系自行查觉错误，可减罪一等。）

五是关于仓储管理的。《秦律十八种》专有《仓律》一篇，不仅对粮食的收藏、保管、使用各个环节定出了详细规程，而且对相关人员配备、具体岗位职责以及失职渎职责任追究做出了明确规定。《秦律十八种·效》《秦律十八种·内史杂律》《效律》等也有粮食及其他物资的保管规定。《秦律十八种·金布律》中则有关于钱币的保管规定。如《秦律十八种·效》："仓□（漏）□（朽）禾粟，及积禾粟而败之，其不可食者不盈百石以下，谇官啬夫；百石以上到千石，赀官

① 夏利亚著：《睡虎地秦简文字集释》，上海交通大学出版社 2019 年版，第 140 页。
② 夏利亚著：《睡虎地秦简文字集释》，上海交通大学出版社 2019 年版，第 208 页。
③ 夏利亚著：《睡虎地秦简文字集释》，上海交通大学出版社 2019 年版，第 187 页。

啬夫一甲；过千石以上，赀官啬夫二甲；令官啬夫、宂（冗）吏共尝（偿）败禾粟。禾粟虽败而尚可食殹（也），程之，以其秏（耗）石数论负之。”[①]（大意是：粮仓漏雨而烂坏了粮食，和堆积粮食而腐败了，不能食用的粮食数量不满100石，斥责其官府的啬夫；100石以上到1000石，罚官府的啬夫1甲；超过1000石以上，罚官府的啬夫2甲。都要令该官府啬夫和众吏一起赔偿败坏的粮食。粮虽败坏然而还可食用的，应加估量，根据所损耗的石数判令赔偿。）又如《效律》："官府臧（藏）皮革，数□（炀）风之。有蠹突者，赀官啬夫一甲。器职（识）耳（佴）不当籍者，大者赀官啬夫一盾，小者除。马牛误职（识）耳，及物之不能相易者，赀官啬夫一盾。”[②]（大意是：官府收藏皮革，应常曝晒风吹。有被咬坏的，罚该官府的啬夫1甲。器物标记编号与簿籍不合的，如为大的器物，罚该官府的啬夫1盾，小的器物则可免罪。牛马及不能调换的器物错标了次第，罚该官府的啬夫1盾。）

六是关于税官任用的。如《秦律十八种·内史杂》规定："官啬夫免，□□□□□□□□其官亟置啬夫。過二月弗置啬夫，令、丞为不从令。”[③]（大意是：官府的啬夫免职，该官府赶快任命啬夫，如超过两个月仍未任命啬夫，令、丞就是违反法令。）

七是关于禁农经商的。如《秦律十八种·田律》规定："百姓居田舍者毋敢□（酤）酉（酒），田啬夫、部佐谨禁御之，有不从令者有皋（罪）。”[④]（大意是：居住在农村的百姓不准卖酒，田啬夫及部佐应严加禁止，违反法令的有罪。）

夏曾佑先生说："中国之政，得秦皇而后行。”"自秦以来，垂二千年，虽百王代兴，时有改革，然观其大义，不甚悬殊。”[⑤] 既然《秦律》中有如此多的涉税法条，那就不难想见：汉、隋之间各朝所订立的法律中，涉税法条绝对不会少，而是会较之《秦律》更加丰富。

四、汉

汉代的法律形式主要有"律”"令”"科”"比”等[⑥]。

汉承秦制，在秦律的基础上制定《汉律》，程树德著《九朝律考》云："汉

① 夏利亚著：《睡虎地秦简文字集释》，上海交通大学出版社2019年版，第161页。
② 夏利亚著：《睡虎地秦简文字集释》，上海交通大学出版社2019年版，第180—181页。
③ 夏利亚著：《睡虎地秦简文字集释》，上海交通大学出版社2019年版，第168页。
④ 夏利亚著：《睡虎地秦简文字集释》，上海交通大学出版社2019年版，第91页。
⑤ 夏曾佑著：《中国古代史》，东方出版社2012年版，第225页。
⑥ 曾宪义主编：《中国法制史》，北京大学出版社2013年版，第88—89页。

萧何作九章律，益以叔孙通傍章十八篇，及张汤越宫律二十七篇，赵禹朝律六篇，合六十篇，是为汉律。”①所谓《九章律》，乃是“汉相萧何承秦六篇律，后加厩、兴、户三篇，为九章之律。”其《户律》一章，“迄于后周，皆名户律。北齐以婚事附之，名为婚户律。隋开皇以户在婚前，改为户婚律。”② 在所增加的3篇中，《户律》主要规定户籍管理、租税征收之事，《兴律》主要规定征发徭役、城防守备之事，《厩律》也有涉税法条。仅从增设《户律》《兴律》《厩律》这一点来看，就可以想见汉代的税法条文内容较之秦代更为丰富。同时，程树德《九朝律考》一书中还谈到“傍章以下，其篇目皆无考，诸书中引汉律并载其律名者，尚有数种，别附于后，其为傍章以下之一篇，抑系单行之律，则不可考矣。”这些“别附于后”的汉律有《尉律》《酎金律》《上计律》《钱律》《左官律》《大乐律》《田律》《田租税率》《尚方律》《挟书律》③，仅从律名便能够想到，其中当应不乏涉税法条。

汉代还有许多法令，其中的《金布令》《田令》《马复令》《缗钱令》等，其中亦应有涉税法条。

1983 年 12 月至 1984 年 1 月出土的张家山汉简《二月律令》，为今人了解汉代的税收法律内容提供了第一手资料。其中记录了不少涉税违法处罚规则，比如：

《二月律令·杂律》载：对“擅赋敛者”“罚金四两，责所赋敛偿主”；

《二年律令·田律》载：对“入顷刍稾（稿），顷入刍三石；上郡地恶，顷入二石；稾（稿）皆二石。令各入其岁所有，毋入陈”的规定“不从令者”，“罚黄金四两”；

《二月律令·户律》载：对“诸不为户，有田宅，附令人名，及为人名田宅者”，“皆令以卒戍边二岁，没入田宅县官”；

《二月律令·津关令》载：对“越塞阑关，（津关吏）弗得”的“令、丞、令史罚金四两”。

《中国财政通史》第二卷《秦汉财政史》一书还将《二月律令》中的罚则与《秦律杂抄》中的罚则列表进行比较④。

① 程树德著：《九朝律考》卷 1《汉律考序》，商务印书馆 2010 年版，第 3 页。

② 岳纯之点校：《唐律疏议》卷第 12《户婚》，上海古籍出版社 2013 年版，第 193 页。

③ 程树德著：《九朝律考》卷 1《汉律考·律名考》，商务印书馆 2010 年版，第 24—28 页。

④ 叶振鹏主编、杨继平著：《中国财政通史》第二卷《秦汉财政史》下，湖南人民出版社 2015 年版，第 660—674 页。

五、三国

魏国立法，较之蜀、吴成效明显。史载：魏明帝曹叡“命司空陈群、散骑常侍刘劭、给事黄门侍郎韩逊、议郎庾嶷、中郎黄休、荀诜等删约旧科，傍采汉律，定为魏法，制新律十八篇”①，“增汉萧何《劫掠》《诈伪》《毁亡》《告劾》《系讯》《断狱》《请赇》《惊事》《偿赃》等九篇。”② 魏律既是“傍采汉律”而定，当然少不了涉税法条。同时，魏亦有法令，“按《晋志》，称魏有《郡令》四十五篇，《尚书官令》《军中令》合百八十余篇，其书今不传。”③可以想见，这些法令中也不会少见涉税法条。

蜀国定都成都后，即着手制定法律。史载诸葛亮、法正、伊籍、刘巴、李严5人“共造蜀科”④。“蜀科”即为蜀国之法律，该律文虽然已经失落难考，但应当相信其中也不会少见涉税法条。

吴国于黄武五年（226）举行过一次全面修订法律条文的立法活动。是年冬十月，陆逊上书“劝以施德缓刑，宽赋息调”，孙权“于是令有司尽写科条，使郎中褚逢赍以就逊及诸葛瑾，意所不安，令损益之。”⑤ 尽管修订后的律文早已失传，但从此次“尽写科条”的动因是“施德缓刑，宽赋息调”这一点来看，其中的涉税法条应是相当丰富的。考古发现也充分印证了这一点：1996年在湖南长沙走马楼出土了三国时期吴国的简牍数量大约有10余万片，多达200余万字，这批简犊包括木简、竹简、木牍、签牌和封检等，上有三国吴嘉禾元年（232）至嘉禾六年（237）的年号，该简牍文献中的涉税法制内容相当丰富，既有记录税收基本制度的大量文字，又有记录税收管理制度的大量文字。近年来，不少学者撰文立说，通过解析简牍信息探讨吴国的社会政治和民生经济问题，简牍中的涉税法制信息成为大家关注的重点，比如中国社会科学文献出版社2013年出版的沈刚著作《长沙走马楼三国竹简研究》一书，就大量地解析了简牍中涉及吴国税法的文字信息。

---

① 【唐】房玄龄 等撰：《晋书》卷30《刑法志》，中华书局2000年版，第600页。

② 《唐六典注》（萧榕主编《世界著名法典选编·中国古代法卷·唐六典》卷六《尚书刑部》），中国民主法制出版社1998年版，第257页。

③ 程树德著：《九朝律考》卷2《魏律考·魏令》，商务印书馆2010年版，第293页。

④ 【晋】陈寿撰：《三国志》卷38《蜀书·伊籍传》，中华书局2000年版，第721页。

⑤ 【晋】陈寿撰：《三国志》卷47《吴书·吴主传》，中华书局2000年版，第838页。

六、两晋

曹魏末年，晋王司马昭即命贾充、羊祜、杜预、裴楷等人，以《汉律》《魏律》为基础，修订律令，历时4年，至晋武帝泰始三年（267）完成文稿，翌年诏令颁行全国，史称《晋律》，又称《泰始律》。该律又经张斐、杜预作注，并获武帝首肯而诏颁天下。因张、杜二人的《晋律》注释同《晋律》条文同具法律效力，故又称《晋律》为《张杜律》。此举开以《唐律疏议》为代表的"律""疏"并行之先河。

《晋律》共20篇，620条，6万7千多字，内有涉税法条的当有《户律》《厩律》《擅兴律》《关市律》等。同时颁行的还有《晋令》40篇，内含涉税法条的当有《户令》《户调令》《复除令》《关市令》等。此外还有《晋故事》30卷，与律令并行，其中亦应有涉税法条。

东晋一代，继续沿用《张杜律》，未进行新的立法活动。

七、南朝

刘宋、萧齐二代因循《晋律》，法制建设基本无为。刘宋50多年未立新制。萧齐仅于"齐武时，删定郎王植之，集注张、杜旧律，合为一书，凡一千五百三十条"，史称《永明律》，然"事未施行，其文殆灭"①，即根本没有得以施行。

南朝梁武帝萧衍于天监元年（502）命蔡法度等人依《永明律》修成《梁律》，翌年成文，遂诏令颁行。《梁律》共20篇，总计2 529条，"但与《晋律》相比，篇目次第依旧，仅名称有所改易，作了写删削词句统一注释的工作，未超出晋律范围。"②《梁律》中含有涉税法条的篇目当有《户律》《擅兴律》《仓库律》《厩律》《关市律》等。同时还颁有《梁令》30卷，含有涉税法条的当有《户令》《户调令》《公田公用仪迎令》《复除令》《关市令》等。此外，还颁有《梁科》，"按《梁科》卷数，《武帝纪》作四十卷，《隋书·刑法志》《经籍志》《唐六典注》均作三十卷，《旧唐书·经籍志》《新唐书·艺文志》均作二卷。盖至五代时，已残阙不完矣。"③ 其中亦应有涉税法条。

南朝陈武帝陈霸先于永定元年（557）下诏制定陈律，命范泉、徐陵等参定

---

① 【唐】魏征撰：《隋书》卷25《刑法志》，中华书局2000年版，第472页。

② 曾宪义主编：《中国法制史》，北京大学出版社2013年版，第124页。

③ 程树德著：《九朝律考》卷4《南朝诸律考·梁律考》，商务印书馆2010年版，第432页。

律令，终成《陈律》《陈令》《陈科》各30卷[①]。《陈律》较《梁律》多10卷，后人评价不高，称其“采酌前代，条流冗杂，纲目虽多，博而非要。”“篇目条纲，轻重简繁，一用梁法。”[②] 也就是说，《陈律》基本承袭了《梁律》，实质上仍是《晋律》的继续，自然其中不乏涉税法条。《陈律》如此，《陈令》《陈科》亦应如此。

八、北朝

北魏首开北朝重视法典编纂之风。自太祖拓跋珪天兴元年（398）命三公郎中王德定律令，至孝武帝太昌元年（532）诏议改条格的130多年中，见之于记载的有9次规模不等的立法活动，前8次均为修订《北魏律》（《后魏律》），直至孝文帝太和年间（477—499）终得大功告成。这大约是历史上修订最久的一部法律[③]。孝文帝曾亲自主持修律。《北魏律》参酌魏、晋和南朝的律令修订而成，该律总共20篇，今篇名可考者15篇：《刑名律》《法例律》《宫卫律》《违制律》《户律》《厩牧律》《擅兴律》《贼律》《盗律》《斗律》《系讯律》《诈伪律》《杂律》《捕亡律》《断狱律》[④]，仅从篇名便可想见涉税法条之多。其间也有《北魏令》，史失篇目，从史书记载中尚可见有《品令》《职令》《狱官令》《田令》等，其中亦应有涉税法条。

公元550年，高洋称帝而建北齐，始命群臣议造新律。在封述等人主持下，以《北魏律》为蓝本，校正古今，锐意创新，省并篇名，编纂新律，直到武成帝河清三年（564）完成，史称《北齐律》。该律共949条，凡12篇，即《名例律》《禁卫律》《婚户律》《擅兴律》《违制律》《诈伪律》《斗讼律》《盗贼律》《捕断律》《毁损律》《厩牧律》《杂律》。其中的《婚户律》《擅兴律》《厩牧律》等，

① “《陈律》《陈令》《陈科》各三十卷”一说依据《唐六典》云：“陈令范泉、徐陵等参定律、令，律三十卷，令三十卷，科三十卷。”（见《唐六典注》，萧榕主编《世界著名法典选编·中国古代法卷·唐六典》卷6《尚书刑部》，中国民主法制出版社1998年版，第257页）。然其他史书有不同记载比如《隋书·经籍志》云：“陈律九卷范泉撰。”（见【唐】魏征撰《隋书》卷33《经籍志二》，中华书局2000年版，第657页）；《新唐书·艺文志》亦云“范泉等陈律九卷。”（见【北宋】欧阳修 宋祁撰《新唐书》卷58《艺文志二》，中华书局2000年版，第975页）。而《隋书·刑法志》则云：“陈氏承梁季丧乱，刑典疏阔。……制律三十卷，令律四十卷。”（见【唐】魏征撰《隋书》卷25《刑法志》，中华书局2000年版，第476页）。对此，程树德先生认为“是唐初已残缺不全。”（见程树德著《九朝律考》卷4《南朝诸律考·陈律考》，商务印书馆2010年版，第434页）。

② 【唐】魏征撰：《隋书》卷25《刑法志》，中华书局2000年版，第476页。

③ 曾宪义主编：《中国法制史》，北京大学出版社2013年版，第124—125页。

④ 程树德著：《九朝律考》卷5《后魏律考·上》，商务印书馆2010年版，第460—463页。

当含涉税法条。北齐律以“法令明审，科条简要”① 著称，“上承汉魏律之精神，下启隋唐律之先河，成为隋唐法典的蓝本。”② 程树德先生评价说“南北朝诸律，北优于南，而北朝尤以齐律为最。”③ 其间亦有《北齐令》问世，卷数史载不一，同样也会含有涉税法条。

北周武帝宇文邕命赵肃、拓跋迪等撰定新律，至保定三年（563）三月完成颁行，新律仿《尚书·大诰》制就，谓之《大律》，此即《北周律》。《北周律》25篇，较之《北齐律》增加1倍还多；1537条，较之《北齐律》增加6成有奇。《隋书·刑法志》对其评价：“大略滋章，条流苛密，比于齐法，烦而不要。”④ 是故，隋虽承周立国，但在立法上却以《北齐律》为蓝本。《北周律》中含有涉税法条的篇目当有《户禁律》《市廛律》《违制律》《关津律》《厩牧律》等。其间亦有《北周令》，篇目无考。

九、隋

开皇元年（581），隋文帝杨坚命高颎、郑译等人按照“取适于时，故有损益”⑤ 的原则，“主要参详魏、晋以来各朝刑律，而多采用‘后齐之制’”⑥ 改定新律。开皇三年（583），又敕命苏威、牛弘等人修改新律，完成了历史上著名的《开皇律》。律文共500条，凡12篇，即《名例律》《卫禁律》《职制律》《户婚律》《厩库律》《擅兴律》《盗贼律》《斗讼律》《诈伪律》《杂律》《捕亡律》《断狱律》。从《卫禁律》到《杂律》共9卷，是为实体法部分，其中的《户婚律》《厩库律》《擅兴律》当含涉税法条。

同时，隋文帝又制定颁行《开皇令》，“隋开皇命高颎等撰令三十卷：一、《官品》上，二、《官品》下，三、《诸省台职员》，四、《诸寺职员》，五、《诸卫职员》，六、《东宫职员》，七、《行台诸监职员》，八、《诸州郡县镇戍职员》，九、《命妇品员》，十、《祠》，十一、《户》，十二、《学》，十三、《选举》，十四、《封爵俸廪》，十五、《考课》，十六、《宫卫军防》，十七、《衣服》，十八、《卤簿》上，十九、《卤簿》下，二十、《仪制》，二十一、《公式》上，二十二、《公式》下，二十三、《田》，二十四、《赋役》，二十五、《仓库厩牧》，二十六、《关

① 【唐】魏征撰：《隋书》卷25《刑法志》，中华书局2000年版，第479页。
② 曾宪义主编：《中国法制史》，北京大学出版社2013年版，第125页。
③ 程树德著：《九朝律考》卷6《北齐律考序》，商务印书馆2010年版，第521页。
④ 【唐】魏征撰：《隋书》卷25《刑法志》，中华书局2000年版，第480页。
⑤ 【唐】魏征撰：《隋书》卷二十五《刑法志》，中华书局2000年版，第482页。
⑥ 曾宪义主编：《中国法制史》，北京大学出版社2013年版，第144页。

市》，二十七、《假宁》，二十八、《狱官》，二十九、《丧葬》，三十、《杂》。”[①] 内含涉税法条的当有《户》《田》《赋役》《仓库厩牧》《关市》等令。

隋炀帝杨广继位后，认为开皇律刑罚过重，“更制《大业律》，凡十八篇：一、《名例》，二、《卫宫》，三、《违制》，四、《请求》，五、《户》，六、《婚》，七、《擅兴》，八《告劾》，九、《贼》，十、《盗》，十一、《斗》，十二、《捕亡》，十三、《仓库》，十四、《厩牧》，十五、《关市》，十六、《杂》，十七、《诈伪》，十八、《断狱》。”[②] 内含涉税法条的当有《户》《擅兴》《仓库》《厩牧》《关市》等律。

炀帝之时，又有《大业令》问世，虽然各卷名目和内容现已无从考证，但可以想见其中同样应有涉税法条。

参考文献

[1] 程树德.《九朝律考》[M]. 北京：商务印书馆，2010.

[2] 曾宪义，赵晓耕，中国法制史 [M]. 北京：北京大学出版社，2013.

[3] 叶振鹏，杨继平. 中国财政通史 [M]. 长沙：湖南人民出版社，2015.

[4] 郭道扬. 中国会计史稿 [M]. 北京：中国财政经济出版社，1982.

[5] 夏利亚. 睡虎地秦简文字集释 [M]. 上海：上海交通大学出版社，2019.

[6] 夏曾佑. 中国古代史 [M]. 北京：东方出版社，2012.

① 《唐六典注》（萧榕主编《世界著名法典选编·中国古代法卷·唐六典》卷六《尚书刑部》），中国民主法制出版社 1998 年版，第 259 页。

② 《唐六典注》（萧榕主编《世界著名法典选编·中国古代法卷·唐六典》卷六《尚书刑部》），中国民主法制出版社 1998 年版，第 258 页。

借鉴参考与对比

非营利组织发展和税收政策变迁

李　贞　马铭涓

内容摘要：当今世界，非营利组织作为介于政府与企业之间的“第三部门”，已成为影响社会的重要力量。本文首先对非营利组织进行概念界定，并阐述非营利组织在各国的合法性。在此基础上，通过划分非营利组织发展的历史阶段，从国际与国内双重视角深入分析非营利组织的发展演变历程。随后从免税资格认定、非营利组织自身的税收政策及捐赠主体的税收政策三方面，对国际与国内非营利组织的税收政策进行研究。最后对非营利组织管理的历史进行了梳理。

关键词：非营利组织　税收政策　组织管理　发展变迁

一、非营利组织的界定及其合法性

（一）非营利组织的界定

非营利组织在国际上没有统一的界定标准，各个国家非营利组织的内涵和外延具有差异性。在英国，非营利组织通常指慈善机构，慈善机构为具有一定规模，以社会公益为机构宗旨，且经过注册的正式组织，英国颁布的《慈善法》用于管理慈善机构各项事宜。一些不以营利为目的的社会组织不能成为慈善机构，例如，一些社区自发成立的小规模非正式草根组织，以各种行业协会为代表的互

作者简介：李贞，中央财经大学教授；马铭涓，中央财经大学2022级研究生。

［基金项目］本文为中央财经大学教育教学改革基金2020年度课题成果。

益性组织等，此类社会组织为非慈善机构。在英国，慈善机构可享受免税优惠，而非慈善机构无法享受免税优惠，需要照章纳税。在日本，非营利组织以是否具有法人资格而区分。其中，法人非营利组织根据受益者范围划分为两类，以社会公众为受益者，具有公益性质的为广义公益法人，具有互益性质的为中间法人。非法人非营利组织不具备法人资格，社会公众有权利成立此类组织并开展活动。在各国的法律框架下，非营利组织的内涵和外延具有差异性，但各国非营利组织存在共性，都是区别于政府部门和营利部门的组织。此外，各国非营利组织的法律表现形式也不同，从世界范围来看，非营利组织的法律表现形式主要有协会、基金会、慈善信托、非营利公司等。当前，我国非营利组织的概念内涵没有明确的法律界定。非营利组织在我国通常指不以营利为目的的社会组织。

（二）非营利组织的合法性

历史上，各国在基本法层面赋予公民权利，确立非营利组织的合法性。在美国，公民的自由结社权未在宪法中得以明确确认，但受法律思想渊源的影响，该权利被认为是与生俱来的。日本 1898 年《民法典》对能够成为法人的非营利组织的活动范围进行了规定，此规定确立了非营利组织的合法性。加拿大 1982 年颁布的《宪法法案》，从基本法层面规定公民享有结社自由。英国实行判例法，公民自由结社权长期以来被一贯保有。在德国和印度，公民的结社权利也在宪法中得以保障。我国《宪法》明确规定，中国公民有结社的自由。

非营利组织的合法性确立后，在实际创建组织时，还需使其取得合法身份，成为一个法定的组织，才能合法开展活动，这与各国非营利组织登记程序相关。世界范围内，依据法系的不同，非营利组织获取合法身份的要求不同。在普通法系国家，异议原则普遍流行，创建时符合法律程序要求的非营利组织，无需在政府部门登记就能开展活动，税务机关依据组织的实际情况，可以对其合法地位发出质疑。在大陆法系国家，登记原则普遍流行，非营利组织要具备合法地位，需到政府部门完成登记。[①] 我国非营利组织要先经过登记注册才能取得合法身份，负责此事项的为政府机构中的民政部门。

各国法律体系中具有对非营利组织的类型，活动宗旨，税收政策等内容的相关规定。各国针对非营利组织制定法律时，有的国家的法律规定集中在一部法律中，以单一的法律体系授权非营利组织的建立，规范非营利组织的运行。有的国家的相关法律规定则具有分散性。例如，日本非营利医疗机构、私立学校组织等

① 郑国安：《国外非营利组织法律法规概要》，机械工业出版社 2000 年版。

不同类型的非营利组织具有各自适用的单行法，我国法律体系也并未以非营利组织为主体规定税收法律制度，法律规定分散在《民法典》《税法》《团体登社会记管理条例》等法律文件中。

二、世界非营利组织发展历程

（一）早期雏形阶段的非营利组织

奴隶制社会和封建社会孕育了早期雏形阶段的非营利组织。雅典学院是古希腊雅典城邦开展免费教育，思想交流碰撞的重要场所，于公元前387年创建。中世纪时期，非营利组织的发展具有较为鲜明的宗教色彩，社会主要非营利活动多在教会的掌控下进行。文艺复兴与宗教改革时期，思想解放，人民觉醒，宗教神学的思想牢笼逐渐被突破，非营利组织逐渐摆脱教会的束缚，向世俗方向发展，探索世俗社会下组织的运作机制。

17世纪，资本主义开始兴起与发展，在其后的两个世纪中，资本主义力量逐渐壮大，资本主义生产力快速发展，新兴资产阶级开展了大量结社运动，多种形式的非营利组织成立，如俱乐部、慈善救济组织等非营利组织。① 伴随着资本主义的发展，由社会矛盾引发的各种社会问题日益显现，民间出现致力于慈善救济活动的非营利组织，资产阶级政权为缓解社会矛盾，对民间非营利组织进行一定程度的支持和保护，借助非营利组织的力量，维护社会稳定。1601年，英国颁布《济贫法》，针对丧失劳动能力的人，给予其救济以缓解生活贫困，同年，英国颁布《慈善法》，为慈善组织进行立法，1824年，废止《禁止结社法》，并于1834年颁布《新济贫法》，② 此时期，英国支持民间非营利组织发展的法律制度不断完善，政府对非营利组织发展整体呈支持态度，是西方资本主义国家的典型代表。此时期，除了以开展慈善活动和社会救济活动为主的非营利组织外，阶级矛盾的激化也使社会上出现了具有政治色彩的工人协会组织。发生于19世纪40年代的宪章运动就是在工人协会的领导下，工人维护自身权利的典型斗争。

（二）资本主义发展阶段的非营利组织

19世纪中后期至第二次世界大战，工业革命强劲发展，寡头统治与殖民扩张

① 朴春玉：《我国非营利组织的自治性研究》，东北财经大学学位论文，2017年。

② 刘蕾：《非营利组织管理》，中国矿业大学出版社2017年版。

是这一时期垄断资产阶级发展的典型特征。此时期，非营利组织数量增长，活动范围扩大，在科技、医疗、教育等领域发展壮大，如1900年诺贝尔基金会成立；慈善组织的活动范围出现在医疗领域，如美国、新加坡等国慈善性医院的出现与发展；非公立的民办学校广泛出现并开展教育。以传播人道主义，保护战争受难者为宗旨的战场救助活动在此时期日益活跃。1863年，红十字国际委员会成立，在两次世界大战中致力于发展国际公约，为战争受难者及战地医护人员提供救济与保护等，并推动促使《日内瓦公约》的诞生。20世纪初，私人财富巨额累积，美国现代基金会兴起并发展，例如，卡耐基基金会于1911年成立，洛克菲勒基金会于1913年成立，现代基金会的发展在教育、科学、医疗卫生等领域对社会产生了深刻影响。

（三）第二次世界大战后的非营利组织

第二次世界大战后，伴随着国际交往的加强，国际性非营利组织逐渐发展壮大。此外，结社革命影响深远，非营利组织在国际社会中的话语权也日益增强。整体上看，此阶段非营利组织在数量上和活动范围上都得到了广泛发展，呈现风起云涌的广阔发展景象。

1. 第二次世界大战结束至20世纪70年代的非营利组织

在此阶段，非营利组织发展展现出新特点。首先，第二次世界大战后，伴随着国际交往的加强，非营利组织活动范围不再局限于一国之内，而是扩展到世界范围内。1961年，国际特赦组织成立，致力于人权的保障；同年，世界自然保护基金会成立，推动国际环保事业的发展，保护生物生存环境，1971年，无国界医生组织成立，致力于国际性人道医疗救援。其次，非营利组织的国际分布也发生了变化，在前两个阶段，非营利组织主要集中于欧美等发达国家，此时期各发展中国家的非营利组织得以广泛发展。① 最后，第二次世界大战后非营利组织活动范围继续扩大，逐渐参与到社会生活的各个方面，包括儿童慈善救助、维护国际社会和平、发展环境保护事业、推动妇女解放等领域。②

2. 20世纪70年代以来的非营利组织

以20世纪70年代为节点分析非营利组织的发展，主要原因在于此时期全球结社革命的到来，以及非营利组织日益登上国际政治舞台。20世纪70年代以来，非营利组织在西方资本主义发达国家实现了大发展，后逐渐延续到全球，形成世

---

① 车峰：《非营利组织管理》，中央民族大学出版社2015年版。

② 朴春玉：《我国非营利组织的自治性研究》，东北财经大学学位论文，2017年。

界范围内的蓬勃发展态势。如美国非营利组织数量在20世纪60年代约为30万个，到90年代末期，则增长至160万个左右。[①] 非营利组织作为区别于政府机构和营利组织的第三部门，在提供公共服务时能够弥补政府的不足与市场的缺陷，因此，结社革命带来了公共服务民营化，改善了“福利国家”政府负担过大的问题，提供更多市场所无法提供的产品与服务。此外，1972年“环境NGO论坛[②]”的召开标志着非营利组织日益登上国际政治舞台，在国际社会中的话语权日益增强。至今，非营利组织形态多样，队伍不断扩张。

三、我国非营利组织发展历程

（一）封建时期非营利组织的萌芽

慈善、互助理念根植于我国悠久的历史文化传统，非营利组织在我国由来已久，在历史早期主要表现为各种民间结社和公益性组织。例如，隋唐时期商品经济发展，出现代表行业共同利益的商会组织“行会”，科举制度创立，出现由科举及第者组成的“同年会”；宋代出现“合会”，在成员间进行小规模资金储蓄与信贷活动，进行小规模经济互助，思想文化的繁荣催生了“文社”，由具有相同志趣的成员组成；明末出现从事育婴、养老救济等慈善活动的“善堂”，出现以切磋文艺，讨论政治为主要活动的团体组织“复社”；清代出现具有政治色彩的的民间秘密团体“会党”等，封建时期非营利组织萌芽。

（二）近代非营利组织的出现

鸦片战争的爆发成为我国近代史的开端，至中华人民共和国成立前，我国呈现半殖民地半封建的社会性质，这一时期非营利组织发展具有时代特色。革命时期，救亡图存思潮涌动，学生的反帝爱国运动催生了“学联”，追求解放的号角催生了妇女解放协会的诞生，在革命斗争的特定历史背景下，具有政治色彩的非营利组织广泛活动。此外，工会、青年团等革命性社团在追求解放热潮中展开了广泛的革命活动。五四运动促进马克思主义的传播，新文化运动促进思想文化革新，革命时期，各种“学社”“学会”等学术性组织表现活跃。

---

① 杨和焰：《全球结社革命的现实背景分析及其对发展中国家的启示》，《理论与改革》，2004年第3期。

② 刘蕾：《非营利组织管理》，中国矿业大学出版社2017年版。

（三）新中国成立后非营利组织的发展

1. 改革开放前

中华人民共和国成立后，为规范非营利组织发展，我国对其进行了整顿，取缔了部分非营利组织，主要为具有封建色彩和反动色彩的组织。随后，非营利组织向健康、规范、世俗化方向发展。经过20年的发展，全国性社会团体的数量由最初的不足50个增长至近百个，实现了在数量上的发展，但其程度有限①。“文化大革命”时期，受特定历史因素影响，非营利组织活动受阻。整体来看，在中华人民共和国后的近30年中，非营利组织发展较为缓慢。

2. 改革开放后

为适应社会主义市场经济体制发展要求，改革开放后政府职能相应转变，理顺政府与市场的关系，持续推进简政放权，非营利组织具有更加广阔的发展空间。伴随着相关法律体系的日渐完善，非营利组织活动受到法律层面的规范与保障。我国非营利组织具体分为社会团体、基金会、民办非企业单位三种类型，三者的概念分别在1998年和2004年颁布的三部管理条例中被界定。《慈善法》《红十字法》等法律法规的出台，有针对性地为特定非营利组织的发展提供法律保障。

《2021中国民政统计年鉴》对我国历年非营利组织数量进行了统计，图1展示了2011年至2020年十年间三种类型非营利组织的数量发展状况。

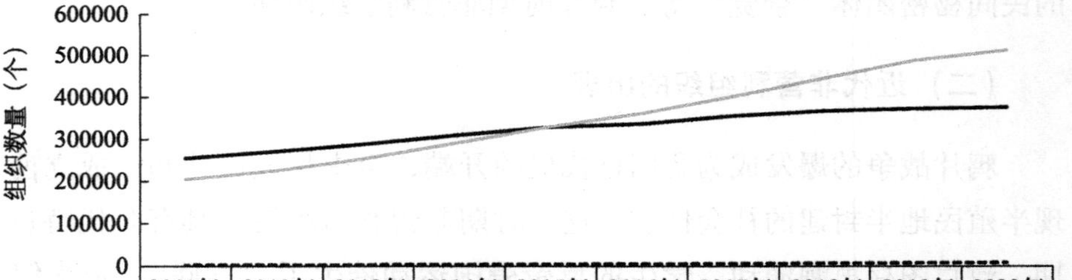

	2011年	2012年	2013年	2014年	2015年	2016年	2017年	2018年	2019年	2020年
社会团体	254969	271131	289026	309736	328500	335932	354794	366234	371638	374771
基金会	2614	3029	3549	4117	4784	5559	6307	7034	7585	8432
民办非企业单位	204388	225108	254670	292195	329141	360914	400438	444092	487112	510950

图1　2011—2020年三种类型非营利组织数量

数据来源：《2021中国民政统计年鉴》。

如图1所示，从三种类型非营利组织数量发展整体情况看，社会团体、基金

① 刘蕾：《非营利组织管理》，中国矿业大学出版社2017年版。

会、民办非企业单位的数量在 2011 年至 2020 年的十年间，均实现了逐年增长，且社会团体和民办非企业单位的数量明显高于基金会的数量。2011 年，社会团体和民办非企业单位的数量较为接近，社会团体数量略高。随着时间的推移，民办非企业单位呈现出更快的发展速度，其数量于 2015 年超越社会团体，至 2020 年，民办非企业单位的数量已远超社会团体和基金会。

四、非营利组织税收政策在国际范围内的历史沿革

非营利组织税收政策涉及不同主体，包括对非营利组织自身的税收政策和对捐赠主体的税收政策，捐赠主体又具体分为个人捐赠者和企业捐赠者。

（一）非营利组织的免税资格认定

对非营利组织实施税收减免的优惠措施，赋予其免税地位，是各国为促进非营利组织发展所普遍采取的措施，其中涉及免税资格的认定问题，这一问题在各国情况不同。在部分国家，免税资格的获取需经过一道单独的认定程序。非营利组织通常要在基本注册登记程序的基础上，再经过税务机关的审核批准程序，方可获得免税资格。在部分国家，则不需要经过一道单独的认定程序。在美国，非营利组织在注册登记后具备合法组织地位，但若想获取联邦税法规定的免税权，需向税务局递交申请书，其中包含组织章程，组织活动概述，组织财务状况等内容，待税务局机关进行免税资格认定后签发证明，以申请免税登记，获取免税地位。在俄罗斯，非营利组织完成注册登记成为法律实体后，无需再经过免税资格认定程序，能够自动获得免税地位，享受税收减免优惠。

非营利组织经过免税资格认定后，有资格享受税收减免优惠待遇。从各国情况看，非营利组织的减免税政策对于不同类型的非营利组织具有差异性，组织基于不同目的所开展的活动，也适用不同的税收政策。从各国情况看，第一，与受益者局限于组织成员的非营利组织相比，受益者为社会公众的非营利组织享有更加优惠的税收政策，第二，开展与组织宗旨相关的活动通常能够适用税收优惠政策，而开展与组织宗旨无关的经营活动通常需要照章纳税。

（二）对非营利组织自身的税收政策发展变化

从世界范围内来看，非营利组织税收涉及多个税种，随着历史的发展，非营利组织适用各个税种的税收制度不断完善。

以英国为例。英国历史上，对于非营利组织，先后明确了遗产税、公司所得

税、资本收益税、增值税的税收政策。1984 年，英国颁布遗产税法令，其中涉及支持慈善的信托机构的遗产税政策。法令规定，此类信托成立后要定期缴纳遗产税，时间间隔为十年，且在特定情况下遗留给信托的资产也要上缴此税。在这些机构所持有的财产中，仅为慈善目的而持有的财产不需缴纳遗产税。1988 年所得税法案规定了慈善机构所得税的免税范围，包括利息、股金、租金、红利收入，或从房地产、土地所有权获得的收入等。1992 年，可征税所得法案对非营利组织的资本收益税做出规定，该税种的免税条件与所得税具有相似性，都要求机构的活动以慈善为目的。1994 年增值税条例规定了非营利组织提供的能够免征增值税的商品和服务类别，这些商品和服务需与教育、健康、丧葬有关①。

（三）对捐赠主体的税收优惠政策发展变化

捐赠主体具有纳税责任。各国在制定捐赠主体的税收优惠政策时通常有两种选择，即设置税收减免或税收抵免政策。设置税收减免的国家主要有美国、法国、俄罗斯、日本、瑞士等，也有部分国家制定税收抵免的优惠政策，捐赠者从应纳税额中扣除税收抵免额，如加拿大、新西兰等。从世界范围内来看，各国在先引入所得税的基础上，逐步建立针对捐赠者的税收优惠制度，以法律支持非营利部门的发展。制度大多经历了一个调整与完善的过程，在捐赠主体、符合条件的捐赠范围、税收抵免或税收减免限额等方面的法律规定逐渐明晰。

法国于 1993 年颁布法律，明确公司作为捐赠主体，享受税收减免的情况。公司对不同类型非营利组织的捐赠，设置不同的税收减免准入门槛②。经过发展与完善，当今法国明确规定了个人捐赠主体和公司捐赠主体享受的税收减免待遇，分组织类型规定了捐赠主体享受的税收减免限额。俄罗斯 1994 年修正案，对个人捐赠中，能够进行个人所得税减免的捐赠范围进行了规定。当今俄罗斯明确规定了个人和企业捐赠主体的捐赠范围和税收减免限额。为充分发挥捐赠主体税收优惠对慈善捐赠事业的推动作用，部分国家在政策变革中加大对捐赠主体的税收优惠力度。在日本，国家于 1989 年开始同意企业捐赠主体可享受税收减免优惠③。2011 年，日本降低捐赠主体的课税减免准入门槛，使捐赠主体更加容易获得税收减免地位，提高捐赠的课税减免额④。加拿大是对捐赠主体实行税收抵免政策的

① 郑国安：《国外非营利组织法律法规概要》，机械工业出版社 2000 年版。

② 郑国安：《国外非营利组织法律法规概要》，机械工业出版社 2000 年版。

③ 李军鹏著：《公共管理学》，首都经济贸易大学出版社 2005 年版。

④ 佩内洛普·卡格尼、伯纳德·罗斯编，徐家良，苑莉莉，卢永彬译：《全球劝募变动世界中的慈善公益规则（引进版）》，上海财经大学出版社 2018 年版。

典型代表。2016年，加拿大对《所得税法》进行修订，对于个人年所得税应税收入超过200000美元的个人捐赠者，提高其税收抵免率，对于其超过前200美元的捐款，税收抵免率从2015年及之前的29%提高至2016年及之后的33%[①]。加拿大联邦个人所得税实行超额累进税率，税收抵免率与个人所得税税率之间的差额能够为捐赠者提供积极的税收刺激，即以较低比例计算所得税应纳税额后，能够以较高比例获得税收抵免，税收抵免率的提高使此差额进一步扩大。

五、我国非营利组织税收政策的发展变化

（一）非营利组织免税资格认定

与世界上其他国家类似，我国也对非营利组织实施税收减免的优惠措施，赋予其免税地位，财税〔2009〕123号文件首次对免税资格认定要求做出相关规定。2014年和2018年，我国对资格认定需符合的条件进行了调整，旧有文件相应废止，调整主要体现在组织的财产分配与活动范围两方面。我国将非营利组织的信用情况纳入免税资格认定的考察范围，促进了征信体系的建设。

非营利组织申请享受免税资格时，需向财政、税务部门报送财务报表、审计报告等各项材料。财税〔2018〕13号文件对财税〔2014〕13号文件第3条相关报送材料进行了扩充修改，对符合免税资格的非营利组织，在组织财产分配方面做出规定。与旧有文件相比，财税〔2018〕13号文件要求非营利组织将财产分配中用于个人的部分进行专项报告，要求报送材料能够反映成员工资薪金水平与组织福利支出情况。上述材料的报送在非营利组织财产分配于组织成员方面进行了限制，相关材料能够证明非营利组织没有通过工资薪金等形式，将组织财产在成员间变相分配以谋取私人利益。

具有免税地位的非营利组织的活动范围，早期限制于境内，后拓展至境外。财税〔2018〕13号文件和财税〔2014〕13号文件将财税〔2009〕123号文件第1条删除，允许活动范围在境外，符合相关条件的非营利组织享受免税的税收优惠。科技企业孵化器能够扶持高新技术产业发展，大学科技园是科技创新的重要场所，我国于2016年分别将符合非营利组织条件的二者的收入，纳入所得税税收优惠范围，进一步扩大符合免税资格条件的非营利组织的范围，以非营利组织税

① https://www.canada.ca/en/revenue-agency/services/charities-giving/giving-charity-information-donors/claiming-charitable-tax-credits/amended-legislation-charitable-donation-tax-credit.html

收优惠政策推动国家科技发展。

我国非营利组织财税政策历史变革促进了征信体系的建设与发展，这体现在非营利组织享有免税资格地位方面。财税〔2014〕13号文件第6条指明了非营利组织在何种情况下将丧失免税地位，与2014年规定相比，财税〔2018〕13号文件有所扩充，将组织免税地位的获取与组织的信用评级相挂钩。这一变革将组织信用情况作为免税资格考察的重要方面，变更后的非营利组织税收优惠政策能够促进征信体系建设。

（二）对非营利组织自身的税收政策发展变化

1. 非营利组织企业所得税税收政策发展变化

关于非营利组织企业所得税的税收优惠政策，我国《企业所得税法》做出总体规定，在界定所得税免税收入时，允许将符合条件的非营利组织的收入纳入其中。非营利组织的收入类型多样，并非所有收入都能享受所得税优惠政策，国家出台相关通知（财税〔2009〕122号）对免税收入范围做出细化规定。非营利组织的收入来源大体可区分为捐赠与筹资收入，来源于政府的收入以及利息收入。第一，捐赠收入与会费收入为免税收入。第二，财政拨款本身为不征税收入，政府以其他形式给予的政府性补助为免税收入，而非营利组织通过政府采购的方式获取的收入，视为从事营利性活动取得的收入，需缴税。第三，由不征税收入和免税收入产生的银行存款利息为免税收入。

2. 非营利组织增值税税收政策发展变化

非营利组织的捐赠收入、会费、经营性收入等不同种类收入的增值税税务处理不同，前两者免征增值税，经营性收入需依法缴纳增值税。

在非营利组织增值税税收政策发展变化中，一个明显的变化是，免征会费的非营利组织范围扩大。财税〔2016〕68号文件规定部分非营利组织免征会费增值税，这些非营利组织为各党派、工会、妇联等社会政治团体。财税〔2017〕90号文件则将免征会费的组织范围扩大至社会团体。政策改变后，能够针对会费免征增值税的非营利组织数量大幅增加，范围扩大至社会团体所涉足的社会生活的各方面。

（三）对捐赠主体的税收优惠政策发展变化

我国所得税法规定，通过规定捐赠渠道，向非营利组织捐赠的个人和企业，能够将一定限额的符合条件的捐赠支出在应纳税所得额中扣除，即进行公益性捐赠税前扣除。对于个人和企业捐赠者，能够享受税收减免的公益捐赠支出数额都具有上限，分别为应纳税所得额的30%和年度利润总额的12%。

捐赠主体在增值税税种方面的税收优惠，并未如所得税一般在法律法规中具有常态化规定，而多在重大公共事件发生时出现，具有临时性。当国家发生重大突发事件，社会出现公共危机时，国家常出台一系列税收优惠政策以帮助全国人民度过难关，其中包括公益性捐赠的相关规定。2008年汶川地震使灾区人民遭受精神和财产上的巨大损失，2008年6月国家出台文件以支持灾后重建。2020年初新冠疫情爆发危害国民身体健康，2020年2月国家出台文件以支持疫情防控。两次突发公共事件发生后，国家出台的文件中都包含对公益性捐赠的税收优惠规定。2008年汶川地震后，对于单位和个体经营者，向灾区无偿捐赠其生产、委托加工和购买的货物，且捐赠渠道符合要求的，免征增值税。2020年疫情爆发后，对支持新冠疫情防控工作的公益性捐赠，与2008年增值税优惠政策相同，免征增值税。

六、我国非营利组织管理

世界上其他国家非营利组织登记注册成立后，相关税收问题在国家法律体系框架下，主要由税务局管理，与我国相比，其管理相对简洁明晰。我国非营利组织管理呈现出四个具有时代特征的历史演变阶段，分别为政治化管理阶段、分散管理阶段、双重管理阶段和分类管理阶段。

（一）政治化管理阶段

此阶段于中华人民共和国成立开始，至改革开放结束，这一时期是对非营利组织进行分类管理的最初尝试阶段，同时，基于组织级别，此时期初步确立了分级登记的管理制度。1950年我国除对非营利组织进行了两方面的整顿外，还以组织的主要活动内容为依据，将社会团体划分为六大类。此外，对于各种类别的非营利组织，基于组织的级别，确立了分级登记的管理制度。内务部和地方政府是非营利组织的登记管理机关，对于全国性非营利组织，应向内务部登记，对于地方性非营利组织，应向地方政府登记。中华人民共和国成立后至改革开放前，我国经历了社会主义过渡时期和“文化大革命”时期，在我国初步探索建立社会主义的阶段，公共服务基本由政府提供，非营利组织的成立与发展基本在政府的掌控下进行，而相对缺乏独立性与自治性，具有政治化管理特征①。

① 王雁红：《从双重管理到分类管理：我国社会组织管理的制度变迁与路径创造》，《江苏社会科学》，2018年第6期。

（二）分散管理阶段

改革开放后至1987年，为分散管理阶段。改革开放背景下非营利组织迎来广阔的发展空间，结社需求被激发，民间结社实践丰富。此时期非营利组织管理呈现出两个新特点。第一，非营利组织登记管理机关职能尚未发展成熟。受历史因素影响，改革开放初期，国家的各项管理体制得以重构，作为非营利组织登记管理机关的民政部门重新组建，但其社会组织管理职能尚未完全恢复。第二，非营利组织管理呈现"分散管理"的特征。不同部门同时对非营利组织掌有审批登记权，导致非营利组织形成在政府部门、党委部门、社会团体等各类机构间的多头审批现象，各地方政府依据本地规章制度对非营利组织进行管理，呈现出各自为政的特征。

（三）双重管理阶段

1988年至21世纪初，为双重管理阶段。此阶段，国家从机构设置方面改善了非营利组织多头管理现象，通过法律法规的制定确定了双重管理制度。1988年，社团管理司成立，归属民政部管理，自此，非营利组织的审批登记权由多个机构收归民政部社团管理司所有，改善了此前非营利组织的多头审批现象。双重管理指非营利组织同时受到业务主管部门和登记管理机关的管理。业务主管部门主要负责初审非营利组织的年检，对组织的日常活动进行检查与监督等，登记管理机关主要负责非营利组织成立、变更、注销时的登记管理事项，以及年度检查与行政处罚等。在我国非营利组织的三种类型中，社会团体率先确定双重管理制度，随后是民办非企业单位和基金会。此后，非营利组织双重管理制度框架正式确立，申请成立非营利组织时，需先经业务主管部门审查同意，后向登记管理机关申请登记，二者负责经双重审查后批准登记的非营利组织的日常管理。

（四）分类管理阶段

21世纪以来，非营利组织发展呈现出新特点。首先，此阶段非营利组织的登记管理制度发生变革，表现在双重登记制度的破除，直接登记制度的推进。其次，非营利组织管理进入分类管理阶段。最后，构建新时期非营利组织管理格局，加强非营利组织的监督管理。双重登记制度的破除从非营利组织业务主管部门的职责入手，逐渐将其登记管理职责交由民政部统一行使。2012年，广东省率先终结双重审批制度，同年，直接登记制度在全国范围内开始推行，截至2014年，全国共有27个省级行政区推行了非营利组织直接登记制度或进行了试点工作。当前，我国非营利组织管理处于分类管理阶段。2016年，《民政事业发展第十三个五年规划》规定了实行分类登记制度的四类社会组织，分别为行业协会商会类、科技类、公益慈善类和社区服务类社会组织，不在此范围内的非营利组织，则实行双重管理制度。近年来，非营利组织管理相关要求多次出现在党和政府文件中，除提出分类登记制度之外，还提出下列要求，推进新时期非营利组织管理的发展与完善。第一，要求构建新时期非营利组织管理格局。非营利组织管理要坚持党委统一领导，政府部门负责、社会部门协同、公众共同参与。第二，完善非营利组织监督管理。通过建立抽查审计制度，建立事前与事后监督机制，强化社会监督等，培育发展壮大非营利组织的同时进行依法监督管理。

参考文献

[1] 车峰．非营利组织管理［M］．北京：中央民族大学出版社，2015.

[2] 刘蕾．非营利组织管理［M］．徐州：中国矿业大学出版社，2017.

[3] 郑国安．国外非营利组织法律法规概要［M］．北京：机械工业出版社，2000.

[4] 杜春法．企业所得税实务财税处理大全［M］．立信会计出版社，2019.

[5] 佩内洛普·卡格尼，伯纳德·罗斯编；徐家良，苑莉莉，卢永彬译．全球劝募 变动世界中的慈善公益规则 引进版［M］．上海：上海财经大学出版社，2018.

[6] 李德健．英国慈善法研究［M］．北京：法律出版社，2017.

[7] 常丽，何东平．政府与非营利组织会计 第3版［M］．沈阳：东北财经大学出版社，2015.

[8] 迈克尔·J. 沃斯著；韩莹莹，张强，王峥译．非营利管理 原理与实务［M］. 广州：华南理工大学出版社，2016.

[9] 刘培峰，龚宇．非营利组织税收减免制度研究述评［J］．中国非营利评论，2021（28）：02.

[10] 宋程成．“结社革命”背后的幽灵：非营利部门的理性化及其成因［J］．中国非营利评论，2017（19）：01.

[11] 金锦萍．非营利组织营利性收入税收政策比较研究［J］．社会保障评论，2019（3）：04.

[12] 杨和焰．全球结社革命的现实背景分析及其对发展中国家的启示［J］．理论与改革，2004（03）．

[13] 王雁红．从双重管理到分类管理：我国社会组织管理的制度变迁与路径创造［J］．江苏社会科学，2018（06）．

[14] 朴春玉．我国非营利组织的自治性研究［D］．辽宁．东北财经大学，2017.

[15] 王凤鑫．我国民间非营利组织发展问题研究［D］．江西．江西财经大学，2013.

[16] 袁梅．制度变迁视角下我国非营利组织管理制度研究［D］．上海．华东政法大学，2020.

美国医疗保障历史研究（1912—2012）

宁 方 景

摘　要：作为现代社会保障制度中的有机组成部分，医疗保障制度是现代各个国家所格外关注的领域。很多国家都必须改革医疗保障体制，既要控制医疗支出的增长，又要保障人民健康，防止因病致贫。在美国，私人市场占据主导地位的医疗保障领域，保险市场的逆向选择，造成了无保险人群的扩大。医疗保健所具有的独特的外部性和道德风险使得无保险人群的扩大成为美国医疗保障领域最难以忍受的顽疾。试图扩大医疗保障覆盖面和控制医疗费用的曲折改革中，政府，尤其是联邦政府体现出来的是“大政府”倾向。

关键词：政府　医疗保障　市场

前言

社会保障制度作为“社会安全网”和“社会稳定器”，本身也是国家宏观经济的重要组成部分。拥有完善的医疗保障制度，人民不存在过度储蓄以预防“看病难”“看病贵”，甚至“因病致贫”“因病返贫”，国民消费的增长将是拉动国家经济增长的有效驱动力。一个国经济和社会发展的最重要力量就是劳动力（包括脑力劳动和体力劳动者），医疗保障对劳动力素质和数量的提高具有重大意义。因此，研究是否应该由政府向国民提供医疗保障、采取什么形式向国民提供医疗

作者简介：宁方景，中央财经大学外国语学院副教授，博士，研究方向：中外财政史对比研究；中外文化对比研究。

保障，无论是对于国民个人及家庭，还是对于整个国家，乃至整个世界，都十分必要，且影响深远。作为现代社会保障制度中的有机组成部分，医疗保障制度是现代各个国家所格外关注的领域。毋庸置疑，很多国家都必须改革医疗保障体制，既要控制医疗支出的增长，又要保障人民健康，防止因病致贫。美国的医疗保障向来被世人所诟病：最发达的国家却没有实现全民医疗保险（平价医疗法案实施之前），医疗费用奇高效率却低下。世人多指责政府软弱无能。事实果真如此吗？如果仅仅从现实着眼只能看到表面现象，只有从历史的维度对其进行细致的考察和研究，才能够看清隐藏在表面现象下的根源，才能够得出正确的结论。本论文就1912—2012这一百年间美国政府，尤其是联邦政府在医疗保障领域的作为进行探究。

一、1912—1935年政府扩大医疗保障覆盖面的努力

在19世纪后半期，美国从农业社会发展到工业社会，工业革命和城市化给人们的生活带来很多不确定因素：疾病、失业、年老等问题逐渐威胁到工人家庭及个人生活。疾病给个体的家庭主要带来的两个方面的成本：其一，医疗成本；其二，间接成本，主要是收入的减少和家庭生活的破裂。这些成本不仅给个人造成负担，还给社会造成巨大负担：生产力下降，国家收入减少，巨大的医疗费账单。这一时期兴起的人道主义运动主张政府应该帮助解决这些个人自己无法应对的问题。全民医疗保险的初衷就是缓解疾病所带来的经济问题：一方面通过保险来分担个人工资损失和高昂的医疗费用，缓解因疾病导致的贫困；另一方面通过提供有效的医疗保障，降低疾病带来的社会成本。20世纪初，西奥多·罗斯福和伍德·威尔逊领导的新进步革命和新自由运动，提出通过政府规范私人利益和打破垄断，将政府从19世纪的自由不干涉主义转向发挥作用担负职责，并于1912年提出实施全民医疗保障。

1915年左右，美国开始了全民医疗保障运动。建立以政府为主导的医疗保险运动在纽约几乎取得胜利，1916年至1919年间四次被提为法案，但是遭到医生、雇主、保险公司和美国劳工联盟各方的阻挠，法案最终夭折。1919年全民医疗保险运动的失败直接导致医疗保障在美国福利制度中的缺失。

1912年，西奥多·罗斯福竞选美国总统之时就提出建立全国性的医疗保险制度。当选总统后，他立即倡导劳工法立法协会组织了一个专门委员会来负责制定医疗保险方案：为月薪低于100美元的产业工人提供医疗保险。保费的分摊比率为：工人支付40%，雇主出资40%，州政府财政补贴20%。但是，由于美国医

协会的强烈反对，该方案最终被参议院否决。美国医协会后来认可了美国劳工立法协会推动的全民医疗保险法案，使得在 1916—1918 两年间，有 16 个州通过了某种形式的强制性医疗保险法案。但是，商业保险公司联盟成功说服了美国医协会，使得美国医协会对全民医疗保险的态度再次转向反对。当然，全民医疗保险还遭遇到来自其他利益集团的反对：美国劳工联合会担心全民医疗保险将会削弱工会的作用；工业贸易协会更喜欢工伤险；保险公司害怕因此会失去获利丰厚的工业寿险。

1921 年，母婴法案（Maternity and Infancy）获得通过。联邦政府向各州提供财政补贴来帮助改善母亲和孩子的健康状况。这也是联邦资助州政府项目的雏形。

大萧条时期，失业率高升，达到 25%，收入的不平等造成低收入群体的医疗保障状况更加恶劣，疾病进而成为导致贫困的主要原因。解决医疗费用的问题变得非常紧急，全民医疗保险的理念逐渐被更多人接纳。但是，当时的社会经济条件决定了失业保险和老年人的退休福利问题最为紧迫。正是因为考虑到当时政治和经济因素，加上美国医协会强烈的反对，为了确保 1935 年社会保障法案的顺利通过，罗斯福政府最终删除了法案中关于为老年人提供医疗保险的立法，因而医疗保险没有被纳入社会保障法案的最终草案。

但是，社会保障法案仍然进一步加强了联邦政府为州政府的公共健康和福利项目提供支持的功能。法案的第五章规定联邦政府向州政府为母婴健康以及残疾儿童服务项目提供财政补贴。法案的第六章规定联邦政府向州政府的公共健康项目提供财政补贴。得益于联邦政府的资金支持，到 1936 年，大约有 175 个新的地方健康部门建立起来。

罗斯福政府在社会保障法通过之后，也立即开始推行各州自愿参与的为州内居民提供强制医疗保险的提案。然而，美国医协会因为担心医生会丧失自主权而沦落成为政府领工资的雇员，对此强烈反对。再加上共和党以及南方民主党的反对，这一提案最终夭折。

从 1912 年西奥多·罗斯福提出建立全国性的医疗保险制度到大萧条前期，全民医疗保险运动将近取得成功。随着大萧条的冲击，许多领域，其中包括医疗保障领域，被列入旨在为满足社会需求提供更有效的项目中，全民医疗保险为更多人所接受。由于当时政治和经济条件限制，全民医疗保险没有纳入到 1935 年的社会保障法案。

二、1936—1965 年政府扩大医疗保障覆盖面的努力

1936 年 10 月，罗斯福签署了总统执行令，建立部际委员会（Inter-Department

Committee），该委员会负责按照社会保障法案协调健康和福利活动。部际委员会被授权监管所有与健康和福利相关的联邦机构的活动和人事。部际委员会于1937年成立医疗保障技术委员会（Technical Committee on Medical Care），负责调查如何为人们——尤其是那些现行制度下无力支付医疗账单的群体提供足够的医疗保障，以及联邦政府在此过程中的作用。部际委员会于同年12月份为实施全民医疗保障项目的联邦立法工作做准备。但是，随着第二次世界大战迫在眉睫，一直到1938年国会和总统都无暇顾及医疗保障改革。1939年的瓦格纳医疗议案联邦立法是20世纪30年代最后一个尝试。虽然该法案重点对象是那些最需要医疗的穷人，而不是严格意义上的全民医疗保险，但是仍然遭到了美国医协会强烈反对。此外，当时人们普遍认为，政府应该集中精力恢复经济繁荣，不要去管医疗这种福利问题①。当然，欧洲和亚洲的政治动荡，也是导致瓦格纳议案失败的一个因素。

1943年，参议员莫利、瓦格纳和众议员丁格尔提出了一个统一的单一式全民医疗保险议案，试图把传统的就业保障与健康的覆盖面两方面相结合。该议案包括残疾人福利、母亲产假福利、资助老人、盲人和儿童的计划等，这个医疗保险计划资金由6%的工资税支持。但是，美国医协会担心政府加大控制后会导致医生失去拒绝诊疗病人的特权，干涉医生选择的自由，并造成医生收入的损失，所以又一次强烈反对。

第二次世界大战后，当国家能够充分关注国内问题的时候，杜鲁门政府大力支持政府资助的全民医疗保险项目。在1948年5月5号召开的一次全国性的会议上，对国家的健康状况和医疗卫生服务问题专门进行讨论②。根据杜鲁门的提案，全民医疗保险将工薪人士、个体商人、专业人士、家庭和农场雇员、穷人都纳入一个综合体系里。但是，因为无法得到国会必要的支持，全民医疗保险改革没有进展。据统计，1939—1950年之间关于的全民医疗保险的议案有十项之多，但是没有一项能够到达投票的阶段。

20世纪50年代开始，联邦政府开始通过州政府和地方机构，为穷人提供医疗资助项目。无论是联邦政府、州政府，还是地方政府为贫困人口的医疗服务提供的资金一直在增长。1950年，社会保障法案修正案中授权联邦政府拨款资助州政府来支付公共补助对象的医疗费用。

1952年底，杜鲁门卸任，艾森豪威尔继任总统。1953年，艾森豪威尔为了增

① Hirshfield. The Lost Reform: The Campaign for Compulsory Health Insurance in the United States from 1932 to 1943 [M]. Massachusetes: Harvard University Press, 1970: 136—145.

② Odin W. Anderson The Uneasy Equilibrium; Private and Public. Financing of Health Services in the United States. 1875—1965 [M] . New Haven, Conn. : College and University Press, 1968: 124—129.

加政府对社会公共项目数量以及范围的支持，把联邦保障局（Federal Security Agency，FSA）升级并改名为健康教育福利部（Department of Health，Education，and Welfare，DHEW）。

20世纪50年代中期，除了穷人、老年人群成为医疗保障领域一个突出的问题。在以通过工作获得医疗保险的雇主保险制度下，老年人退休后不能够继续享受原来的医疗保险。如果老年人个人购买，个人保险费率比团体保险费率要高得多，保险成本加大。老年人因为变老健康状况下降，加上因为退休经济状况下降，两个方面使得老年人在获得医疗保障时变得愈加困难。此外，因为老年人人口数量过多，会耗尽自愿医疗保险而导致其无法维持，而且无法控制医疗服务成本的上升。20世纪50年代末60年代初，为老年人提供医疗保障的运动兴起，其中以参议员肯尼迪、安德森和众议员弗兰德为代表。但是，改革支持派的各方在诸如免赔额和共同保险、医疗贫困人口的覆盖、医生的付款、成本上升和利益自由化的可能性等方面存在分歧，这些分歧导致推行老年人医疗保障的进程进展缓慢。1960年，科尔·米尔斯（Kerr-Mills）法案获得国会通过，批准联邦政府资助各州向贫穷的生病的老年人提供住院服务，即由联邦政府从国家一般收入中支出，向老年人和穷人提供医疗帮助的州政府发放联邦补贴。该法案扩大了联邦政府在医疗保障融资方面的作用，更加重要的是，科尔·米尔斯法案扩大了州政府救助对象的范围：不仅包括以前的补助对象，而且还包括了低收入的老人、盲人和残疾人等。然而，由于各州并没有充分实施这个法案的规定，截止到1962年7月，1.7亿老年人中只有102万被该法案覆盖。

1964年，约翰逊在总统大选中获得压倒性胜利，民主党在国会两院中获得绝大多数议席，公众对于继承肯尼迪总统遗愿——推行为老年人提供联邦医疗保障的呼声渐高。1965年，约翰逊总统签署医疗救助法案和医疗照顾法案。作为社会保障法的修正案，医疗救助制度和医疗照顾制度是美国医疗保障制度的起源，也是距离全民医疗保障立法最接近的一次。但是，这两个项目实际上也是国会两党各派互相妥协的结果：民主党的方案是在社会保障名义下征收工资税从而实行强制性的医疗保险，共和党则青睐由政府进行补贴的自愿保险，美国医协会则强烈反对这两个计划，主张把科尔·米尔斯法案的覆盖范围扩大到所有的需求者。最后妥协的结果是，民主党的主张变成了医疗照顾项目里的A部分，共和党的主张变成了医疗照顾项目里的B部分，美国医协会的主张则变成了医疗救助项目。医疗照顾项目的A部分医院保险具有社会保险的性质，医疗照顾项目的B部分补充医疗保险部分具有社会保险的性质，医疗救助项目则是典型的医疗救助制度。鉴于这两个项目内容复杂，并随时间有所变化，因此在本章第三节中进行详细论述。

1912—1965 年间，除了为扩大医疗保障覆盖面而做出的以上努力以外，国家还出台了两个重要的法案，奠定和扩大了联邦政府在医疗保障领域的作用，也对政府在扩大医疗保障覆盖面方向的努力起到不可忽视的推动作用。首先第一个法案是 1944 年通过的公共健康服务法案（Public Health Service Act）。该法案把早期有关公共卫生服务的法律修订并编制成了一整套的法律。法案的第三章规定联邦与地方卫生机构一起合作控制疾病主要是传染疾病。法案的规定和内容在之后的几十年中变化迅速而繁多，但不变的是，国家健康研究院（National Institute of Health，NIH）所进行的研究成果，以及由国家健康研究院所资助的研究成果，一直被认为是国家医疗健康政策的一大成就。第二个是 1946 年通过的著名的医院调查与建设法（Hospital Survey and Construction，Act）通常被叫做希尔——伯顿法案（Hill—Burton Act）。希尔——伯顿法案是对公共健康服务法的第一次修订。第二次世界大战后，许多欧洲国家颁布法律来重建医疗保障体系，作为对国家在战争时期对国民需要和民用建设缺乏关注的弥补，也作为关注社会公平的一种方式。美国在第二次世界大战结束后也存在相似的顾虑：经济大萧条和第二次世界大战期间美国医院建设匮乏，为联邦立法资助医院建设设置阶段来提供了契机；而且，战争时期许多士兵已经享受到了联邦政府提供的医疗卫生服务，他们希望战争结束后能够继续享有这一福利；价格控制的战争时期，政府作为奖励给许多工人提供医疗保险福利来代替加薪；当时关于建立更加综合的国家医疗保险体系问题的争论不休，杜鲁门总统和民主党中的自由派更倾向于这种综合的国家医疗保险，共和党和民主党中的保守派则反对意见。但是两派在一点上是意见统一的，那就是都意识到联邦政府需要在医疗保障领域更多地介入，从而满足人们的医疗保障需求。希尔——伯顿法案正是作为妥协方案获得通过。法案规定，联邦政府按照各州人口数量为各州进行的医院等医疗中心的需求调查以及计划活动提供 1/3的资金支持；另外根据各州政府的调查结果，按照各州的人口数以及人均收入水平向州政府的医院建设提供财政补贴，最高补贴为 1/3。希尔——伯顿法案实施 3 年后，到 1949 年，所有的州都获得了联邦计划的支持，并且几乎所有的州都为本州的医院许可证颁发制定了法律。为了增加联邦政府为医院和相关医疗机构建设的资金支持，让更多不富裕的州从法案中获益，1949 年，修订案把联邦支持医院建设的资金比例提高到 2/3。1954 年的修订案规定联邦向诊断治疗中心，如护理院等的建设提供资金支持。1964 年的修订案规定联邦为医院，主要是城市医院的现代化提供资金支持。可以说，正是希尔——伯顿法案促成了美国丰富的医院资源。

罗斯福、杜鲁门、艾森豪威尔历届总统都有旨在推行全民医疗保险的努力。可以说，1935—1965 年间政府在医疗保障领域的活动开始频繁，并且在直接提供医疗保障方面的作用呈扩张趋势，以医疗照顾制度和医疗救助制度的建立为标志达到这一时期的顶峰，联邦政府成为医疗保障的直接支付人，联邦政府的作用达到了更高的高度。这也是距离实现全民医疗保险最近的一次具有历史意义的立法。

三、1966—1979 年政府的监管措施和立法尝试

（一）政府控制医疗成本的监管措施

医疗照顾法案从 1966 年 7 月 1 日起实施，医疗保险救助法案从 1966 年 10 月起开始实施。一经实施，这些联邦项目就引起了医疗费用的急剧变化。例如，医院费用在法案实施第一年（截止到 1967 年 6 月）上涨了 21.9%，第二年上涨了 12.2%。在最初的 15 年里，医疗照顾项目支出呈指数增长，联邦支出从 1966 年的 6400 万美元增长到 1980 年的 321 亿美元[①]。

面对这一时期医疗费用的急剧增长，国家所做出的最初反应就是施行监管。

1971 年 8 月，尼克松总统推行稳定经济项目（Economic Stabilization Program，ESP）。该项目共分为四期，第一期对整个经济的工资和价格冻结 90 天，后面三期对包括医院在内的特定经济部门进行更具体的控制。该项目虽然在设定医院服务的“价格”等利率方面遭到各种阻碍，但是仍然取得了相当大的成功。医院的花销 GNP 占比稳定，一直保持在 GNP 占比 7.2% 左右，费用增长率减小一半[②]。但是当 1974 年 4 月该项目到期后，医疗费用增长率出现反弹。医疗支出从 1974 的 GNP 占比 7.9% 上升到 1975 年的 8.3%[③]。稳定经济项目是联邦政府控制医疗成本进行所进行的一次成功尝试。

根据罗默法则，控制医疗费用可以通过控制医院建设来实现。1972 年，当医疗保障费用呈爆炸性增长时，23 个州启动了一个要求医疗机构重大建设项目和资本投资须获得州政府批准的项目。1972 年，国会通过了“1122 健康项目”，授权

---

① U. S. Department of Health and Human Services, and Centres for Medicare and Medicaid Services. (1990). http://www.cms.hhs.gov/nationalhealthExpendituredata.

② Abernethy, David S. and David A. Pearson. Regulating Hospital Costs: The Development of Public Policy. Ann Arbor [M], Michigan: AUPHA Press, 1979: 54 -58.

③ US Department of Health and Human Services, CMS Statistics (1990). http://www.cms.hhs.gov/ nationalhealthExpendituredata.

卫生教育福利部拒绝给那些没有取得国家卫生规划部门建设项目审批许可的医院和疗养院进行费用报销。

1972年对医疗照顾法案进行修订，建立专业标准审查组织（Professional Standards Review Organization，PSRO）。该组织的任务首先是确立专业标准，然后审查医疗照顾项目和医疗救助项目的医疗费用，来确定这些费用是否符合专业标准，是否在医学上是必要的，以及是否存在提供更加经济的治疗方案的可能性。虽然这个组织的目的之一（最终是其主要目的）是提高医疗保障质量，最初的主要目的则是要削减医疗服务的过度使用，节省联邦政府资金。但是因为这个项目主要是委托给有组织的医药行业进行，所以其有效性大打折扣。1980年国会预算办公室得出结论，该项目成本超过了所节省的费用①。

1973年，尼克松签署预付制健康维护组织法案（Health Maintenance Organizations Act，HMOA），试图控制医疗成本。立法包括三个策略来鼓励私营部门建立健康维护组织：首先，对于阻碍联邦批准的健康维护组织形成的州法律，该立法处于优先地位。其次，它要求符合条件的雇主要为员工提供健康维护组织选择，这些条件包括：至少有25名员工；给员工提供医疗保险；所在区域有健康维护组织。第三，提供联邦拨款、贷款或贷款担保来鼓励建立健康维护组织。这些激励措施只对那些遵守联邦认证要求的健康维护组织适用。健康维护组织必须要提供社区等级，开放注册，和一些医疗保险没有覆盖的预防服务。虽然立法在1976年和1978年进行了两次修订，但仍然很少的健康维护组织加入②。

1977年，卡特总统接替了尼克松，并在当年春天推出了医院成本遏制法。然而国会对于卡特计划和一些替代方案的辩论一直延续到1979年底，也没有能成功采用了一种新的成本控制计划。1982年，国会终于制定了税收公平和财政责任法案（Tax Equity and Fiscal Responsibility Act，TEFRA）来应对医院成本问题。不过所解决的仅是医疗照顾项目的住院费用，而没有尝试更普遍地控制医院成本。

1974年，国会通过了国家卫生规划资源发展法案（National Health Planning Resources Development Act，NHPRDA）。该法案要求建立一个全国区域的卫生系统机构，通过控制医疗机构的资本投资来控制医疗费用。这种规划战略体现了美国人认为医疗需求可以进行客观规定的思想，即理论上认为，如果减少过剩的床位，医生就只能通过提供病人实际所需的医疗服务，供应方和专业人士就会被迫

① Proposed Phase out of PSRO's and Utilization Review Requirements: Hearing Before the Subcommittee on Health of the Senate Committee on Finance (1981) 97th Cong. 1st Sess. pp. 37 – 40.

② Brown, Lawrence D. Politics and Health Care Organization: HMOs as Federal Policy [J]. Washington. DC: Brookings Institute, 1983: 205 – 208.

去“限量供应”医疗服务，从而消除过量服务，达到控制费用的目的。

1974年，职工退休收入保障法（Employee Retirement Income Security Act, ERISA）是联邦重要的医疗卫生政策。职工退休收入保障法的制定是在当时一些养老基金倒闭以后，联邦开始对员工养老基金征收实行监管。虽然职工退休收入保障法的初衷不是作为控制医疗成本的措施，然而，国会在覆盖养老金计划的同时，顺便扩大了职工退休收入保障法对福利计划的覆盖。虽然相比养老金计划而言这种对福利计划的要求很低。职工退休收入保障法影响医疗健康计划的最具革命性一点就是取代了州级与员工福利计划相关的法律。职工退休收入保障法甚至取代州政府对保险业的监管，各州对雇主承担保险风险的员工津贴计划不再具有监管权。

反垄断法的实施是控制成本的另外一个尝试。一般认为，联邦反垄断法并不适用于医疗保障领域的专业人士，因为反垄断法只涉及国际间的或涉外的贸易活动，而医疗保障服务并没有构成“贸易”，也不是国际间的活动。但是，美国最高法院在1975年判定，反垄断法适用于专业人士。不仅是联邦政府，一些州政府也积极参与到对医疗服务提供者实施反垄断法的运动。私人部门也注意到反垄断法所带来的可观的赔偿金，医生们开始对医院进行反垄断诉讼，医疗机构甚至开始对保险公司提起反垄断诉讼。1979年试图通过修改卫生规划法来鼓励竞争。反垄断法弱化了有组织的医药行业对预付制医疗保险的反对情绪，这反过来又使得20世纪80年代和90年代的管理式医疗改革成为可能。反垄断法有助于打破束缚，使私营部门通过竞争来控制医疗费用。

20世纪70年代几乎所有的州都开始了加强控制成本的医疗健康项目。到1979年，九个州有强制医院利率管制项目，其他六个州有自愿的公立医院利率管制项目，还有十个州有医院协会或蓝十字的自愿项目①。在一些州，医院利率设置在对每个医院预算详细审查基础之上；其他州的利率有的是基于公式计算出来的；还有的是通过谈判。有证据表明，那些有强制性医院利率管制项目的州，特别是比较成熟和比较严格的项目，在控制医院成本增加方面取得了一定的成功，与那些没有管制的医院相比，最成功的是把医院成本的通货膨胀率下降了约0.5%②。

20世纪70年代，公众认为在医疗保障组织过程中政府看起来扮演主要的、甚至是主导的作用。一系列旨在控制成本的措施相继出台，主要通过对支付的限

① Furrow, Barry, St. Paul et al Health Law [M]. Minnesota: West Group, 1991: 697—698.

② Biles, Brian et al. Hospital Cost Inflation Under State Rate-Setting Programs [J]. New England Journal of Medicine, 1980: 664.

制，以及通过复查医疗服务提供的可适性进行成本控制。

（二）政府扩大医疗保障覆盖面的立法尝试

20世纪60年代后期，随着医疗成本持续上涨，建立全民医疗保险的呼声又开始渐强。1967年就有一些方案提出，但是直到1969年底1970年初，国会才有了真正的立法活动。在第91届国会上有13项独立的方案递交，并全部提交给下一届国会。

20世纪70年代早期出现了大量的扩张性的医疗保险提案。迫于公众压力，在1971年至1974年间，尼克松政府转向一个在利益方面更加自由的选择——全国医疗保险伙伴关系法案（National Health Insurance Partnership Act，NHIPA）来代替参议员肯尼迪所提出的政府主导的全民医疗保险计划——健康保障法案（Health Security Act，HSA）。尼克松的方案包括两个部分：一部分是家庭医疗保险计划，由联邦政府资助给低收入家庭提供医疗保险；另外一部分是全国医疗保险标准法案，由私人出资，覆盖所有雇员、标准化的雇主保险计划。强制私人雇主提供医疗保险，通过依靠定额手续费和其他限制利益的方法来控制医疗支出费用。肯尼迪参议员加入了当时颇有权力的国会众议院筹款委员会主席韦伯·米尔斯的队伍，支持一项对私人保险业更有利的计划。但是，由于水门事件爆发，尼克松和米尔斯的政治生涯结束，他们所倡导的法案也因此无疾而终。

1974年，尼克松的继任总统福特向国会提交的第一份咨文就是全民医疗保险计划。但是由于担心尼克松的医疗保险计划会加剧通货膨胀，福特于1975年撤回了该计划。1976年，卡特作为总统候选人时曾发誓要捍卫全民医疗保险计划，但因为通货膨胀和缓慢的经济增速，在当选总统后他并没有敦促具体的方案。但是为了给全民医疗保险做准备，1977年卡特向国会提交了一份医院费用控制法案（Hospital Cost Containment Act，HCCA），法案要求由联邦政府对医院的费用进行严格控制。由于以美国医协会为首的利益集团强力反对，该法案最终没有能够通过。1979年，肯尼迪从20世纪70年代初推崇“高层管理”控制成本的公共医疗保险制度，转向接受一个更为注重激励的私人保险计划，即在保留私人保险计划下实现全民覆盖的医疗保险计划。肯尼迪这一方案旨在促进更激烈的竞争和更加理性的决策，但同时也保留了为达到公平的再分配机制和规划机制，以及成本控制。因为不愿意接受肯尼迪的领导，又迫于压力，卡特政府最后推出的的是在经济条件允许情况下的渐进式的医疗保险计划。这个计划也包括新的控制成本的管理机制和激励机制，但是和肯尼迪方案整体上存在根本的区别。肯尼迪方案是在新的激励框架下和博弈关系框架下，全民医疗保险用来重组医疗体系，控制成本，并改善可及性。而卡特方案是在经济繁荣和成本控制下，才可以实现全民医疗保险。

纵观这个时期，政府的医疗保障措施都与控制成本相关，府施行了一系列旨在控制费用增长的监管措施，这也是政府调控的剧烈扩张时期。并且，尼克松和卡特都推出各自的以全民医疗保险为目标的强制保险方案。20 世纪 70 年代末期，健康领域的未来方向看起来很明确，那就是已经确定政府，尤其是联邦政府应该组织协调大型健康保障项目。

四、1980—1992 年政府控制医疗照顾项目成本的政策

1980 年，里根总统上任，医疗保障方面的举措主要在于放松管制。不但全民医疗保险从医疗卫生政策议程中消失，20 世纪 70 年代通过控制医疗费用为全民医疗保险铺平道路的所有计划也全面撤退。1982 年，专业标准审查组织被一个同行审查组织项目取代。同行审查组织项目更加注重质量而不是花费，提供不太全面但是比较激进的医疗实践的监督。在之后的五年里，有十几个州取消了许可证计划项目，其他州则简化了计划程序，或者削减了建设项目或设备购置费用。大多数州也取消了州级利率设置计划项目。

20 世纪 80 年代，联邦政府把重心重新调整为通过控制政府项目来控制整个医疗保障系统成本，其中主要是对医疗照顾项目的控制。医院成本问题一直很严重。在最初的医疗照顾制度设置中，医院根据所报告的服务运营成本和附加资本成本获得费用报销，私立医院还会获得净资产汇报率的支付。所以，如果抬高运营成本或者在额外技术和床位投入更多的钱，医院不但不会遭受任何损失，反而会获得更多的费用报销。1982 年，改变医疗照顾项目支付方式的第一步尝试就是对医院基于成本的报销制度进行严格的限制。最重要的变化是 1983 年医疗照顾项目对医院的报销制度转为预期支付制度（Prospective Payment System，PPS）。国会推出对医疗诊断群体组（Diagnosis-related Group，DRG）医院报销的强制方案：创立一种框架，医院根据所医治的每一个病人进行报销，而不是根据所提供的每个产品或者服务。医疗照顾项目的预支付系统按照所有入院病人的入院诊断进行分类（调整年龄、合并症、并发症及其他因素），被分到 467 个医疗诊断群体组中。医疗照顾项目的管理者，医疗保障财务管理部，基于每个诊断群体的资源利用进行权重设置，为每个医疗诊断群体组生成点值，当乘以一个转换系数（包括对医疗教育和资本成本各种考虑的调整），产生了每一个病人的支付费用。医疗诊断群体组机制实际上是一个管理价格方案。医院保险计划从以前的按费用支付转变

为预期支付后，预期支付作为成本控制的一个促进竞争的方法，医院以低于诊断群体支付水平的成本来医治病人才会赚钱，否则就会赔钱。医院可以通过竞争来吸引病人，通过低于医疗诊断群体组支付水平的成本来对病人进行医治。

因为患者出院“越来越快”，人们担心医疗诊断群体组支付会导致质量较差的治疗、医院服务的削减、医院的破产。然而事实上，医疗诊断群体组机制在最初阶段运行良好：医疗照顾项目费用的增长速度显著减慢，医院在财政状况良好，而且很少有证据显示病人利益受到损害。然而，在政府停止了医疗诊断群体组支付增加后不久，医院开始在医疗照顾项目病例中赔钱。

由于医疗诊断群体组的定义方式，往往是一个病人可能适应多个医疗诊断群体组。医院可以通过选择更有利可图的病种提高报销。医疗照顾项目很快开始注意到这种“DRG 爬行”现象。

最重要的是，预期支付系统只控制住院费用。随着时间的推移，越来越多的病人被门诊治疗，或者很快从医院急性护理转为医院长期护理和康复床位治疗（同一家医院），医疗照顾项目却仍然按照成本原则进行支付。一些医生比另外一些医生收入要高得多，却并不是基于实际成本或者服务的价值。

1984 年，医疗照顾项目的 B 部分冻结了医疗延长期间对医生的付费，并制定了许多工作考核量化操作标准，规定了每年医疗服务开支的可接受的增长率，如果超出就要受到处罚。1985 年，国会立法允许医疗照顾项目参加者加入健康维护组织。

1985 年，统一综合预算协调法（Consolidated Omnibus Budget Reconciliation Act, COBRA）规定，雇主必须为那些因为某种原因（例如工作时数不够或雇佣合同终止）不再符合获得雇主保险的雇员及家属继续提供医疗保险 18 个月。这项法律保护了人们在工作发生变化期间可以拥有医疗保险。对于没有达到该法律要求的雇主，则取消对其医疗保险进行免税。

1989 年经过对收费的一系列严格界定，医疗照顾项目终于演变成为一个新的资源型相对价值标准体系（Resource-based Relative Value Scale, RBRVS）。资源型相对价值标准体系制度基于医疗对各种医疗服务所投入的时间和努力程度计算出一组相对价值，基于这些相对价值来确定医生的收费水平，目的是为了激励医生降低成本。这个体系虽然还是现收现付制，但是依据实际资源使用情况，而不是根据收费或历史支付记录，可以说这一新的体系使医生支付合理化。但是，资源型相对价值标准制度实质上仍然按照每项医疗服务而不受每个病人规定付费，所以就医生而言，并没有去节省成本的动力，因而也就没有阻止医生服务数量的持续增加。应该注意的是，资源型相对价值标准体系制度实际上是政府规定每种医疗服务的价格，而不是市场决定服务的价格。

里根当选总统时国内呼吁限制联邦支出的呼声愈高。一方面，减税政策造成联邦赤字增加，进而降低了联邦政府对包括医疗保障的很多社会公共项目提供资金支持的能力。与此相关的还有管理项目权威的分散，以及通过分类财政补贴把管理责任向州政府转移，从而拉大了全国各州之间不均衡的差距。州政府对分类财政补贴的使用自由度很大，有的州把该补贴用于低收入人群和社会底层人群，有的州则用于更加普适性的项目。因此，全国很难实现为特定的人群，例如老人和穷人，提供统一的福利待遇。另外，为了降低赤字，政府必须控制一切支出，其中包括医疗保障领域的支出。虽然提高医疗服务的可及性和促进各阶层各群体的公平性都是社会关注的重点，但是由降税导致的赤字增加对医疗保障领域产生的最直接影响就是，这一时期的重点是降低医疗保障支出，而不是扩大保险覆盖面。

这一时期里，政府在控制医疗照顾项目成本方面做出了诸多努力，然而，在20世纪70年代末期逐渐明朗的方向，即政府尤其联邦政府应该组织协调大型健康保障项目，到了20世纪80年代初却不再明朗。从1980年里根继任总统到1993年克林顿上任之前，全民医疗保险在政府主导的医疗保障领域消失了12年。

五、1993—2012年政府控制成本和扩大覆盖面的立法历程

1993年10月，克林顿向国会提交健康保障法案（Health Security Act，HSA）。由第一夫人希拉里为领导的医疗改革小组制定了庞大的医疗保障法案，主要内容包括：扩大覆盖面，实现全民医疗保险；强制规定一揽子待遇，包括门诊、急诊、住院、预防保健、处方药、健康护理等服务；在各州建立“健康联盟”的消费者协会，负责谈判医疗保险计划和支付等工作；80%以上的个人雇员医疗保险和5%的家庭医疗保险计划由雇主进行支付，但是5000员工以下的公司所支付的保险费用不得超过工资总额7.9%，75人及以下的小公司可以获得补贴。克林顿的健康保障法案没有获得成功通过，一方面是因为当时民众的关注度在如何控制医疗费用，而不是扩大医疗保险覆盖面上；另一方面是因为美国医协会等利益集团成功地游说中产阶级，声称该法案将牺牲中产阶级利益来覆盖无保险人群，并且医疗服务的价格将因此会膨胀。

1995年，削减医疗照顾项目和医疗救助项目的计划在众议院获得通过。把持了国会的共和党为了完成在2002年实现预算平衡的目标，决定对医疗照顾计划项目削减20%，对医疗救助项目削减30%。医疗照顾项目将从一个固定福利计划转

向固定的支付计划，实际是借鉴克林顿医疗改革中的管理式医疗方式。医疗救助项目将不再是有保障的福利，各州可以进行大幅度削减，只需要保留接种防疫和家庭规划服务两种联邦规定的必需项目。但是，因为克林顿总统不同意就此结束联邦政府对医疗救助项目的职责，拒绝签署削减预算法案，从而导致 1995 年下半年政府的两次关门。

1996 年，医疗保险携带和责任法案（Health Insurance Portability and Accountability，HIPA）颁布。该法案最重要的内容就是关于禁止雇主限制或拒绝为那些在过去 6 个月内得到确诊或治疗的雇员提供超过 12 个月以上的医疗保险。法案还禁止雇主因为雇员或雇员家属的医疗账单费用高而拒绝为其提供医疗保险。

1997 年，平衡预算法案（Balanced Budget Act，BBA）颁布。该法案将管理竞争纳入到医疗照顾项目，建立了医疗照顾 + 选择的项目，其中包括各种各样管理式医疗计划来扩大医疗照顾项目的覆盖范围。该法案鼓励管理式医疗组织通过提供额外的好处或更低的保费，互相之间竞争，与传统的医疗照顾项目进行竞争。平衡预算法案最有效的策略是把预付制扩大到所有的医疗照顾项目供应商的同时，有效控制了预付制管理费用。在平衡预算法案施行后的五年里，医疗照顾项目费用支出增长率大幅度下降，1998 年仅为 0.1%，1999 年为 1%。

1997 年，儿童健康保险项目（Children Health Insurance Program，CHIP）加强了对儿童的医疗救助项目。儿童健康保险项目的目标就是在医疗救助项目限制之外，扩大公共医疗保险对儿童的资格认定标准。联邦提供专门基金，通过使用医疗救助项目的扩展项目或模仿私人医疗保险计划，让各州在医疗救助项目之外，扩大医疗保险的覆盖范围。为了激励各州利用这些专门基金扩大低收入者的医疗服务覆盖面，联邦政府对每个州的该项目成本的负担比例比对医疗救助项目成本的负担比例要高。截至 2007 年，联邦政府平均为各州提供 40 亿美元。到 2012 年，提高到大约 80 亿美元①。

20 世纪 90 年代末 21 世纪初，立法的修订、国会监督听证会，以及美国人力服务与卫生部监察长的人事变动等因素导致了对欺诈和滥用法律执法工作的回落，政治上监管有所放松，一系列预算调整法案使得供应方支付水平又重新上升。

克林顿执政前，医疗保险覆盖率下降，民众对于失业以及由失业带来失去医疗保险的担心愈来愈严重，以扩大覆盖面为主，兼顾控制成本的医疗改革再一次

---

① Kaiser Family Foundation and Health Research and Educational Trust (2014). Exhibit F. http: //www.kff.org/insurance.

提上历史日程。克林顿执政时期，只有23%的美国人表示支持政府。对政府持怀疑态度的人数则居高不下，65%的人认为政府行为通常是低效的浪费的，60%的人赞成更小的政府，80%的人认为与纳税额相比所得到的服务一般或者很差。[①]这种情况下，联邦政府想要扩大在健康保障领域的作用可能性很小。利用民众这一心理，美国医协会的强力游说成功说服中产阶级反对克林顿医疗保险改革。自从克林顿改革的失败以后很少有联邦层面的医疗改革立法。可以说，仅有1997年通过的国家儿童健康保险项目算是扩大公共部门覆盖的一个渐进性举措。

但是，20世纪90年代初期到中期的医疗费用却得到了有效的控制，这主要归功于管理式医疗，尤其是20世纪90年代初期控制市场的健康维护组织。管理式医疗的理念认为医疗费用激增是因为缺乏市场竞争而导致，建立医疗保险计划之间的竞争是实现市场运作的最佳方式，并最终抑制医疗费用的增长。比起实行有管理的竞争原则，实际上对于成本的影响更加重大。这些管理式医疗组织利用网络、利用率审查，以及供应商的激励措施来降低成本有效地降低了医疗成本，1993年至1999年间，随着数以百万计的雇员转移到管理式医疗计划，医疗费用年均增长率仅为5.6%，而在1985—1990年期间每年增长率为10.3%[②]。然而到20世纪90年代中期，反对管理式医疗的情绪积聚起来。管理式医疗不仅遭遇到州法律的敌对，而且还受到了医疗服务供方的抵触。虽然司法部和联邦贸易委员会一直阻挠医生采取一致行动，但是医生们还是组织起来提高同管理式医疗组织进行谈判的能力[③]。20世纪90年代末期医院抵抗各种健康计划的讨价还价力量增强，医疗服务价格被重新抬高[④]。

2001年，小布什总统曾经试图在雇主为雇员购买健康保险而享受优惠税收方面做出一些限制，但最终没有实现。2003年，在小布什的支持下，国会通过了几十年来医疗照顾制度的第一次重要扩张，即医疗照顾项目现代化法案（Medicare Modernization Act，MMA），加入了处方药保险。

21世纪的前五年，私人部门还是公共部门的项目成本都在上涨，政府控制医疗成本的重点转向购买高扣除额和开放性医疗储蓄账户的“消费者驱动的医疗保障”政策。其实在1996年，作为医疗保险携带和责任法案（Health Insurance Por-

① U. S. Bureau of Census；Kaiser Family Foundation. （1996） http：//www. census. gov. http：//www. kff. org/opinion.

② US Department of Health and Human Services，Health United States [R] 2006：374.

③ Greaney，Thomas L. Thirty Years of Solicitude：Antitrust Law and Physician Cartels，Houston [J] . Journal of Health Law and Policy，2007：189.

④ Vogt，William B. and Robert Town. How Has Hospital Consolidation Affected the Price and Quality of Hospital Care? [M]. Princeton，New Jersey：Robert Wood Johnson Synthesis Project. 2006：50.

tability and Accountability Act，HIPA）的一部分，国会为医疗储蓄账户提供有限制的补贴项目。2003 年的医疗照顾现代化法案为健康储蓄账户和高额免赔额的人群提供更广的税收补贴项目。2003 年，健康储蓄账户项目启动，具体做法是：个人（或雇主以个人的名义）购买灾难型医疗保单，建立一个账户，支付每年度的扣除额和共同支付额（雇主以个人名义购买的情况下，雇主把需要资金存入该账户）。政府规定，对存入该类账户的所有资金，无论是个人缴存还是雇主缴存，全部实行税收优惠，免征所得税。而且，健康储蓄账户在自付医疗成本之后剩余部分可以转存下一年，所得利息也进行税收扣除。个人退休以后，存留在健康储蓄账户的资金可以用来支付医疗服务，也可以用来支付与医疗保健无关的费用，但是如果用于非医疗保健费用支出，提取这笔资金时需要缴纳税款。

健康储蓄账户制度的设计目的是为了对付道德风险和控制医疗费用快速增长。但是在实际操作中发现，符合高扣除政策的低收入人群并没有获得必要的医疗保障，并且面临着经济困难①。将近一半符合该政策的员工没有从雇主那里取得健康储蓄账户贡献额，很多已经登记到高扣除额计划的雇员也几乎没有动力去自己存入账户部分资金，因为他们的收入太少以至于不会从税收补贴中获得可观的收益②。

2009 年，奥巴马在总统竞选中就打出要进行医疗改革的口号。竞选成功以后，他立即着手进行医疗改革的准备，终于在 2010 年 3 月 23 日，签署平价医疗法案为法律。平价医疗法案的主要目标就是要覆盖那些没有保险的人群。

在这一时期，历任总统为控制成本和扩大覆盖面做出了诸多努力，并通过了诸多相关法案，无论是平衡预算法案，医疗保险现代化法案，还是旨在实现全民医疗保险的法案——平价医疗法案，都在进一步彰显政府在医疗保障领域可大有可为。

六、结论

通过前文分析可见，1912—2012 年美国的医疗保障历史进程中，政府为了解决私人市场在该领域所无法解决的最突出的费用和覆盖面的问题，进行了医疗保障立法和医疗保障实践的各种努力。美国政治体制的特点和强大利益集团与党派之间错综复杂的关系决定了相关医疗法案签署和实施的低效率以及全民医疗保险

① Bloche，M. Gregg. Consumer-Directed Health Care and the Disadvantaged［J］. Health Affairs，2007：1315.

② Kaiser Family Foundation and Health Research and Educational Trust（2007）http：//www. kff. org/insurance.

改革道路的曲折。但是，必须指出的是：政府，主要是联邦政府，在一百年间从来没有放弃过与私人市场进行博弈，解决控制成本、扩大覆盖面的努力。而且，政府提供的公共保险项目——医疗照顾项目公共医疗保险本质上就是主要针对老年人的社会保险，而医疗救助项目公共医疗保险本质上则是针对穷人的医疗救助。平价医疗法案所规定的强制性人人医疗保险则是针对全民的社会保险。

因此，我们可以看到，在医疗保障领域，美国政府展现一定的“大政府”倾向。美国被普遍认为是一个市场为主导的国家，政府对社会和经济的干预作用非常小。然而美国的百年医疗保障历史显示：在医疗保障市场上，政府的作用固然排在私人市场的后面，但正是市场失灵造成一系列严重后果，才需要政府持续进行改革。对政府和市场在医疗保障领域的作用评估中可以发现，无论是从支付方角度、提供方角度、覆盖率角度还是市场监管角度，政府，尤其是联邦政府在医疗保障领域的作用不可低估，而且呈现扩张趋势。而且，从执政党派来看，虽然共和党曾经对民主党的改革进行激烈反对，但一旦执政后，从来没有放弃过对医疗保障的改革。可以说，无论是鼓吹“小政府”的共和党还是素来有“大政府”倾向的民主党，在医疗保障领域却出奇地一致，那就是“大政府”倾向。

参考文献

[1] A. Barrientos, P. Lloyd-Sherlock. Reforming Health Insurance in Argentina and Chile [J]. Health Policy and Planning, 2000 (4): 417 -421.

[2] A. Cadin et al. National Health Spending in 2005: The Slowdown Continues [J]. Health Affairs, 2007, (1): 142 -153.

[3] Barbara Armstrong. Insuring the Essentials [M] . New York: The Macmillan Company, 1932.

[4] Barnum H. and Kutzin J. Public Hospital in Developing Countries: Resource Use, Cost, Financing [J] . Baltimore: Johns Hopkins University Press, 1993.

[5] Burrow, James G. Organized Medicine in the Progressive Era: The Move Toward Monopoly [M]. Baltimore, Maryland: Johns Hopkins Press, 1977: 106 -110.

[6] Christianson, Joy M. and Paul B. Ginsburg. As the Health Insurance Underwriting Cycle Turns: What's Next? [J] . Health Affairs, 2004, (23): 91, 96 -97.

[7] Colin Gordon. Dead on Arrival [M] . Princeton, New Jersey: Princeton University Press, 2003.

[8] Ehrenreich, Barbara and John Ehrenreich. The American Health Empire [M].

New York：Random House，1970.

[9] Fisher I. The Need for Health Insurance [J] . American Labor Legislation Review, 1917，(3) .

[10] Kennedy，Ian. The Unmasking of Medicine：A Searching Look at Health Care Today [M]. London：George Allen and Unwin，1981.

[11] Wilbur J. Cohen，Charles N. Poskanzer and Harry Sharp，Attitudes toward Governmental Participation in Medical Care，1960. Published in Health Needs of the aged and Aging，Hearings before the Subcommittee on Problems of the aged and Aging of the Senate Committee on Labor and Public Welfare，1960.